“十三五”国家重点图书出版规划项目

新版《列国志》与《国际组织志》联合编辑委员会

国际组织志

INTERNATIONAL
ORGANIZATIONS
SURVEYS

上海合作组织

THE SHANGHAI COOPERATION ORGANIZATION

肖 斌 著

出版说明

自20世纪90年代以来，世界格局和形势发生重大变化，国际秩序进入深刻调整期。世界多极化、经济全球化、文化多样化、社会信息化加速发展，而与此同时，地缘冲突、经济危机、恐怖威胁、粮食安全、网络安全、环境和气候变化、跨国有组织犯罪等全球性问题变得更加突出，在应对这些问题时以联合国为中心的国际组织起到引领作用。特别是近年来，逆全球化思潮暗流涌动，单边主义泛起，贸易保护升级，以维护多边主义为旗帜的国际组织的地位和作用更加凸显。

作为发展中大国，中国是维护世界和平与发展的重要力量。对于世界而言，应对人类共同挑战，建设和改革全球治理体系，需要中国的参与；对于中国而言，国际组织不仅是中国实现、维护国家利益的重要途径，也是中国承担国际责任的重要平台。考虑到国际组织作为维护多边主义和世界和平与发展平台的重大作用，我们决定在以介绍世界各国及国际组织为要旨的《列国志》项目之下设立《国际组织志》子项目，将“国际组织”各卷次单独作为一个系列编撰出版。

从概念上讲，国际组织是具有国际性行为特征的组织，有广义、狭义之分。狭义上的国际组织仅指由两个或两个以上国家（或其他国际法主体）为实现特定目的和任务，依据其缔结的条约或其他正式法律文件建立的有一定规章制度的常设性机构，即通常所说的政府间国际组织（IGO）。这样的定义虽然明确，但在实际操作中对政府间国际组织的界定却不总是完全清晰的，因此我们在项目运作过程中参考了国际协会联盟（Union of International Associations，UIA）对国际组织的归类。除了会籍普遍性组织（Universal Membership Organizations）、洲际性组织（Intercontinental Membership Organizations）和区域性组织（Regionally Defined Membership Organizations）等常见的协定性国际组织形式外，UIA 把具有特殊架构的组织也纳入政府间国际组织的范围，比如论坛性组织、国际集团等。考虑到这些新型国际组织数量增长较快，而且具有灵活、高效、低成本等优势，它们在全球事务中的协调作用及影响力不容忽视，所以我们将这些新型的国际组织也囊括其中。

广义上的国际组织除了政府间国际组织之外，还包括非政府间的国际组织（INGO），指的是由不同国家的社会团体或个人组成，为促进在政治、经济、科学技术、文化、宗教、人道主义及其他人类活动领域的国际合作而建立的一种非官方的国际联合体。非政府间国际组织的活动重点是社会发展领域，如扶贫、环保、教育、卫生等，因其独立性和专业性而在全球治理领域发挥着独特作用。鉴于此，我们将非政府间的国际组织也纳入《国际组织志》系列。

构建人类命运共同体，建设持久和平、普遍安全、共同繁荣、开放包容、清洁美丽的世界，是习近平总书记着眼人类发展和世界前途提出的中国理念，受到了国际社会的高度评价和热烈响应。中国作为负责任大国，正以更加积极的姿态参与推动人类命运共同体的建设，国际组织无疑是中国发挥作用的重要平台。这也是近年来我国从顶层设计的高度将国际组织人才培养提升到国家战略层面，加大国际组织人才培养力度的原因所在。

《国际组织志》丛书属于基础性研究，强调学术性、权威性、应用性，作者队伍由中国社会科学院国际研究学部及国内各高校、科研机构的专家学者组成。尽管目前国内有关国际组织的研究已经取得了较大进步，但仍存在许多亟待加强的地方，比如对有关国际组织制度、规范、法律、伦理等方面的研究还不充分，可供国际事务参与者借鉴参考的资料还很缺乏。

正因为如此，我们希望通过《国际组织志》这个项目，搭建起一个全国性的国际组织研究与出版平台。研究人员可以通过这个平台，充分利用已有的资料和成果，深入挖掘新的研究课题，推进我国国际组织领域的相关研究；从业人员可以通过这个平台，掌握国际组织的全面资料与最新资讯，提高参与国际事务的实践能力，更好地在国际舞台上施展才能，服务于国家发展战略；更重要的是，正在成长的新一代学子可以通过这个平台，汲取知识，快速成长为国家需要的全球治理人才。相信在各方的努力与支持下，《国际组织志》项目必将在新的国际国内环境中体现其独有的价值与意义！

新版《列国志》与《国际组织志》联合编辑委员会

2018 年 10 月

前　言

自1840年前后中国被迫开关、步入世界以来，对外国舆地政情的了解即应时而起。还在第一次鸦片战争期间，受林则徐之托，1842年魏源编辑刊刻了近代中国首部介绍当时世界主要国家舆地政情的大型志书《海国图志》。林、魏之目的是为长期生活在闭关锁国之中、对外部世界知之甚少的国人“睁眼看世界”提供一部基本的参考资料，尤其是让当时中国的各级统治者知道“天朝上国”之外的天地，学习西方的科学技术，“师夷之长技以制夷”。这部著作，在当时乃至其后相当长一段时间内，产生过巨大影响，对国人了解外部世界起到了积极的作用。

自那时起中国认识世界、融入世界的步伐就再也没有停止过。中华人民共和国成立以后，尤其是1978年改革开放以来，中国更以主动的自信自强的积极姿态，加速融入世界的步伐。与之相适应，不同时期先后出版过相当数量的不同层次的有关国际问题、列国政情、异域风俗等方面的著作，数量之多，可谓汗牛充栋。它们对时人了解外部世界起到了积极的作用。

当今世界，资本与现代科技正以前所未有的速度与广度在国际间流动和传播，“全球化”浪潮席卷世界各地，极大地影响着世界历史进程，对中国的发展也产生极其深刻的影响。面临不同以往的“大变局”，中国已经并将继续以更开放的姿态、更快的步伐全面步入世界，迎接时代的挑战。不同的是，我们所面临的已不是林则徐、魏源时代要不要“睁眼看世界”、要不要“开放”的问题，而是在新的历史条件下，在新的世界发展大势下，如何更好地步入世界，如何在融入世界的进程中更好地维护民族国家的主权与独立，积极参与国际事务，为维护世界和平，促进世界与人类共同发展做出贡献。这就要求我们对外部世界有比以往更深切、全面的了解，我们只有更全面、更深入地了解世界，才能在更高的层次上融入世界，也才能在融入世界的进程中不迷失方向，保持自我。

与此时代要求相比，已有的种种有关介绍、论述各国史地政情的著述，无论就规模还是内容来看，已远远不能适应我们了解外部世界的要求。人们期盼有更新、更系统、更权威的著作问世。

中国社会科学院作为国家哲学社会科学的最高研究机构和国际问题综合研究中心，有11个专门研究国际问题和外国问题的研究所，学科门类齐全，研究力量雄厚，有能力也有责任担当这一重任。早在20世纪90年代初，中国社会科学院的领导和中国社会科学出版社就提出编撰“简明国际百科全书”的设想。1993年3月11日，时任中国社会科学院院长胡绳先生在科研局的一份报告上批示：“我想，国际片各所可考虑出一套列国志，体例类似几年前出的《简明中国百科全书》，以一国（美、日、英、法等）或几个国家（北欧各国、印支各国）为一册，请考虑可行否。”

中国社会科学院科研局根据胡绳院长的批示，在调查研究的基础上，于1994年2月28日发出《关于编纂〈简明国际百科全书〉和〈列国志〉立项的通报》。《列国志》和《简明国际百科全书》一起被列为中国社会科学院重点项目。按照当时的计划，首先编写《简明国际百科全书》，待这一项目完成后，再着手编写《列国志》。

1998年，率先完成《简明国际百科全书》有关卷编写任务的研究所开始了《列国志》的编写工作。随后，其他研究所也陆续启动这一项目。为了保证《列国志》这套大型丛书的高质量，科研局和社会科学文献出版社于1999年1月27日召开国际学科片各研究所及世界历史研究所负责人会议，讨论了这套大型丛书的编写大纲及基本要求。根据会议精神，科研局随后印发了《关于〈列国志〉编写工作有关事项的通知》，陆续为启动项目拨付研究经费。

为了加强对《列国志》项目编撰出版工作的组织协调，根据时任中国社会科学院院长李铁映同志的提议，2002年8月，成立了由分管国际学科片的陈佳贵副院长为主任的《列国志》编辑委员会。编委会成员包括国际片各研究所、科研局、研究生院及社会科学文献出版社等部门的主要领导及有关同志。科研局和社会科学文献出版社组成《列国志》项目工作组，社会科学文献出版社成立了《列国志》工作室。同年，《列国志》项目被批准为中国社会科学院重大课题，新闻出版总署将《列国志》项目列入国家重点图书出版计划。

在《列国志》编辑委员会的领导下，《列国志》各承担单位尤其是各位学者加快了编撰进度。作为一项大型研究项目和大型丛书，编委会对《列国志》提出的基本要求是：资料翔实、准确、最新，文笔流畅，学术性和可读性兼备。《列国志》之所以强调学术性，是因为这套丛书不是一般的“手册”“概览”，而是在尽可能吸收前人成果的基础上，体现专家学者们的研究所得和个人见解。正因为如此，《列国志》在强调基本要求的同时，本着文责自负的原则，没有对各卷的具体内容及学术观点强行统一。应当指出，参加这一浩繁工程的，除了中国社会科学院的专业科研人员以外，还有院外的一些在该领域颇有研究的专家学者。

现在凝聚着数百位专家学者心血，共计141卷，涵盖了当今世界151个国家和地区以及数十个主要国际组织的《列国志》丛书，将陆续出版与广大读者见面。我们希望这样一套大型丛书，能为各级干部了解、认识当代世界各国及主要国际组织的情况，了解世界发展趋势，把握时代发展脉络，提供有益的帮助；希望它能成为我国外交外事工作者、国际经贸企业及日渐增多的广大出国公民和旅游者走向世界的忠实“向导”，引领其步入更广阔的世界；希望它在帮助中国人民认识世界的同时，也能够架起世界各国人民认识中国的一座“桥梁”，一座中国走向世界、世界走向中国的“桥梁”。

《列国志》编辑委员会

2003年6月

CONTENTS

目录

CONTENTS
目 录

CONTENTS

目录

导　言

在众多的国际组织中，上海合作组织（以下简称“上合组织”）的特殊之处在于，是以中国城市命名的、成员国摒弃冷战思维和铸剑为犁的、从冷战时的对手变成战略伙伴的政府间国际组织。在冷战时期，上合组织成员国曾发生过军事对立甚至冲突。今天，上合组织成员国共同为地区安全、地区稳定、地区繁荣而努力。历史上的每一种国际秩序都反映了最强大国家的信念和利益，而每一种国际秩序都会随着权力向有着不同信念和利益的其他国家转移而发生改变。在某种情况下，占据主导的世界秩序会崩溃到无序的境地。① 作为维护地区安全的公共产品，上合组织建立在地区安全主义之上，在维护和繁荣中亚地区稳定上取得了显著成效。除功能不断扩大外，上合组织成员国增加也是变化之一，这意味着上合组织的发展赢得了国际社会的认可。

一

上海合作组织是政府间国际组织，《上海合作组织》的撰写基于以下考虑：

首先，推动理论研究的发展。将上合组织作为研究对象，观察上合组织的发展历程，可以扩大我们对国际政治理论中制衡理论、国际机制理论、决策理论、国际政治经济学理论的认识，还能在引入其他社会科学理

① 〔美〕罗伯特·卡根：《美国缔造的世界》，刘若楠译，社科文献出版社，2013，第4页。

论的基础上，发展和完善现有理论。诸如把现实主义中的制衡理论与运筹学中的合作博弈论有效地结合起来，提高国际行为体参与国际合作的解释力。在无政府状态下，为了应对不均衡的权力或潜在的威胁，国家通常会选择制衡。如果以己为中心，制衡可以分为内部制衡和外部制衡。内部制衡国家经常会选择增强自己的国家实力，外部制衡一般是指国家选择结盟或追随大国的行为。如果以形式来划分，制衡则可以分为硬制衡和软制衡，硬制衡是指国家通过提高自身军事实力或结成军事联盟来制衡不均衡的权力或潜在的威胁，软制衡则是指国家获得有利于自己且不利于对手并强加于他人的能力。在软制衡中有一种形式被称为约束行为,[①] 约束行为的逻辑是，国际制度在维持国际合作方面扮演了举足轻重的角色。根据现行的做法，如果有合作意向的国家建立起通用的规则、规范和程序管制它们的相互影响，那么合作将更有效。[②] 同样重要的是，国际制度可以赋予大多数强国的行动以合法性，尤其是在动用武力之前。如果弱国相信最强大的国家只会在获得广泛国际支持（比如联合国安理会的授权）的情况下才动用武力，它们就不会对权力的不对称感到担心了。因此，强国如果同意受规范的约束，就可以使弱国不必担心其弱点会遭到利用（至少不会被利用得太过分），弱国也就不必建立抵抗联盟，这样反而能让主导国更容易获得他国的资源服从。[③] 在博弈论中，合作博弈关注的是收益分配问题，之所以产生合作博弈是因为能产生合作剩余（实际收益和预期收益共同作用下的结果），而合作剩余的分配则取决于博弈各方的力量对比和技巧运用。合作剩余之所以由实际收益和预期收益组成，是因为在合作博弈中国际政治行为体在追求利益过程中通常存在着权重函数与价值函数。也就是说，国际政治行为体在追逐利益的过

① 〔美〕斯蒂芬·M. 沃尔特：《驯服美国权力：对美国首要地位的全球回应》，郭盛、王颖译，上海人民出版社，2008，第94～144页。

② Robert Keohane, *After Hegemony: Cooperation and Discord in the World Political Economy*, Princeton University Press, 1984; Lisa L. Martin and Beth Simmons, "Theories and Empirical Studies of International Institutions," *International Organization*, No. 4, Autumn 1998, pp. 72－757.

③ 〔美〕斯蒂芬·M. 沃尔特：《驯服美国权力：对美国首要地位的全球回应》，第120页。

程存在着理性和价值判断，理性判断主要来自对概率的感知，而价值判断则来自主观期望。当把权重函数和价值函数映射在国际政治行为体相互关系中时，我们可以推导出合作剩余中的实际收益是指博弈方已发生的、确定性的合作收益，而预期战略合作收益，是指博弈方希望通过合作而实现的战略利益。作为政府间国际组织，上合组织存在着合作博弈。政治互信水平的提高是成员国间最大的实际收益，并由此形成了地区稳定。预期战略收益则是上合组织成员国合作的潜在动力，也是上合组织能够双扩的动因。

其次，观察新安全观在上合组织发展中的具体实践。上合组织成员国组成非常复杂，虽有共性但差异性更大。2017 年 5 月前，上合组织共有中国、哈萨克斯坦、吉尔吉斯斯坦、俄罗斯、塔吉克斯坦、乌兹别克斯坦 6 个正式成员国。2017 年 6 月阿斯塔纳峰会后，印度和巴基斯坦作为新成员国加入上合组织，至此上合组织成员国扩大到 8 个，这是上合组织第一次扩大。这意味着上合组织所涵盖的区域，从中亚地区扩大到南亚大部分地区，上合组织在中南亚地区的影响力也随之扩大。扩大后的上合组织成员国人口总数占全世界 40% 以上，宗教信仰涵盖了伊斯兰教、佛教、印度教、东正教、天主教、基督教等世界主要宗教，但成员国发展不均衡（见表序 - 1），成员国对上合组织的合作预期还有差异。

表序 -1 上合组织正式成员国基本国情比较

	人口（千万）	人均 GDP（现价美元）	主要信仰宗教	2017 ~ 2018 年全球竞争力排名
中国	138.6	中等收入国家	佛教、道教、伊斯兰教、天主教和基督教	28
哈萨克斯坦	1.8	9030	伊斯兰教（逊尼派）、东正教、天主教和佛教	59
吉尔吉斯斯坦	0.62	1219	伊斯兰教（逊尼派）、东正教、天主教	97
俄罗斯	14.4	10743	东正教、伊斯兰教	43

续表

	人口（千万）	人均 GDP（现价美元）	主要信仰宗教	2017～2018 年全球竞争力排名
塔吉克斯坦	0.89	801	伊斯兰教（多数为逊尼派，帕米尔一带属什叶派）	102
乌兹别克斯坦	3.23	1533	伊斯兰教（逊尼派）、东正教	N/A*
印度	133.9	1942	印度教、伊斯兰教、佛教、基督教	58
巴基斯坦	17.7	1547	伊斯兰教、基督教、印度教、锡克教	107

注：N/A 表示没有统计数据。

资料来源：人口和收入水平来自世界银行 2018 年统计数据，全球竞争力排名来自世界经济论坛的报告表。

冷战结束后，东西方军事对抗已不是影响地区安全的直接因素。影响地区安全的因素呈现多样化，地区安全议程的内涵和外延不断被扩大。反观上合组织所处的中亚地区，成立 18 年来基本实现了地区稳定，这与中国在上合组织贯彻“互信、互利、平等、合作”的新安全观①密不可分。在上合组织成立大会上，中国时任国家主席江泽民讲道：“‘上海五国’进程，是当代国际关系中一次重要的外交实践。它首倡了以相互信任、裁军与合作安全为内涵的新型安全观，丰富了由中俄两国始创的以结伴而不结盟为核心的新型国家关系，提供了以大小国共同倡导、安全先行、互利协作为特征的新型区域合作模式。它所培育出来的互信、互利、平等、协商，尊重多样文明，谋求共同发展的‘上海精神’，不仅是五国处理相互关系的经验总结，而且对推动建立公正合理的国际政治经济新秩序也具有重要的现实意义。”②

最后，总结多边安全合作的经验。在当代国际关系中，中国走向世界舞台实际上是一个单元与体系互动的过程。中国走向世界舞台需要借助各种国际组织争取和维护自己的国家利益，上合组织便是其中之一。在无政

---

① 《中国关于新安全观的立场文件》中华人民共和国外交部，2002 年 7 月 31 日，http://www.mfa.gov.cn/chn//pds/ziliao/tytj/zcwj/t4549.htm。

② 江泽民：《深化团结协作　共创美好世纪——在“上海合作组织”成立大会上的讲话》，中华人民共和国外交部，2001 年 6 月 15 日，http://www.fmprc.gov.cn/ce/ceuk/chn/zgyw/t4637.htm。

府状态下的国际政治中，中国越接近世界舞台的中央则有可能面临越来越大的体系压力。为了减弱来自体系的压力，中国提出了建立合作共赢为核心的新型国际关系。合作共赢离不开多边安全合作，但是对于中国而言，以引导国身份参与多边安全合作还是新课题。通过上合组织吸取多边安全合作的经验对于中国而言具有战略意义。

为此，对于中国经验而言，撰写本书试图给读者提供以下经验性认识。(1) 探索在一定条件下大国是可以和平崛起的理论依据。这是因为上合组织在一定程度上降低了"修昔底德陷阱"在中亚地区出现的可能性，并在维护中亚地区安全方面发挥着独特的作用。(2) 探索上合组织成员国通过多边平台促进中亚地区安全发展的有效方式，寻找及增加成员国在中亚地区政治、经济、安全、文化合作的利益契合点。(3) 探索推进"一带一路"倡议在提供地区安全风险预防措施方面的优先方向。作为地区间国际合作扩大的倡议，中国提出的"一带一路"倡议是促进所有参与国合作共赢的计划，但是中亚地区安全基础十分脆弱，极端势力、大国间博弈、国内社会经济发展的巨大压力等都是影响地区安全发展的因素，为此针对中亚地区的安全发展设计安全风险预防措施便显得十分迫切且意义重大。(4) 探索中俄两国在上合组织框架下的合作方式。尽管俄罗斯国家实力大幅度下降，但依然是一个有着300多年大国外交传统的世界性大国，并有着强烈的民族自尊心，在国际关系中俄罗斯更偏好于选择自助。俄罗斯在遇到外部压力且需要帮助时，不会主动地寻求外界帮助。因此，建立合作共赢的中俄关系是中国走向世界舞台中央的重要支撑。(5) 探索多边安全合作机制建设中平衡制度弹性和刚性问题。实际上，适度的制度弹性可以在一定程度上增加上合组织安全合作能力的刚性，从而提高上合组织应对日益复杂的地区安全挑战的能力。

二

作为国际组织志，对上合组织进行学术史回顾是必要的。因为上合组织的发展离不开国内外学界的关注和支持。研究上合组织的视角非常多，多边主义、制度现实主义、功能主义、新功能主义、地区主义、新地区主义等都能解释上合组织的兴起。但是，上合组织的性质和目的是动态的，因为这取决于两个不同层次且相互影响的要素：一是随着国际体系的变化而变化，上合组织可能会有更多的新成员加入或老成员退出，在制度化水平上也有可能走向更具约束力或更松散。二是地区极性的变化影响成员国对上合组织的定位。与国际体系有相似之处，地区性权力结构将随着国家实力的变化而变化，在特定地区形成单极、两极或多极的地区性权力结构。中亚地区极性目前仍然处于单极，但地区极性的变化影响着上合组织成员国对外政策取向。[①]

国内外研究上合组织的成果十分丰硕。截至 2018 年 12 月，根据中国知网的检索结果，自 2001 年 6 月至 2018 年 12 月有关上合组织的文献约 3743 篇，其中包括学位论文、学术论文、研究报告、会议论文等。若以 2002 年 1 月至 2018 年 12 月期间发表的中文期刊文献统计，大约有 1896 篇研究上合组织的文献，其中发表在核心期刊的大约有 683 篇，占相关文献总数的 36%。这表明，尽管国内研究上合组织的成果多，但整体研究水平还不高。在中文期刊发表文章的作者中，长期研究上合组织且被引用率比较高的作者包括赵华胜、许涛、赵常庆、李琪、陈玉荣、何希泉、季志业、潘光、高飞、张德广、冯绍雷、孙壮志、姜毅、柳丰华、冯玉军、夏义善、邢广程、余建华、王海燕、李新、许勤华、曾向红等。这些作者主要分布在北京、上海、兰州等地。

根据读秀的检索结果，2002 ~ 2018 年有关上合组织的专著和研究报告类出版物共有 75 部。2002 年时事出版社出版的中国现代国际关系研究所民族与宗教研究中心撰写的《上海合作组织：新安全观与新机制》，是国内较早研究上合组织的专著。该书梳理了上合组织的成立过程，分析了所面临的任务和问题，并对日后发展趋势作了预测。同年，世界知识出版社出版了中国外交部欧亚司主编的《顺应时代潮流　弘扬“上海精神”——上海合作组织文献选编》。

---

① 肖斌：《地区极性、现状偏好与中国对中亚的外交哲学》，《俄罗斯东欧中亚研究》2017 年第 2 期。

自2009年，中国社会科学院俄罗斯东欧中亚研究所开始组织编撰《上海合作组织发展报告》（黄皮书），这是目前国内外最早且连续公开出版的、有关上合组织的年度报告，至2018年已由社会科学文献出版社出版9本。位于中国上海的华东师范大学俄罗斯研究中心也组织编撰了《上海合作组织发展报告》，从2012年开始也已出版4本。作为国家研究中心，中国上海合作组织研究中心自2018年起开始编撰《上海合作组织：回眸与前瞻》。

国外关于上合组织的文献也十分丰富，通过谷歌学术检索（英语），2002年1月至2018年12月，就有14400条结果，其中以上合组织为研究对象的文章大约有152篇；通过谷歌图书检索，以上合组织为研究对象的图书有100部。国外文献中，其一是分析上合组织性质的，诸如提莫斯·克雷格《上海合作组织：起源和影响》（2003年），杰斐逊·特耐、安妮·柯伦娜、克里斯托菲尔·图米《上海合作组织：纸老虎或地区强者》（2005年），埃尔森·巴勒斯《上海合作组织》（2007年），S. 阿里斯《欧亚地区主义：上海合作组织》（2011年），亨利·普雷特·扎伊别克《上海合作组织演进的战略意义》（2014年），伊什特·艾哈迈德《上海合作组织：中国、俄罗斯和中亚地区主义》（2018年），拉希德·阿利莫夫《上海合作组织的创建、发展和前景》（2018年）；其二是以上合组织为对象分析大国政治的，多以地缘政治为视角，诸如雷纳·约翰逊《塔吉克斯坦在新中亚：地缘政治、大国竞争和极端伊斯兰》（2006年），刚萨雷斯·本杰明《绘制新丝绸之路？上海合作组织和俄罗斯的外交政策》（2007年），斯拉斯·马克托斯《中国的能源地缘政治：上海合作组织与中亚》（2009年），麦克·弗雷德霍姆《上海合作组织和欧亚地缘政治：新方向、前景和挑战》（2013年），纳比拉·贾费亚《上海合作组织的第一次扩员及其影响》（2016年），马克·朗特涅《俄罗斯、中国和上海合作组织：偏离的安全利益和“克里米亚效应”》（2018年）；其三是以对外政策分析为议题的，国外学者多从自己国家利益为出发认识上合组织，如朱里斯·波兰德《上海合作组织：失去的10年？美国的伙伴？》（2011年），斯考特·安德鲁·麦克克兰《上海合作组织：美国需要关注吗？》

（2013 年），麦克 · H. 哈朋《普京的战争：崛起的俄罗斯新帝国主义》（2014 年），乌萨玛 · 尼扎马尼《中巴经济走廊和上海合作组织：对南亚战略稳定的意义》（2018）。[①]

此外，在国外文献中，研究上合组织的俄语文献也非常丰富。通过俄罗斯科技电子图书馆可检索到 1239 份相关文献，当然这些文献不仅仅是俄罗斯学者撰写的，还包括哈萨克斯坦、塔吉克斯坦、乌兹别克斯坦等国家的学者用俄语写作的。在俄罗斯，公开出版上合组织文献最多的组织当属俄罗斯科学院远东研究所，学者则包括米哈伊尔 · 季塔连科谢尔盖 · 卢贾宁、弗拉基米尔 · 彼得罗夫斯基、库林采夫 · 尤里等。俄罗斯莫斯科卡内基研究中心的德米特里 · 特列宁、亚历山大 · 加布耶夫，俄罗斯国立高等经济大学、莫斯科国际关系学院的亚历山大 · 卢金也是俄罗斯研究上合组织的重要学者。此外，还有哈萨克斯坦的布拉特 · 苏尔丹诺夫、康斯坦丁 · 利沃维奇 · 瑟罗耶日金、鲁斯兰 · 伊济莫夫、库什库巴耶夫、阿姆列巴耶夫、扎基耶娃等；塔吉克斯坦的阿利莫夫 · 拉希德 · 古特比金诺维奇（曾任塔吉克斯坦外交部长，2016 ~ 2018 年任上合组织秘书长）、胡达别尔吉 · 霍利克纳扎尔、阿卜杜加尼等；乌兹别克斯坦的诺罗夫（曾任乌兹别克斯坦外交部长，任 2019 ~ 2021 年上合组织秘书长）、图尔松诺夫、沙法阿特、阿瓦兹等；吉尔吉斯斯坦的伊马纳利耶夫、阿扎马特等。当然，国内外有关上合组织研究的文献众多，文献梳理肯定存在挂一漏万的问题。

与国外研究上合组组织的文献相比，国内文献主要存在以下问题：

首先，理论化水平不高。国内外大部分有关上合组织的研究都有重描述、轻理论的问题。理论是一种工具，它试图有助于对某一加以限制的行为加以理解。[②] 尤其是那些经过实证检验过的理论，不仅有助于我们做出相对科学的判断，而且有助于我们解释现状。尽管近年来在上合组织研究中对理论的重视不断提高，但是国内外研究成果的理论水平总体上还不

① 有关上合组织的外文文献见书后参考文献，在此不一一列出。

② 〔美〕肯尼思 · 沃尔兹：《国际政治理论》，信强译，苏长河校，上海人民出版社，2003，第 15 页。

高。与国外相比，国内上合组织研究理论化水平更低，但国内上合组织经济合作方面的研究要好于政治和安全合作方面。

其次，科学研究方法运用不够。与提高理论化水平相辅相成的是重视自觉运用科学研究方法。目前，除部分经济题材的研究外，上合组织研究大多属于规范性研究和思辨性研究，这两类研究在去伪存真方面存在弱点。作为国际政治行为体互动的结果，研究上合组织需要引入系统论进行分析。系统分析可以较为全面、客观地考察上合组织的发展历程，考察在不同阶段系统内的各个单元是如何互动的。

最后，研究多以政策分析为主、基础性研究少。上合组织研究成果大多来自智库，研究人员基本上来自智库或与智库关系密切。造成这种现象的原因是，上合组织还不能称为典型意义上的国际组织，只能说是一种制度安排。而且，该组织仍处于发展变化过程当中，来自各方面的影响因素和作用力难以预料，变数很多，学者的态度是观察多于研究。再加上在大量活动资料没有对外公开的前提下，研究者受到了资料匮乏的条件限制，只能通过有关声明、宣言和协定等公开文件来进行研究。① 然而，经过18年的发展，上合组织功能不断增多，合作领域不断扩大，并在维护中亚地区安全和繁荣中发挥了较为突出的作用，但是研究成果并没有出现明显变化。笔者认为造成这种现象的直接原因是上合组织影响力不够大、制度化水平较低、信息化水平不高（包括组织和成员国）等。

三

撰写《上海合作组织》是一项严肃的研究工作，需要遵循科学的研究方法。在国际政治中，上合组织属于新兴的国际政治行为体，不仅需要对它进行动态分析和考察，而且需要进行历史的分析。上合组织成立于2001年6月，若考察其成立的背景，我们需要跨越苏联解体这一重大的历史事件，因为上合组织前身——“上海五国”机制起源于中苏边界谈

① 高飞：《上海合作组织研究综述》，《俄罗斯东欧中亚研究》2004年第4期。

判。在这个意义上，上合组织的发展历程实际上经历了两极和单极体系，并在冷战结束后发挥了维护地区和平与解决地区冲突的预防性功能。本书要做的是对影响上合组织发展历程中的重大历史事件去粗取精，并以完整的历史事件为个案进行跟踪分析，力图发现其内在的因果机制。

为了增加对上合组织的感性认识，更好地完成本书的撰写工作，在中国社会科学院国际合作局的资助下，笔者对俄罗斯进行了历时一个月的调研，走访了主要智库、研究机构、与上合组织相关的机构以及重要的学者。选择去俄罗斯调研的原因是，俄罗斯是上合组织的重要成员国，在上合组织的既往历史中俄罗斯的作用十分关键，在上合组织未来的发展中，俄罗斯依然会扮演重要的角色。听取其他专家的意见十分必要。若从1961 年中苏边界谈判开始，上合组织已有 56 年的发展历程，其间有诸多亲历者，在相关文献档案未全部公开的条件下，诸多亲历者是完成本书的支持力量。同时，本书还借鉴了国外专家的意见，从而更好地保持了本书的学术理性，使读者可以获得更多的专业性知识。

量化分析对于研究当代上合组织的发展非常重要，因此本书借鉴了国际组织及其他国家的数据进行统计分析，直接数据来源包括联合国粮食及农业组织、世界银行、经济合作与发展组织、美国中央情报局《世界概览》、德国贝塔斯曼转型指数、上合组织成员国央行及经济部数据等。

全书分为 10 章，第一章主要讨论上合组织是什么。尽管《上海合作组织宪章》对自己有明确的定位，但是国际社会对于上合组织的认识却有明显分歧。为此，在第一章中从上合组织自身的定位、成员国对上合组织的认识和欧美学者眼中的上合组织几个相对平行的层次分析上合组织的性质。

国际组织在特定国际政治环境下创建，其产生的历史背景或长或短，把握历史脉络能加深对组织发展的认识。第二章分析了上合组织成立的背景。上合组织是“上海五国”机制演变过来的，而“上海五国”机制则是在苏联解体后，在解决中国与俄罗斯、哈萨克斯坦、吉尔吉斯斯坦、塔吉克斯坦四国边境问题的基础上产生的。苏联解体之前该问题属于中苏边界问题，而中苏边界问题起源于 1961 年。可见，对中苏边界问题历史背景的分析有助于我们理解上合组织的缘起、发展，尤其是中国—俄罗斯

（苏联）关系的良性互动体现了上合组织发展的重要意义。

任何国际组织都会根据组织目标和成员国意愿来运作，上合组织也不例外。第三章分析了上合组织的运行机制，其中重点讨论上合组织的宗旨、机构设置、运行费用、加入和退出机制、决策机制和磋商机制。第四章讨论了上合组织的扩员问题。具体内容包括扩员机制建设、首次扩员的动因、扩员后的合作。

国际组织都有自己的价值原则，这是形成合作共同体的重要基础。第五章分析了上合组织的价值规范和发展战略。从国际组织的发展历程可以看出，由于国家间存在差异性并有可能降低集体行动的一致性和稳定性，构建价值规范是国际组织最常见的选择。国际组织的实践也能证明，在相对稳定的国际体系中，如果意识形态的共识高，那么国际组织的集体行动就比较顺利和稳定。

国际组织都有重点合作领域。第六章分析了上合组织的安全合作。安全合作是上合组织的核心支柱，也是上合组织初创时的关键动力。从“上海五国”机制到上合组织，成员国在边界划分、边境地区裁军和军事互信、打击“三股势力”、打击跨国犯罪（贩毒、武器及人口走私）等安全领域上合作密切。扩员后，上合组织的安全合作领域依然集中在执法合作和防务安全合作两个方面，但是安全合作复杂性和难度也在扩大。

对于发展中国家组成的政府间国际组织，经济合作是促进多边合作的物质基础。第七章分析了上合组织的经济合作，经济合作是上合组织四大支柱之一，也是各个成员国非常重视的合作领域，在成立之初便被纳入上合组织的宗旨。本章讨论的内容是指导性文件、贸易便利化、农业合作、金融合作和地方合作。

促进成员国间的公共和民间交流是推动国际组织发展的润滑剂。第八章分析了上合组织的人文合作。作为政府间国际组织，上合组织的发展是系统工程，需要多个领域共同协作发展，其中就包括人文合作。目前，上合组织人文合作涉及的内容广泛，包括文化旅游、卫生、教育、体育、科技、媒体、青年交流、文物保护等，在促进上合组织成员国相互信任和睦邻友好方面发挥着积极作用。本章主要分析了上合组织的人文合作机制、合作形式及人文合作对上合组织发展的推动作用。

可持续发展是所有国家追求的发展目标，是国际组织持久的合作议题。第九章分析了上合组织成员国的可持续发展合作。可持续发展合作一直被归于上合组织成员国人文合作中，但随着上合组织成员国的不断发展，如何推动可持续发展便成为每个成员国关注的问题。因此，本书把可持续发展合作从上合组织成员国人文合作中单列出来，从而彰显该议题的重要性。于是，本书在第九章分析了上合组织持续发展的动因、可持续发展合作机制及内容、可持续发展合作的重点领域。

国际合作是把国际组织凝聚成一个整体，参与全球和地区事务的重要途径。第十章分析了上合组织的国际合作。国际合作是指上合组织作为单独的国际政治行为体，与外部世界开展合作的行为。通过国际合作，上合组织不仅能够提高自身影响力，而且能够在内部形成凝聚力。本章将通过上合组织国际合作回顾、国际合作指导性文件、国际合作实践三部分内容讨论上合组织的国际合作。

作为一本研究上合组织的“志”书，本书具有以下特色。一是加强了系统分析，分时段和分层次对上合组织进行了分析和梳理。二是提高了学术理性，更注重理论与实践相结合。用理论分析现象，又透过现象深化了理论。三是增强了阅读体验。本书运用了大量的图表进行分析，从而使读者可以更加直观地了解上合组织的发展。

最后，感谢所有对完成本书提供帮助的单位和朋友，希望本书没有辜负你们的期望。

第一章

上海合作组织是什么?

作为政府间国际组织，上海合作组织被赋予了很多功能。俄罗斯学者亚历山大·卢金是这样描述上合组织的，该组织是一个地区合作组织，是多极化世界的潜在中心、能够为一些国家提供更多的选择或者平衡美国及其盟国的力量。在这个意义上，上海合作组织出现在苏联解体后的“地缘政治黑洞”中。[①] 美国外交理事会（Council on Foreign Relations，成立于1921年的非政府研究机构）的网页上是这样介绍上海合作组织的，“起源于1996年，2001年乌兹别克斯坦加入并重新命名为上海合作组织。上海合作组织六个成员国占据了欧亚大陆3/5的陆地面积，拥有15亿人口（大约占世界人口的1/4）。根据《上海合作组织宪章》，该组织通过论坛形式强化成员国间信任和睦邻关系，并增强在政治、经贸、文化、能源和交通等领域的合作”[②]。时任上海合作组织秘书长拉希德·阿利莫夫表示，上合组织自成立之日起就反对通过集团化、意识形态化和对抗性的办法来解决国际和地区现实问题，严格遵循《上海合作组织宪章》中规定的原则，包括不针对其他国家和国际组织。保障欧亚地区安全与稳定是上合组织的主要优先工作之一。上合组织是为本组织空间内人民的发展与繁荣而创立的。然而，可持续发展离不开应有的安全保障。阿利莫夫强调，上合组织不是军事集团。与此同时，与恐怖主义威胁进行的不可调和

---

① Alexander Lukin, *Shanghai Cooperation Organization*: *Looking for a New Role*, http://eng.globalaffairs.ru/valday/Shanghai-Cooperation-Organization-Looking-for-a-New-Role-17576.

② Eleanor Albert, “The Shanghai Cooperation Organization,” https://www.cfr.org/backgrounder/shanghai-cooperation-organization.

的斗争使其必须发展与加强彻底铲除恐怖主义的机制。[①] 虽然上合组织确立了具体的合作机制，包括共同认同的规则、法规、规范和决策程序等，但就组织的机制化水平而言，上合组织属于弱义务的多边组织。此外，上合组织不仅涉及安全问题，而且在经济、人文领域也进行了广泛合作。由于上合组织合作范围广泛，对于这个组织是什么的问题，有不同的解读。为此，本章着重讨论上合组织是什么的问题。

第一节　从《成立宣言》到《宪章》：上海合作组织的定位

自成立之初，上合组织对自己就有较为明确的定位，不过，在具体的合作内容上是有变化的。在建立之初，因需各方协调一致，上合组织是以《上海合作组织成立宣言》（以下简称《成立宣言》）的形式向国际社会展现组织定位的。经过一年的准备，上合组织第二次峰会确定了《上海合作组织宪章》（以下简称《宪章》），这是一份纲领性文件，最终以国际公法的形式规定了上合组织的宗旨和原则。为了更加全面地认识上合组织，本节不仅讨论了相对静态的上合组织《成立宣言》和《宪章》，而且分析了相对动态的历届元首宣言。

1.《上海合作组织成立宣言》

2001 年 6 月 15 日，哈萨克斯坦共和国、中华人民共和国、吉尔吉斯共和国、俄罗斯联邦、塔吉克斯坦共和国和乌兹别克斯坦共和国共同发表了《上海合作组织成立宣言》。《成立宣言》阐述了该组织成立的国际背景、宗旨、成员国间关系准则、合作领域、对外关系原则等。

（1）国际背景：确信在 21 世纪政治多极化、经济和信息全球化进程迅速发展的背景下，将“上海五国”机制提升到更高的合作层次，有利

① 《拉·阿利蒂夫：“上海合作组织不是军事集团，但将继续加强彻底铲除恐怖主义的机制建设”——上合组织秘书长在欧安组织维也纳论坛上发言》，2017 年 5 月 10 日，http：//chn. sectsco. org/politics/20170510/269042. html。

于各成员国更有效地共同利用机遇和应对新的挑战与威胁。

（2）宗旨：加强各成员国之间的相互信任与睦邻友好；鼓励各成员国在政治、经贸、科技、文化、教育、能源、交通、环保及其他领域的有效合作；共同致力于维护和保障地区的和平、安全与稳定；建立民主、公正、合理的国际政治经济新秩序。

（3）成员国间关系：“上海五国”进程中形成的以“互信、互利、平等、协商、尊重多样文明、谋求共同发展”为基本内容的“上海精神”是本地区国家几年来合作中积累的宝贵财富，应继续发扬光大，使之成为21世纪上海合作组织成员国之间相互关系的准则。同时，上合组织各成员国将严格遵循《联合国宪章》的宗旨与原则，相互尊重独立、主权和领土完整，互不干涉内政，互不使用或威胁使用武力，平等互利，通过相互协商解决所有问题，不谋求在相毗邻地区的单方面军事优势。1996年和1997年分别于上海和莫斯科签署的关于在边境地区加强军事领域信任和关于在边境地区相互裁减军事力量两个协定所体现的原则确定了上合组织各成员国相互关系的基础。

（4）对外关系原则：奉行不结盟、不针对其他国家和地区及对外开放的原则，愿与其他国家及有关国际和地区组织开展各种形式的对话、交流与合作，在协商一致的基础上吸收认同该组织框架内合作宗旨和任务、原则等，其加入能促进实现这一合作的国家为该组织新成员。

（5）地区合作的目标：上合组织尤其重视并尽一切必要努力保障地区安全，包括落实《打击恐怖主义、分裂主义和极端主义上海公约》（以下简称《上海公约》），为遏制非法贩卖武器、毒品、非法移民和其他犯罪活动。努力促进各成员国之间双边和多边合作的进一步发展以及合作的多元化，包括经贸合作。

（6）国际合作目标：上合组织各成员国将加强在地区和国际事务中的磋商与协调行动，在重大国际和地区问题上相互支持和密切合作，共同促进和巩固本地区及世界的和平与稳定。在当前国际形势下，维护全球战略平衡与稳定具有特别重要的意义。

尽管上合组织的宗旨包含了政治、经济和人文合作等内容，但是该组织突出了其在安全领域的功能。这是因为各个成员国在签署《成立宣言》的同时，还签署了《上海公约》。《上海公约》是成立之初签署的唯一的国际公约，公约涉及的领域是地区安全。这体现了上合组织成员国对地区安全问题的关注，也意味着安全问题对上合组织成员国的重要性。《上海公约》明确了恐怖主义、分裂主义与极端主义的概念，并在第三条中明确规定，各方应采取必要措施，包括适当时制定国内法律，以使本公约第一条第一款所指行为在任何情况下不得仅由于政治、思想、意识形态、人种、民族、宗教及其他相似性质的原因而被开脱罪责，并使其受到与其性质相符的处罚。公约第三条十分重要且意义重大，它为各方统一打击恐怖主义、分裂主义与极端主义的行动奠定了基础。即便如此，部分中亚国家的学者对于在上合组织框架下开展的反恐工作存在分歧。2013 年 10 月乌兹别克斯坦科学院历史研究所副所长阿布杜可哈里莫夫·白克罗姆（Abdukhalimov Bakhrom）认为，打击恐怖主义存在扩大化问题。虽然上合组织成立要早于 2001 年发生的“9·11”恐怖袭击事件，但在这一年反恐成为国际社会的普遍议题。上合组织成员国政府总理为此还发表了总理声明，指出“2001 年 9 月 11 日在美国发生了史无前例的恐怖行动，使成千上万无辜的人蒙难，我们对此极其愤慨。……国际恐怖主义已对全人类构成了严重威胁。美国的悲惨事件表明，恐怖主义无国界、无道义标准。只有各国联合努力才能消灭这股邪恶势力。上海合作组织成员国在此方面进行着积极的工作。打击恐怖主义、分裂主义和极端主义是我们组织的最重要任务之一。在该组织框架内已经通过了共同打击恐怖主义、分裂主义和极端主义的上海公约，并正采取步骤加快建立联合反恐怖机构。我们准备同所有国家和国际组织密切配合，采取有效措施，为根除恐怖主义带来的全球性危险而进行毫不妥协的斗争”[①]。

2.《上海合作组织宪章》

经过一年的准备和反复磋商，《上海合作组织宪章》（以下简称

---

① 《上海合作组织成员国政府总理声明》（2001 年 9 月 14 日），上海合作组织官网，http：//chn. sectsco. org/documents/。

《宪章》）在2002年6月的俄罗斯圣彼得堡峰会上签署。作为上合组织的基本文件，《宪章》具有国际条约的性质。《宪章》规定了组织的宗旨、原则、组织机构、职权范围、议事程序以及成员国的权利义务等，《宪章》的签署意味着上合组织在国际法意义上正式成立。《宪章》中各成员国约定如下。

（1）宗旨和任务：加强成员国间的相互信任和睦邻友好；发展多领域合作，维护和加强地区和平、安全与稳定，推动建立民主、公正、合理的国际政治经济新秩序；共同打击一切形式的恐怖主义、分裂主义和极端主义，打击非法贩卖毒品、武器和其他跨国犯罪活动，以及非法移民；鼓励开展政治、经贸、国防、执法、环保、文化、科技、教育、能源、交通、金融信贷及其他共同感兴趣领域的有效区域合作；在平等伙伴关系基础上，通过联合行动，促进地区经济、社会、文化的全面均衡发展，不断提高各成员国人民的生活水平，改善生活条件；在参与世界经济的进程中协调立场；根据成员国的国际义务及国内法，促进保障人权及基本自由；保持和发展与其他国家和国际组织的关系；在防止和和平解决国际冲突中相互协助；共同寻求21世纪出现的问题的解决办法。

（2）合作方向：维护地区和平，加强地区安全与信任；就共同关心的国际问题，包括在国际组织和国际论坛上寻求共识；研究并采取措施，共同打击恐怖主义、分裂主义和极端主义，打击非法贩卖毒品、武器和其他跨国犯罪活动，以及非法移民；就裁军和军控问题进行协调；支持和鼓励各种形式的区域经济合作，推动贸易和投资便利化，以逐步实现商品、资本、服务和技术的自由流通；有效使用交通运输领域内的现有基础设施，完善成员国的过境潜力，发展能源体系；保障合理利用自然资源，包括利用地区水资源，实施共同保护自然的专门计划和方案；相互提供援助以预防自然和人为的紧急状态并消除其后果；为发展本组织框架内的合作，相互交换司法信息；扩大在科技、教育、卫生、文化、体育及旅游领域的相互协作；本组织成员国可通过相互协商扩大合作领域。

（3）设立地区反恐怖机构：地区反恐怖机构是本组织常设机构，设在比什凯克市（吉尔吉斯共和国）。该机构的基本任务和职能，其成立、经费原则及活动规则由成员国间签署的单独国际条约及通过的其他必要文件来规定。不过，上合组织地区反恐怖机构最终设立在乌兹别克斯坦共和国首都塔什干。

除了签署《宪章》外，俄罗斯圣彼得堡峰会期间还发表了《上海合作组织成员国元首宣言》《上海合作组织外交部长会议联合公报》等。2002 年 1 月，在北京举行的非例行会议上发表了《上海合作组织成员国外长联合声明》。上述文件都把地区安全问题作为文件的首要内容。特别值得一提的是，在《上海合作组织成员国外长联合声明》（以下简称《联合声明》）中，上合组织外长针对阿富汗问题达成国际共识，并指出阿富汗最近事态的发展有力地证明，上合组织将维护地区安全与稳定、打击恐怖主义、分裂主义和极端主义“三股势力”确定为各成员国的合作重点，是十分正确和具有远见的。针对阿富汗问题，上合组织外长共同表示，本组织成员国积极参与国际反恐联盟，并采取措施进一步加强本组织的反恐工作。对外合作方面，上合组织也体现出了较强的安全性质，《联合声明》表示，本组织是一个开放性机构，愿同邻国及非本地区国家和组织密切配合，保障本地区的安全与稳定；愿同阿富汗临时政府以及未来阿富汗权力机构开展建设性对话与合作，并呼吁阿富汗合法领导人与本组织密切协作。对于其他合作领域，上合组织也将其看成与地区安全有关的领域。正如联合声明所指出的，本组织成员国外长详细探讨了在各优先发展领域的活动，并认为，扩大本组织框架内的信任措施、政治协作、经贸和投资合作以及文化、人文关系，是维护地区安全与稳定的最重要条件之一。

3.《上海合作组织成员国元首宣言》：2001 ~ 2018 年

自上海合作组织成立至 2018 年青岛峰会，上合组织秘书处公开发布了 98 份文件，其中包括元首宣言、政府总理声明、外长声明、联合公报、共同倡议、新闻公报、发展纲要等。通过统计可以看出，上海合作组织签署文件较多的年份是 2018 年（青岛峰会签署 10 份文件）、2009 年（叶卡捷琳堡峰会签署 9 份文件）和 2015 年（乌法峰会签署 9 份文件），签署文件最少的年份是 2006 年（上海峰会签署 2 份文件）（见图 1－1）。此外，上合组织峰会每次平均签署 5. 44 份文件，其中在俄罗斯举行的峰会期间签署了 27 份文件，在中国举行的峰会期间签署了 20 份文件。截至 2018 年 12 月，上合组织共举办过 18 次峰会，其中在俄罗斯 4 次，在中国 4 次，在哈萨克斯坦 3 次、在乌兹别克斯坦 3 次、在塔吉克斯坦 3 次、在吉尔吉斯斯坦 2 次。连续两次主办峰会的上合组织成员国是俄罗斯（2002 年和 2003 年）。

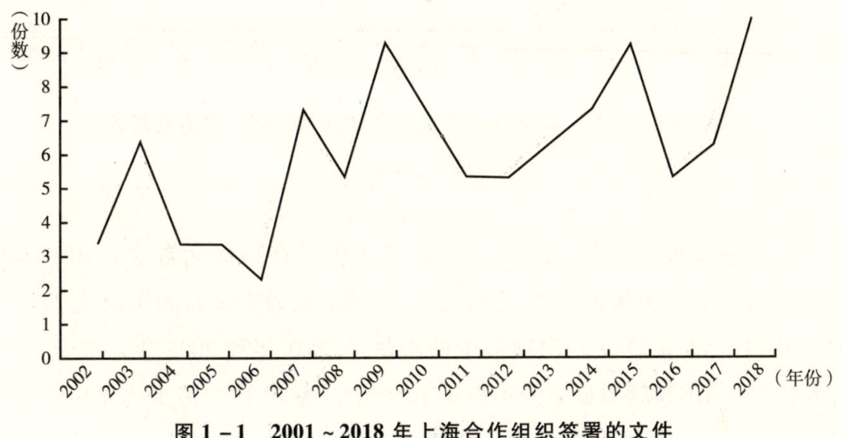

图 1－1　2001～2018 年上海合作组织签署的文件

资料来源：根据上海合作组织官网的数据绘制。

元首会晤（即首脑外交），是上海合作组织峰会期间最重要的外交活动。在 1955 年美国、英国、法国和苏联的日内瓦峰会中，首脑外交第一次被使用。随后，首脑外交便成为国际政治中一种常见的形式。与国际政治发展趋势一样，首脑外交在上海合作组织决策机制中具有十分重要的作用，其中最为关键的就是元首峰会。因此，《上海合作组织成员国元首宣言》可以视为组织发展的风向标。为了确定上合组织的定位，笔者以 18 份元首宣言作为分析对象，通过文献计量分析中的词频分析法，寻找元首宣言中的高频词来分析上合组织的定位。根据《宪章》，安全、经济、人文（文化）领域是上合的发展方向，为此，本部分以这三个词在元首宣言中出现的频率来分析上合组织的定位（见图 1－2）。

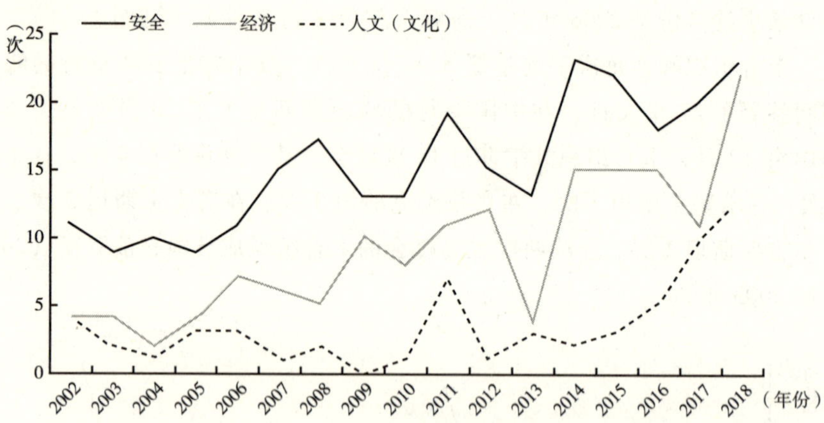

图 1－2　2002～2018 年上合成员国《元首宣言》中的高频词

资料来源：根据上海合作组织官网的数据绘制。

若取中位数，安全、经济、人文（文化）在历次元首宣言中涉及的次数分别为 15、9 和 3.5 次。“安全”一词出现频率最高的年份是 2014 年和 2018 年，都为 23 次，出现最少的年份是 2003 年和 2005 年，都是 9 次；“经济”一词出现频率最多的年份是 2018 年，为 22 次，最少的年份是 2004 年，只有 2 次；人文（文化）出现频率最多的年份是 2018 年，为 13 次，出现最少的年份是 2009 年，出现的频率为零。可见，安全问题是上合组织峰会的重心，其次是经济问题，人文（文化）则是峰会讨论较少的领域。

第二节　成员国对上海合作组织的认识

在 2017 年 6 月上合组织阿斯塔纳峰会之后，上合组织成员国扩大到中国、俄罗斯、哈萨克斯坦、吉尔吉斯斯坦、塔吉克斯坦、乌兹别克斯坦、巴基斯坦、印度等 8 个国家，阿富汗、白俄罗斯、伊朗、蒙古等 4 个观察员国。此外，还有阿塞拜疆、亚美尼亚、柬埔寨、尼泊尔、土耳其和斯里兰卡 6 个对话伙伴国。无论上述国家与上合组织属于何种合作关系，上合组织与上述国家关系是基于共同意志基础上发展起来的。在上述国家中，正式成员国与上合组织合作关系密切。从正式成员国的视角认识上合组织也能在一定程度上说明组织的性质，因此，笔者以正式成员国外交部的表述为准。

作为上合组织的创始国之一，中国对上合组织的建立、发展发挥了巨大作用。中国外交部长王毅在2017年6月15日“上海合作组织日”招待会上的致辞中表示，“关于如何推动上合组织下一步发展，习近平主席已经作出了明确的阐述，那就是八个字：‘不忘初心，与时俱进’。‘不忘初心’是要继续坚持和弘扬‘上海精神’；‘与时俱进’是要八个成员国团结在一起，不断适应形势发展的新需要，不断开辟上合组织发展的新局面。在接下来的一年里面，中国作为主席国，将在政治、安全、经济、人文、对外交往和机制建设六大领域开展58项重要活动，加上辅助性的安排，大概总共会有数百项各种各样的活动，欢迎大家踊跃参加。我们还希望同各成员国共同合作，争取商签近20项合作文件，比如《上合组织成员国长期睦邻友好合作条约》实施5年纲要、上合组织成员国打击恐怖主义、分裂主义、极端主义合作3年纲要等，并争取商签《上合组织贸易便利化协定》，适时启动上合组织自贸区可行性研究。我们希望重新激活‘上合组织-阿富汗联络组’，使上合组织为我们共同的近邻——阿富汗的和平、安宁、和解发挥作用。我们还希望在地方合作、媒体合作、电子商务等领域形成新的合作机制。总之，这一年的工作将非常丰富多彩，我们希望并且完全相信，在大家的共同努力下，上合组织一定会迎来更加光明美好的未来”①。在讨论到中国同上合组织的关系时，中国外交部官方网站显示，“中国是上合组织创始成员国，始终高度重视并全面参与上合组织框架内的各项活动，积极开展同其他成员国、观察员国和对话伙伴的互利合作。我国家主席、国务院总理等国家领导人每年均出席上合组织有关会议，先后提出一系列安全、务实、人文等领域合作倡议，得到各方

① 《王毅外长在“上海合作组织日”招待会上的致辞（全文）》（2017年6月15日），http：//www.fmprc.gov.cn/web/gjhdq_676201/gjhdqzz_681964/lhg_683094/zyjh_683104/t1470516.shtml。

积极响应与支持，为维护本地区和平、安全与稳定，促进地区国家共同发展与繁荣作出重要贡献”[①]。综上可见，上合组织对中方而言首先是一个安全性质的组织。

在俄罗斯联邦外交部网站上关于上合组织的信息非常多。起初，安全问题也是俄罗斯参与创建上合组织的直接动力。在俄罗斯联邦外交部官网上第一份有关上合组织的新闻公报中写道：“外交部长们再次重申上合组织是基于平等、相互尊重和相互信任的机制，确保这个地区的稳定、安全、繁荣和发展。”[②] 但是，随着上合组织的不断发展，俄罗斯对上合组织的政策也发生了一些变化。与中国希望加强上合组织能力显著不同的是，俄罗斯希望讨论如何利用上合组织维护世界和地区秩序、发展与中国关系等。例如，根据《俄罗斯外交构想 2016》中的描述，俄罗斯要通过上合组织这一平台建立稳定可持续的国际关系体系；支持联合国和其他地区性组织在防治自然灾害和人为灾害中发挥作用；致力于为上合组织成员国建立共同、公开和非歧视性的经济伙伴关系和共同发展空间，与亚太地区和欧亚大陆一体化相辅相成；与中国在国际组织和多边协议中合作，应对新挑战和威胁，解决紧迫的地区和全球性问题。[③] 在 2017 年 4 月 21 日上合组织外长会议后，俄罗斯外交部长谢尔盖·拉夫罗夫在哈萨克斯坦阿斯塔纳接受媒体采访时也十分明确地表达了上述立场。针对上合组织扩员，拉夫罗夫说这将提高上合组织在国际舞台上的影响力，并说要开始讨论伊朗加入上合组织的问题。随后，他向媒体介绍了上合组织外长会议通过《反极端主义公约》的意义，以及争取在打击毒品犯罪上取得共识。他还向媒体介绍了上合组织外长在环境保护、上海合作组织大学、叙利亚

① 《中国同上海合作组织的关系》，http：//www. fmprc. gov. cn/web/gjhdq_ 676201/gjhdqzz_ 681964/lhg_ 683094/zghgzz_ 683098/。

② “Press Release：On Foreign Ministers Conference of Member States of Shanghai Cooperation Organization（873 - 27 - 04 - 2002），” http：//www. mid. ru/en/sanhajskaa-organizacia-sotrudnicestva-sos -/-/asset_ publisher/0vP3hQoC PRg5/content/id/558198.

③ “Foreign Policy Concept of the Russian Federation（approved by President of the Russian Federation Vladimir Putin on November 30，2016），” http：//www. mid. ru/en/foreign_ policy/official_ documents/-/asset_ publisher/CptICkB6BZ29/content/id/2542248.

和解决乌克兰危机等问题的认识。[1] 从《俄罗斯外交构想 2016》和拉夫罗夫外长的讲话中我们可以看出，俄罗斯更多地把上合组织看成其对外政策工具，在具体功能上没有明确定义，只是根据俄罗斯自身利益的实际需要，在上合组织框架下与成员国开展合作。这是因为，俄罗斯在中亚地区安全上集体安全条约组织（CSTO）是其重心，经济重心则集中在与独联体国家的多边和双边合作，尤其是加强欧亚经济联盟作用。

哈萨克斯坦是上合组织的创始成员国之一，在哈萨克斯坦《外交构想 2014～2020》中写道："作为联合国、独联体、亚信会议、集安组织、上合组织等国际组织中负责的成员，哈萨克斯坦致力于实现以下任务：确保国家在发展进程中的利益，建设性地参与和推动地区和全球安全，推动哈萨克斯坦外交政策，为提高本地区的稳定和安全而与国际组织开展合作，提高与国际组织和地区组织的合作效率。"[2] 在哈萨克斯坦外交部网站上有介绍上合组织的栏目，在该栏目中上合组织被描述为："根据《上海合作组织宪章（2002 年）》，该组织的主要目标是加强互信、友好、睦邻关系，增强在政治、贸易、经济、科学、文化、教育、电力、交通、生态和其他领域的合作。上合组织当前的主要目标是维护本地区和平、稳定和安全，发展经济和人文合作。"[3] 在2017 年 4 月阿斯塔纳召开上合组织外长会议期间，哈萨克斯坦外交部长凯拉特·阿布德拉赫曼诺夫（Kairat Abdrakhmanov）说，在《上海合作组织发展战略 2025》中，加强地区安全、发展经济合作、释放转运和交通能力，深化人文组带是上合组织发展的大前提。根据上述信息，可以看出哈萨克斯坦对上合组织的性质并没有准确定义，但也能看出在中短期内地区稳定和安全合作是哈萨克斯坦在上合组织框架下的优先合作方向。在这个意义上，

---

① "Foreign Minister Sergey Lavrov's Remarks and an Answer to a Media Question at a news Conference Following a Meeting of the SCO Council of Foreign Ministers, Astana, April 21, 2017," http: //www. mid. ru/en/sanhajskaa-organizacia-sotrudnicestva-sos -/-/asset_publisher/0vP3hQoCPRg5/content/id/2734712.

② "Foreign Policy Concept for 2014 - 2020 Republic of Kazakhstan," http: //mfa. gov. kz/en/content-view/kontseptsiya-vneshnoj-politiki-rk-na - 2014 - 2020 - gg.

③ "Shanghai Cooperation Organization," http: //mfa. gov. kz/en/content-view/shos.

上合组织对于哈萨克斯坦来说首先属于安全性质的组织。当然，基于自身发展的需要，哈萨克斯坦也愿意在上合组织框架下展开经济、基础设施和人文等领域的合作。

根据吉尔吉斯斯坦外交部网站公布的信息，吉尔吉斯斯坦的外交政策要完全符合本国人民的利益；要立足于与邻国、世界大国、国家组织等建立稳定、友好关系。[①] 在介绍吉尔吉斯斯坦与上合组织关系的栏目中，吉尔吉斯斯坦外交部网站描述为：吉尔吉斯共和国是上合组织的创始国，吉国加入上合组织的主要目标是发展本区域内政治、贸易、经济、文化、教育等领域的务实合作；组织目标是维护和保障本地区的和平、安全与稳定。与上合组织合作是吉尔吉斯共和国多边外交的优先领域之一，它符合国家的国家利益。建立上合组织地区反恐怖机构的想法来自吉尔吉斯共和国，并在吉国启动了地区反恐合作机制。[②] 可见，对于吉尔吉斯斯坦来说安全是上合组织的基本属性。

塔吉克斯坦对国家未来的发展制定了三个战略目标，即能源独立、打破交通瓶颈和食品安全。[③] 为了实现上述战略目标，塔吉克斯坦出台了对外政策构想。针对加入上合组织，塔吉克斯坦在其外交构想中写道：加入上合组织的目标是加强睦邻友好关系、互信关系和成员国间的友谊；促进本地区的安全、稳定和可持续发展。塔吉克斯坦支持进一步加强上合组织深化经济关系、落实基础设施项目、推动环境保护项目合作、提升人文对话促进区域一体化。[④] 在 2017 年 6 月阿斯塔纳举行的上合组织元首峰会上，塔吉克斯坦总统埃莫马利·拉赫蒙（Emomali Rahmon）强调，在过去的合作中，上合组织增强了地区稳定和安全，扩大了政治、经济和人文

---

① "In Accordance with the National Sustainable Development Strategy for the Kyrgyz Republic for the Period of 2013 – 2017, New Understanding of Foreign Policy," http://www.mfa.gov.kg/contents/view/id/125.

② "Кыргызстан-ШОС," http://www.mfa.gov.kg/contents/view/id/95.

③ "Three Strategic Goals of Tajikistan: Ensuring Energy Independence, Break in the Communication Deadlock and Food Security," http://mfa.tj/?l=en&cat=96&art=221.

④ "Concept of the Foreign Policy of the Republic of Tajikistan," http://mfa.tj/?l=en&cat=109&art=1072.

领域合作。针对阿富汗和中东政治形势，塔吉克斯坦总统拉赫蒙认为，上合组织元首峰会要关注发展上合组织地区反恐机构。另外，上合组织还需要加强在打击跨国犯罪、毒品走私方面的合作，建立上合组织反毒品中心。在经济合作方面，拉赫蒙建议建立上合组织发展基金或上合组织发展银行，促进和发展成员国间的能源合作、可再生能源（绿色能源）、环境保护、健康、科学、文化、创新、技术、体育和旅游方面的合作。① 与其他成员国相比，塔吉克斯坦对上合组织的看法与中国比较相近，核心也是综合安全。当然，这并不是说塔吉克斯坦与中国国情相似，而是因为与其他上合组织成员国相比，塔吉克斯坦不仅与阿富汗接壤，而且国家实力非常弱。塔吉克斯坦政府极为有限的财政收入很难实现国家安全和经济发展同步发展。

乌兹别克斯坦是中亚国家中的传统大国，在前总统伊斯兰·阿卜杜加尼耶维奇·卡里莫夫（Islam Abduganiyevich Karimov）去世一周年后，新总统沙夫卡特·米尔济约耶夫（Shavkat Mirziyoyev）逐步开始调整乌兹别克斯坦的内外政策。目前，乌兹别克斯坦外交政策总体方向延续着卡里莫夫时期的政策。乌兹别克斯坦外交部官网显示，乌兹别克斯坦外交政策基于宪法、对外政策构想、国际法和国家其他法律准则之上。② 对于上合组织，乌兹别克斯坦外交部官网介绍：上合组织是加强稳定与安全、发展中亚地区经济合作的多边合作机制。③ 在描述乌兹别克斯坦与上合组织关系时，外交部官网写道：乌兹别克斯坦支持在上合组织框架下各成员国针对地区安全的威胁和挑战、保持持续社会经济发展而推动伙伴关系，落实基础设施和投资项目。④ 从乌兹别克斯坦外交部目前公开的信息看，上合组织的首要功能还是维护地区安全。

① "Participation in the Meeting of the SCO Heads of States Council," http://www.president.tj/en/node/15534.

② "Foreign Policy," https://mfa.uz/en/cooperation/policy/.

③ "About the Shanghai Cooperation Organization," https://mfa.uz/en/press/sco-uzbekistan/about/5429/?sphrase_id=3990209.

④ "International Cooperation," https://mfa.uz/en/cooperation/.

巴基斯坦是上合组织的新成员。早在2005年巴基斯坦就是上合组织的观察员国，2010年巴基斯坦申请正式加入该组织，2015年上合组织启动接收印度和巴基斯坦加入上合组织的程序，在2017年的阿斯塔纳峰会上，上合组织正式接收印度和巴基斯坦为正式成员国。在巴基斯坦看来，加入上合组织是符合其利益的，一是成员国间的安全合作可以维护地区稳定与和平，提高巴基斯坦反恐的协调能力；二是成员国间的经济合作可以发展巴基斯坦的基础设施、加强南亚与中亚之间的地区联系、让巴基斯坦成为石油天然气管道的过境国。① 巴基斯坦政府认为，加入上合组织是巴基斯坦对外政策的一个重要里程碑。巴基斯坦将与其他成员国共同分享历史和文化联系，加强经济与战略互补。在更广泛的领域和问题上实现巴基斯坦的利益与目标。② 在成为上合组织正式成员国后，巴基斯坦总理米安·穆罕默德·纳瓦兹·谢里夫（Mian Muhammad Nawaz Sharif）致辞："这些年来上海合作组织已成为地区稳定的基石。现在它将注定成为全球政治经济最重要部分，并在经济上领先。我们全力支持上合组织打击恐怖主义和极端主义。"③ 在巴基斯坦和海湾研究中心（巴基斯坦智库）的一份圆桌会议报告中，对巴基斯坦成为上海合作组织正式成员国提出了利用上合组织潜在作用促进地区联系、解决冲突和提高经济贸易机会的建议。④ 综上，从巴基斯坦官方表述，我们可以确定巴基斯坦把上合组织定位成安全和经济合作组织。

印度在2005年阿斯塔纳峰会成为上合组织观察员国，印度非常希望能在上合组织中发挥更多的作用，并得到了俄罗斯和哈萨克斯坦的支持。

① "SCO Membership: How Important is SCO for Pakistan?" https: //timesofislamabad. com/sco-membership-how-important-is-sco-for-pakistan/2016/06/23/.

② "Pakistan's Membership of the Shanghai Cooperation Organization (SCO)," http: //www. mofa. gov. pk/pr-details. php? mm = NTA2Mw.

③ "Statement by H. E. Mian Muhammad Nawaz Sharif, Prime Minister of the Islamic Republic of Pakistan, at the Sco Heads of State Council," http: //mofa. gov. pk/pr-details. php? mm = NTA2Mg.

④ "Pakistan and the SCO-Building Common Understanding, Centre for Pakistan and Gulf Studies," http: //cpakgulf. org/wp-content/uploads/2015/06/SCO _ Regional-Integration-Roundtable-Series. pdf.

2009 年上合组织开始启动扩员程序，2010 年通过了《上海合作组织接收新成员条例》，2015 年启动接收印度和巴基斯坦加入上合组织的程序，2017 年正式接收印度和巴基斯坦为正式成员国。中亚地区对于南亚地区大国印度具有重要的战略意义，中亚地区丰富的能源和矿产对于印度的成为世界强国十分重要。此外，印度也希望能够打通北方通道，扩大印度的市场。但印度面临的最大问题是与中亚国家在陆地上不接壤，因此仅仅靠自己的力量无法打通与中亚地区以及俄罗斯的陆地联系，而且中国、巴基斯坦都与印度有领土争议。对于俄罗斯和其他上合组织成员国而言，印度潜在的经济体量显示了巨大的市场吸引力，上合组织成员国希望加强与印度的经济贸易联系。当然，联合打击“恐怖主义、分离主义和极端主义”也是印度加入上合组织的目的。在过去的几十年里，数千印度人因恐怖袭击而死亡。① 但是，截至 2017 年 8 月很难在印度外交部官网上找到有关上合组织的信息，在介绍印度的多边关系栏目中也没有开辟专门的栏目介绍。② 印度总理纳伦德拉·莫迪（Narendra Modi）在 2017 年 6 月上合组织阿斯塔纳峰会上接受采访时说，我们希望深化印度与上合组织在经济、互联互通、反恐等领域的合作。③ 因此，印度官方把上合组织定位为经济和安全组织。

总之，尽管上海合作组织成员国对该组织的定位侧重点不同，但安全属性都是基本属性，经济属性次之。若要动态地分析，在中长期内可将上合组织定义为综合安全性质的国际组织。

第三节　欧美学者眼中的上海合作组织

欧美学者对上合组织的了解最初主要来自俄罗斯、哈萨克斯坦、中

① Ashok Sajjanhar, “What India’s Membership Means for the Organization as well as New Delhi,” http：//thediplomat. com/2016/06/india-and-the-shanghai-cooperation-organization/.

② “Briefs on India’s Multilateral Relations,” http：//mea. gov. in/regional-organisations. htm.

③ “Look Forward to Deepening India’s Ties with SCO：Narendra Modi,” http：//economictimes. indiatimes. com/news/politics-and-nation/look-forward-to-deepening-indias-ties-with-sco-narendra-modi/articleshow/59038564. cms.

国等国学者的研究成果。例如，哈萨克斯坦学者穆拉特·洛姆林（Murat Laumulin）在法国国际关系研究所发布了名为《上海合作组织是“虚张声势的地缘政治”？——来自阿斯塔纳的观点》（2006 年 7 月）的报告。穆拉特·洛姆林在报告中写道：“在 20 世纪 90 年代中期，上合组织已经是影响哈萨克斯坦国际地位和中亚地缘政治的重要因素。哈萨克斯坦的地缘政治、安全、经济和地区政治利益都包含在上合组织中，该组织讨论的议题十分广泛但缺少相互之间联系，这些议题通常没有在上合组织框架内解决。因此，上合组织只是‘虚张声势的地缘政治’，而美国却是影响整个中亚的‘非官方伙伴’，欧盟则几乎完全退出了中亚的地缘政治舞台。因此，上合组织给哈萨克斯坦带来的是挑战和风险，而不是优势。”① 尽管洛姆林的报告比较客观地分析了上合组织发展中存在的问题——存在着发展动力不足的事实，但上合组织在 2005 年的阿斯塔纳峰会上通过了《上合组织成员国合作打击恐怖主义、分裂主义和极端主义构想》，并签署了《上合组织与阿富汗伊斯兰共和国关于建立上合组织－阿富汗联络小组的议定书》，这相对欧美国家在多边组织中冗长的决策来说，的确算是高效。因此，上合组织成员国的报告对于欧美学者而言仅仅是一份参考资料。欧美学者对上合组织的看法具有鲜明的现实主义色彩。荷兰国际关系研究所的马赛尔·德·哈斯（Marcel De Haas）等编写了《上海合作组织——走向成熟的安全联盟?》（2007 年 11 月）的报告。在这份报告中，荷兰学者认为，中、俄、美关系的变化可能影响上合组织在中国外交中的地位。随着中美关系紧张，上合组织对中国的重要性会明显增强。上合组织可以提高中国的国际声望。当然，上合组织存在制约因素，其中比较关键的是上合组织只能在中亚地区发挥作用，主要是维护中国新疆的安全与稳定，实现区域经济合作目标，平衡大国干预。但是中国当前的安全压力更多来自上合组织之外，这些安全压力

① Murat Laumulin, “The Shanghai Cooperation Organization as ‘Geopolitical Bluff?’ A View from Astana,” July 2006, https://www.ifri.org/sites/default/files/atoms/files/laumullinenglish.pdf.

是不可能通过上合组织解决的。[①] 成立于1901年11月的美国陆军学院不仅是全球著名的军校，而且致力于培养公务员、国际领导人、开展国家安全和军事战略研究等。该学院为美国和其他国家军事、政府等部门培养了大量的人才，不少美国国际政治学者有在该学院学习或工作的经历。2013年该学院出版了一份由美国海军上校斯科特·安德鲁·麦克利安（Scott Andrew McClellan）撰写的《美国需要关注上海合作组织吗?》（2013年），在该报告中，斯科特认为上合组织涵盖世界60%的陆地面积，占世界能源储量的45%，占世界人口的1/3，经济总量几乎与美国相当。更重要的是上合组织是一个“排美”的组织，对美国安全和利益有潜在的威胁。但是对美国潜在的威胁很多不会变成现实，因为上合组织成员国有不同且针锋相对的利益。成员国政府强势是上合组织成员国之间的合作基础，但不是该组织可持续发展的基础。只要上合组织成员国只维护自己的利益，美国就不用担心该组织。不过，鉴于上海合作组织的战略意义，美国领导人需要监督或参与这个重要机构，以确保美国在中亚的影响力和利益。[②]

可以说，正是由于上合组织正式成员国中有中国和俄罗斯两个大国，才引起了欧美学者的关注。由于中、俄、美等大国关系的不确定，欧美学者基于不同的学术或政治取向对上合组织有很多解读，其中代表性的观点有以下几种。

“秩序论”。持该观点的欧美学者认为发展中的上合组织有可能重新塑造地区和世界秩序。美国斯坦福大学的米切尔·施耐德（Michael Snyder）认为通过中俄协调各自的利益，上合组织将活跃在国际舞台上。虽然上合组织军事合作潜力有限，但可以影响全球政治、经济，印度加入上合组织将提升该组织的影响力，而伊朗若成为正式成员国则会影响

① Marcel de Haas, “The Shanghai Cooperation Organisation: Towards a Full-grown Security,” https://www.clingendael.nl/publication/shanghai-cooperation-organisation-towards-full-grown-security-alliance.

② Scott Andrew McClellan, “The Shanghai Cooperation Organization: Should the U.S. be Concerned?” https://apps.dtic.mil/dtic/tr/fulltext/u2/a589436.pdf.

国际能源市场。此外，上合组织为中亚地区更加紧密的区域合作打下了良好基础。如果中国和俄罗斯两国实力不断增强，那么有可能获得主导新世界秩序的权力，为此，美国不能忽视上合组织的发展。① 可以说，“秩序论”的核心要素是中国和俄罗斯两大国合作后对国际和地区秩序的影响。但就目前而言，中俄两国主要是在地区层面的合作，为此，上合组织对中亚地区秩序的影响也仅限于成员国内，随着印度和巴基斯坦的加入，上合组织塑造地区秩序的“潜力”可能会提高，当然也存在着“潜力”被削弱的问题，这需要看上合组织机制化水平高低及发展方向。实际上更多欧美学者对上合组织的未来持较为保守的观点。例如，美国布鲁金斯学会的约翰尼斯·琳娜（Johannes F. Linn）认为，上合组织不可能落实或推动具体的合作议程。因为一是俄罗斯防范中国在中亚不断上升的影响力，以及中国削弱俄罗斯对中亚地区能源和交通的控制力；二是不干涉内政原则让上合组织很难参与解决成员国内部冲突，诸如水资源、边境冲突等；三是中国对上合组织成员国的经济支持也仅仅停留在双边层面，上合组织本身并没有形成有效的资金筹措机制，并在协调区域基础设施投资上发挥作用；四是上合组织与其他区域组织也没有建立十分紧密的关系，形成具有互补性区域间合作；五是设在北京的上合组织秘书处的权力和技术能力十分有限，没有能力落实和监督在中亚地区的经济合作项目。② 可见，持“秩序论”的欧美学者认为上海合作组织建立在中俄能够紧密合作的基础之上，而中俄紧密合作的基础需要有共同的且对国家安全有较大危害的威胁。

“地区安全论”。持该观点的欧美学者认为，上合组织有可能成为维护地区安全的公共产品，尤其在国际安全部队撤出阿富汗之后，在解决自

① Michael Snyder, “The Shanghai Cooperation Organization: A New Order in Central Asia Formed over 10 Years Ago,” *Stanford Journal of East Asian Affairs*, Vol. 8, No. 1, Winter 2008.

② Johannes F. Linn, “Central Asian Regional Integration and Cooperation: Reality or Mirage?” https://www.brookings.edu/wp-content/uploads/2016/06/10 - regional-integration-and-cooperation-linn.pdf.

身问题的前提下，上合组织在维护地区安全方面发挥了重大作用。杰佛里·里夫斯（Jeffrey Reeves）在美国国防大学亚太安全研究中心公布了一份报告——《上海合作组织：2014 年之后中亚安全稳定的提供者》，杰佛里在报告中指出，在 2014 年国际联军撤出阿富汗之后，上合组织比其他任何组织都有优势控制中亚地区的不稳定因素，但是前提条件是提高集体行动的制度化水平，否则很难在维护中亚地区安全方面发挥作用。要想在维护地区安全方面发挥更大作用，上合组织需要做好以下几方面工作。一是解决中俄之间的竞争问题。每年元首峰会和政府首脑会议需要在解决中俄竞争的问题上发挥更加积极的作用。二是聚焦集体安全。成员国必须放宽传统的威斯特伐利亚主权观，这才有可能让该组织发展成为安全共同体或经济共同体。三是树立集体意识，能够使用一种声音处理地区问题。上合组织外长会议需要发挥好作用，上合组织可以借鉴东盟模式。四是确立扩员法律程序，制定更为透明的决策机制。五是消除上合组织框架下的不对称合作。[①] 尽管上合组织在维护中亚地区安全方面做了很多工作，但是若实现“地区安全论”的目标，上合组织还有许多工作要做。卡尔·多伊奇曾提出了两种不同类型的安全共同体——合并型和多元型，上合组织属于后者，而“地区安全论”则希望上合组织能发展成前者，即合并型安全共同体。多伊奇认为，组成合并型共同体必须具备如下条件：主要价值观相互包容；独特的生活方式；期待获得共同利益，而且这一预期要在承担合并责任前形成；至少某些参加单位的政治和行政能力显著提高；某些参加单位经济增长明显，形成所谓的核心发展地区，其周围聚集着相对弱小的单位；无论是在地域之间，还是在社会的不同阶层之间，都存在牢不可破的社会沟通纽带；政治精英增多；人员流动不断增加；具有多样化的沟通和交往活动。[②] 当然，这些标准并不是同时达到才能形成合并型安全

① Jeffrey Reeves, “The Shanghai Cooperation Organisation: A Tenable Provider of Security in Post – 2014 Central Asia?” http: //apcss. org/wp-content/uploads/2014/06/SCO-REEVES – 2014. pdf.

② 〔美〕詹姆斯·多尔蒂、小罗伯特·普法尔茨格拉夫：《争论中的国际关系理论》（第五版），阎学通、陈寒溪等译，世界知识出版社，2003，第 559 页。

共同体，即便是集体安全程度很高的北约也没有完全达到多伊奇的标准。作为安全共同体的典型，北约最显著的特点有两个，一是北约第五条，即规定成员国受到的攻击一旦被确认，其他成员国将做出即时反应。该条款被理解为各国部队将自动参战，并不再次需要各国政府的参战授权。但这一条款在“9·11”事件之前，一直未被使用；二是形成了安全共同体观，即共同体成员间能确保不会彼此开战，而且能通过其他途径妥善解决彼此间的争端。这一条标准上合组织成员国也未能达到，例如塔吉克斯坦和吉尔吉斯斯坦边境武装冲突、印度和巴基斯坦在克什米尔的武装冲突等。

“中国崛起的工具论”。持该观点的欧美学者认为，上合组织已成为中国崛起的工具，因为中国崛起首先要从欧亚大陆崛起，而欧亚大陆的首要突破口则是中亚地区。在解决了与中亚国家的边境问题后，随着中国的崛起，上合组织对于中国的战略意义日益重要，已逐渐成为中国崛起的重要战略工具。阿纳托利·A. 罗赞诺夫等在《上海合作组织和中亚安全挑战》（2013 年）中写道：自上合组织成立以来，中国在中亚国家能源、债务、贸易比例不断上升，上合组织成员国中的中亚国家对中国的经济依赖程度不断提高。不仅如此，中国也成为中亚国家平衡其他大国的力量。上合组织实际上已成为中国巩固与中亚国家关系的工具。[①] 与罗赞诺夫观点相同，威廉姆·E. 卡洛利则认为，上海合作组织是中国、俄罗斯及中亚国家组成的政府间组织，起初是为了解决共同的威胁，尤其是安全领域的威胁。作为一个发展中的国际组织，上合组织对促进经济和贸易十分重视。中国在上合组织中发挥领导作用。中国试图向上合组织成员国保证绝不称霸，而是将上合组织作为打击美国霸权行为的工具，并取得了部分成功。中国试图在中亚经济和外交领域寻求更大的影响力，并把上合组织作为其和平崛起的一部分。[②] 我们不难理解

① Anatoliy A. Rozanov (ed.), *The Shanghai Cooperation Organisation and Central Asia's Security Challenges*, https://www.files.ethz.ch/isn/168882/DCAF_RP16_SCO.pdf.

② William E. Carroll, "China in the Shanghai Cooperation Organization: Hegemony, Multi-Polar Balance, or Cooperation in Central Asia," *International Journal of Humanities and Social Science*, Vol. 1, No. 19, December 2011.

欧美国家“工具论”的逻辑起源，因为在欧美发达国家崛起的过程中都有利用各种国际组织实现自己战略利益的历史，其中就包括反法联盟（1792 年）、英法同盟（1904 年）等。不过，扩员后的上合组织对中国崛起的工具意义可能会弱化，因为在现有机制下，新成员和老成员、新成员和上合组织需要较长的磨合期，中国会重新考虑对上合组织的政策。美国兰德公司的高级政策分析师德里克·格鲁斯曼（Derek Grossman）认为，印度和巴基斯坦的加入将使上合组织越来越分裂，北京的上合组织政策将受挫。这是因为中印关系还存在着较大障碍。一是印度未响应中国“一带一路”倡议，拒绝参加 2017 年 5 月在中国举行的高峰论坛；二是印度对中国 - 巴基斯坦“全天候友谊”持批判立场；三是中印还有未解决的边界争议，印度对中国综合国力的增强极为敏感。[①] 所以，我们可以看到在中长期内，上合组织很难作为中国崛起的工具。

通过分析上合组织公布的各类文件、成员国对上合组织的政策、欧美学者眼中的上合组织，笔者认为上合组织有以下几个基本特点：作为政府间的国际组织，上合组织属于综合安全组织，其宗旨是维护地区安全；受自身能力所限，上合组织在地区安全中所能发挥的作用有限；上合组织对维护中国西部边疆安全，实现和平崛起具有较大的战略意义；扩员后成员国因需较长时间的磨合，上合组织相对实力有所上升，但绝对实力将有所下降。

① Derek Grossman, “China Will Regret India's Entry Into the Shanghai Cooperation Organization” https：//www. rand. org/blog/2017/07/china-will-regret-indias-entry-into-the-shanghai-cooperation. html.

第二章

上海合作组织的成立

上海合作组织成立的官方时间是2001年6月，但若追溯上合组织成立的历史背景，则需要从1964年2月中国－苏联两国举行边界谈判开始分析。中苏边界谈判是一个十分艰苦的过程，持续了数十年，从冷战到冷战结束，谈判主体从中苏两国发展为中国对俄、哈、吉、塔四国，形成了“上海五国”机制。随着国际形势和合作内容的扩大，“上海五国”机制最终发展成上海合作组织。

第一节　《中俄尼布楚条约》与中苏边界谈判

《中俄尼布楚条约》与俄国历史上第一位沙皇伊凡四世的领土扩张政策密不可分。伊凡四世全称伊凡四世·瓦西里耶维奇（英语：Ivan IV Vasilyevich，俄语：Иван IV Васильевич，1530年8月25日～1584年3月18日），又被称为伊凡雷帝（俄语：Иван Грозный），是俄罗斯帝国的开创者，留里克王朝君主，1533～1547年为莫斯科大公，1547～1584年为沙皇。在击败了国内竞争对手后，伊凡四世一边对外扩张，一边推动国内政治和军事改革，这使得沙皇俄国军事力量迅速走向强大。

伊凡四世对外扩张的标志性事件是用5年时间灭亡了蒙古帝国下辖的四大汗国之一的喀山汗国（1438～1552年）。从此，俄国人的实力强于蒙古人，为俄国越过乌拉尔山脉吞并地域辽阔的西伯利亚扫平了道路。1556年，阿斯特拉罕汗国也被俄国吞并，打开了伏尔加河的入海口。然后，俄国又征服了诺盖人和巴什基尔人，使北高加索许多民族归顺俄国，伊凡四世时期，俄国开始成为多民族国家。到1557年，西伯利亚汗国也臣服于伊凡并于17世纪被占领。1572年，粉碎了被称为“奥斯曼土耳其之鞭”的克里米亚汗国政权。尽管伊凡四世时期没有征服西伯利亚和远东全境，但在其统治时期留下的历史遗产为俄国日后的扩张奠定了非常坚实的基础的。①

罗曼诺夫王朝（House of Romanov）是1613～1917年统治俄国的王朝，是俄国历史上最强盛的王朝，俄国跻身世界强国之列。在这期间沙皇俄国不断向西伯利亚和远东扩张。1636年俄国人到达鄂霍次克海，征服了西伯利亚全境。这个地区成了俄国人的殖民地。当俄国的势力接近中国时便发生了军事冲突。1652年（清顺治九年），俄国人东入黑龙江，“驻防宁古塔（今黑龙江省海林市）章京海色率所部攻击入境俄国人，战于乌扎拉村”，这是中俄之间第一场战斗。之后中俄之间发生多次外交和军事上的冲突。1685年清康熙帝平定“三藩之乱”后派将军彭春于5月22日从瑷珲起兵5000人抗击沙俄，5月25日驱逐了盘踞在雅克萨城堡的沙俄入侵者。但在清军撤军后沙俄入侵者卷土重来，再次夺去雅克萨。1686年清军再攻雅克萨并围城10个月。1689年9月7日（康熙二十八年七月二十四日）中俄双方达成和议，《中俄尼布楚条约》正式签字，规定俄军撤出雅克萨，拆毁雅克萨城堡。

《中俄尼布楚条约》（俄方称《涅尔琴斯克条约》，俄语：Нерчинский договор），是中国和俄国签订的第一份边界条约，于1689年订立，也是清朝首次与西方国家签订的具有现代国际法意义的正式条约。签订此条约使得清朝与俄国确定了领土界限，并终结了俄国的东扩。《中俄尼布楚条约》的另一个意义是，它是近代中国第一次与欧洲国家按照国际法原则谈判达成的条约，是最早使用“中国”一词来指代中国君主制时期的国际法文件，也是现代意义上的“中国”首次

---

① 〔美〕尼古拉·梁赞诺夫斯基、马克·斯坦伯格：《俄罗斯史　第8版》，杨烨、卿文辉译，上海人民出版社，2013，第138～150页。

正式出现于西方外交条约文件中。[①]

从1689年《中俄尼布楚条约》到1915年《中俄沿霍尔果斯河划界议定书》，中俄两国共签订了24个关于划分领土的边界文件（见表2-1），其中许多边界文件存在着母约和子约的关系。通过这些文件，最后划定的中俄边界线总长约11000公里，可分为三段，东段4200多公里；西段3300多公里（苏联解体后，约有3000公里边界线成为中国与哈、吉、塔三国的边界线）；其余的为中段，第二次世界大战后成为苏蒙边界。24个边界文件中涉及中苏东段和西段的有19个。在中方看来，除《中俄尼布楚条约》外，中俄间与领土有关的条约都是不平等条约，沙俄是西方列强中掠夺中国领土最多的国家，在不到60年时间里把大约150多万平方公里的中国领土"合法"地据为己有。[②]

表2-1 1689~1915年中俄边界条约

序号	条约名称	签约时间
1	《中俄尼布楚条约》	1689年9月7日
2	《中俄布连斯奇界约》	1727年8月31日
3	《中俄阿巴哈依图界约》	1727年10月23日
4	《中俄色楞额界约》	1727年11月7日
5	《中俄恰克图界约》	1727年10月21日
6	《中俄瑷珲条约》	1858年5月28日
7	《中俄天津条约》	1858年6月13日
8	《中俄北京条约》	1860年11月14日

① 吴志良：《十六世纪葡萄牙的中国观》，《澳门研究》1996年第4期；Gang Zhao, "Reinventing China: Imperial Qing Ideology and the Rise of Modern Chinese National Identity in the Early Twentieth Century," *Modern China*, Vol. 32, No. 1, Jan., 2006, pp. 3-30; Mark C. Elliott, "The Limits of Tartary: Manchuria in Imperial and National Geographies," *The Journal of Asian Studies*, Vol. 59, No. 3, Aug., 2000, pp. 603-646.

② 马叙生：《中苏边界变迁史——找回失落的国界线》，《世界知识》2001年第11期。

续表

序号	条约名称	签约时间
9	《中俄勘分东界约记》(中俄《北京条约》第一个子约)	1861年6月28日
10	《中俄珲春东界约》及其附件——《中俄查勘两国交界六段道路记》(中俄《北京条约》第二个子约)	1886年7月4日
11	《中俄勘分西北界约记》(又称《塔城议定书》)	1864年10月7日
12	《中俄科布多界约》(《中俄勘分西北界约记》第一个子约)	1869年8月13日
13	《中俄乌里雅苏台界约》(《中俄勘分西北界约记》第二个子约)	1869年9月4日
14	《中俄塔尔巴哈台界约》(《中俄勘分西北界约记》第三个子约)	1870年8月12日
15	《中俄伊犁条约》(即《中俄改订条约》《圣彼得堡条约》)	1881年2月24日
16	《中俄伊犁界约》(《中俄伊犁条约》第一个子约)	1882年10月28日
17	《中俄喀什嘎尔界约》(《中俄伊犁条约》第二个子约)	1882年12月7日
18	《中俄科塔界约》(《中俄伊犁条约》第三个子约)	1883年8月12日
19	《中俄科布多新界牌博记》(《中俄科塔界约》第一个子约)	1883年9月4日
20	《中俄塔尔巴哈台北段牌博记》(《中俄科塔界约》第二个子约)	1883年9月13日
21	《中俄塔尔巴哈台西南界约》(《中俄伊犁条约》第四个子约)	1883年10月3日
22	《中俄续勘喀什噶尔界约》(《中俄伊犁条约》第五个子约)	1884年6月3日
23	《中俄满洲里界约》(又称《中俄齐齐哈尔条约》)	1911年12月20日
24	《中俄沿霍尔果斯河划界议定书》	1915年6月12日

资料来源：马叙生：《中苏边界变迁史——找回失落的国界线》，《世界知识》2001年第11期。

尽管中俄签署了非常多的边界文件，但很多问题并没有得到解决，其中就包括2万多公里边界划界和部分地区的领土争议。这是因为两国长期都面临着国内战争和外部入侵的问题。沙皇俄国在1917年被苏维埃政权取代，不久就陷入了内战和卫国战争，直到1945年第二次世界大战结束苏联政府才有足够的精力关注边界问题。中国的情况则更为复杂，辛亥革命后中国处于军阀混战时期，直到1927年4月国民政府成立才基本稳定下来。但中国随即进入国共内战、抗日战争时期，抗战结束后国共双方又交战4年，中苏两国政府没有足够的精力来讨论边界问题。在中国共产党击败国民党政府，并在1949年10月建立中华人民共和国后，新中国政府工作重点是恢复国内秩序和生产建设，以及争取苏联的经济援助，于是搁置了与苏联政府商讨划界和领土争议问题。1950 年 6 月朝鲜战争的爆发，中苏两国又不同程度地卷入朝鲜战争，中苏划界和领土争议问题再次被拖延。加上《中苏友好同盟互助条约》（1950 年 2 月 14 日）的政治制约，中苏两国很长时间没有主动地去寻找解决边界划分和领土争议问题。在新中国成立前，中苏两国曾签署过两个解决遗留问题的协议，即 1924 年 5 月 31 日的《中俄解决悬案大纲协定》和 1945 年 8 月 14 日《中苏友好同盟条约》，但这两个协议所发挥的作用十分有限。冷战史专家牛军认为，"上述两个协议产生于不同的历史背景，它们的内容大致勾勒了中苏关系的轮廓并反映了两国关系的复杂性。协议虽然基本涵盖了中苏关系中的主要问题，却没有为彻底解决那些问题奠定坚实的基础，尤其是协议的一些重要条款并没有被执行。这一方面是由于苏联对华政策的变动，更主要的可能还是中国持续的政局动荡等，致使不论是北洋政府还是后来的南京国民政府，都无力也无暇应付苏联的压力和处理如此复杂与艰难之双边关系"①。可以看出，若国家间边界和领土问题存在了数百年而未得到解决，这实际上已形成了巨大的沉没成本，从而增加了解决此类问题的复杂性。

第二节 中苏边界谈判的起因

1962～1991 年，中苏边界谈判持续了 29 年，其间中苏关系恶化直接影响到边界谈判，甚至导致了中苏边境地区的军事冲突。中苏边界谈判启动的原因很多，而边境小摩擦则是直接原因，伊塔事件和珍宝岛事件是比较典型的边境冲突或摩擦事件。在已公开的关于中苏边界谈判的文献（中文）中，有两起边境事件是被经常引用的。一是克鲁赤纳岛事件，即 1960 年 2 月苏联边防军占领了中苏交界的额尔古纳河上属于中国内蒙古自治区管辖的克鲁赤纳岛；二是中国新疆博孜艾格尔山口（Bozaiger mountain pass）事件（1960 年 8 月）；后者在中文文献中被认为是导致中

① 牛军：《二十世纪八十年代中苏关系研究》，《中共党史研究》2011 年第 5 期。

苏展开边界谈判的标志性事件。新疆博孜艾格尔山口位于帕米尔高原，海拔近4000米，与吉尔吉斯共和国（苏联时期称吉尔吉斯苏维埃社会主义共和国）毗邻，中方一侧归新疆克孜勒苏柯尔克孜自治州管辖。历史上中苏两国边民来往密切，边境地带牧民在春夏和夏冬转场时常常穿越（包括走亲访友或进行边境互市交易）“未划定”的国境。在中苏两国关系良好的大环境下，上述穿越国境的行为并没有得到中苏两国边境管理部门的规范管理。然而，在中苏两党关系发生变化后影响到了两国关系。在上述背景下，苏联赫鲁晓夫政府对中国的防范之心不断加强，边境摩擦开始升级。

根据美国中央情报局2007年的解密文件（ESAU XLV/70），苏联从1959年秋天开始加强对中苏西部边境地区管理，苏联边境管理部门开始拒绝从中国境内前往苏联境内定居的中国人入境，而且莫斯科认为，放任新疆边民入境苏联，是中国政府有组织的行为。因为赫鲁晓夫政府担心大量来自中国的边民定居苏联后，会让中国有更多机会索取争议地区领土。[①] 美国中情局的报告有点夸大其词，因为中国政府当时既没有能力，也没有意愿在边境问题上与苏联发生冲突。远在中国新疆边境地区的边民更是不可能了解中苏两党分歧已经公开化。新疆边境牧民依然保持着上百年来转场的传统，从海拔高的草场转向海拔低的草场，而此时的苏联边防军已经接到了严格管理边境的命令，当苏联边防军驱逐中国新疆牧民时，双方不可避免地发生了冲突。于是出现了新疆博孜艾格尔山口事件。在绝大多数已知的中方文献中是这样描述新疆博孜艾格尔山口事件的，1960年8月，在新疆博孜艾格尔山口附近地区，中国牧民陆续开始从夏牧场转移到冬牧场，苏联边防军以越界放牧为由，追打中国牧民，驱赶牧群，双方都有流血。不过，苏联的立场与中国不同，根据苏联外交部档案记载，1960年6月最后几天，一群中国籍牧民，人数近100人，赶着1.5万头绵羊，在博孜艾格尔山口越过苏联国界，并深入3000～4000米，在苏联领

---

① Intelligence Report the Evolution of Soviet Policy in the Sino-Soviet Border Dispute, Reference Title: ESA U XL V/ 70, https://www.cia.gov/library/readingroom/docs/esau-44.pdf.

土上定居下来。中国牧民局部服从苏联边防军人令其离开其边境的要求。他们声称，他们是按照自己的人民公社主人的指示来到这一地区，未经他的许可不能离开。中国边防军当局断言，牧民占据的地区是中国的领土。8 月 17 日，苏联驻中国大使馆向中华人民共和国外交部递交照会，指出中国牧民在博孜艾格尔山口地区破坏苏联国界的事实，并要求国界破坏分子离开苏联领土。中国外交部在 8 月 22 日的答复中声明，在这样的情况下，关于中国牧民破坏苏联国界的问题似乎不存在，因为所指的地区就是中国的领土，中国牧民自古以来就在这个地区放牧。中国外交部怀疑苏联边防机关提出的 1945 年出版的该地区地图，说这不是条约的地图。……由此，苏联外交部认为，中国牧民破坏苏联国界具有蓄意的性质。[①] 值得注意的是，美苏两国政府部门内部文件描述新疆博孜艾格尔山口事件有一个共同的特征，认为“中国政府故意为之”，由此也能判断苏联人向美方透露了中苏边界争议，有争取国际舆论支持的意图。不管怎样，新疆博孜艾格尔山口事件是新中国成立以来中苏两国间的第一次边境冲突事件。在中苏关系大背景的影响下，新疆博孜艾格尔山口事件迅速成为中苏两国外交和舆论的焦点，苏方指责“中国边民侵犯苏联边界”，中方则反驳说“该山口地区属于中方牧场，中国牧民世代都在那里放牧，那里有他们的祖居，分布着他们的祖坟”。此后在中苏边界发生的大量事件中，双方也都各执一词，坚持认为发生争执的土地是自己的领土。当时我方主要是以中国居民常年在那里生产、生活等只具有旁证意义的事实为理由与苏方争辩，拿不出有法理意义的论据反驳对方。[②]

边境事件让中国意识到与苏联进行边界谈判的迫切性。1960 年 8 月 22 日和 9 月 21 日两次主动向苏联政府提出通过谈判解决边界争端，但苏方并没有意愿与中国谈判，直到 1964 年 2 月，中苏关于边界问题的谈判

① 沈志华编译《库兹涅佐夫给苏斯洛夫的报告：中国牧民破坏苏联国界》（1960 年 9 月 28 日），载《俄罗斯解密档案：新疆问题》，新疆人民出版社，2013，第 506～508 页。

② 马叙生：《中苏边界变迁史——找回失落的国界线》，《世界知识》2001 年第 11 期。

才在北京举行。[①] 尽管中苏边界谈判延迟举行的原因在苏方不合作（苏方先是表示无必要，后来又说不反对，但不同意进行“边界谈判”，而只能举行“核定个别地段边界线走向的磋商”），但面对强势或心理占优的苏方，中方对谈判准备不足也是直接原因。一是专业谈判人员准备不足。根据马叙生先生的文章，大约在1960年8月至9月间，中国决定在外交部苏联东欧司内下设中苏边界问题办公室，并由当时的苏联东欧司副司长余湛负责，马叙生同年10月调入该办公室工作。二是谈判资料准备不足。马叙生记述道，“办公室的文件柜里空荡荡的，除几本普通地图集外，没有任何其他资料，一切都得从零开始。这就是我们这批未来边界谈判专家着手工作时所面对的环境”。[②] 对争议地区进行实地勘察是展开有效边界谈判的基础，而中方的实地勘察是从1961年夏秋开始，因地理条件所限，东部边界比西部边界相对容易。在西部3000多公里边界线中2500多公里地处崇山峻岭、戈壁荒漠等无人区。直到1961年底中苏边界办公室才厘清谈判的核心内容，即条约规定的边界线、苏联地图上标的边界线、苏方的实际控制线三条线。[③]

国内外环境和中苏关系的不断恶化，促使中苏两方加快启动边界谈判，新疆伊塔事件和中印边境自卫反击战是这个时期的标志性事件。在新疆伊塔事件中，约6.1万中国公民，通过伊犁的霍尔果斯和塔城的巴克图等边境口岸，集体非法越境前往苏联。此事件导致伊犁草原、阿尔泰草原等新疆边境地区人口锐减，并对中国政府造成了极大的负面影响。《人民日报》和《红旗》在其“苏联领导人同我们分歧的由来和发展”一文中指责莫斯科1962年在新疆进行颠覆活动时，引诱和胁迫几万名中国公民跑到苏联境内。莫斯科回答说，从1960年起，中国的军人和平民一贯侵犯苏联边界，仅1962年一年，就有5000多次……记录

① 黄永鹏：《论中苏首轮边界谈判的缘由》，《河南师范大学学报》（哲学社会科学版）2009年1月。

② 马叙生：《中苏边界变迁史——找回失落的国界线》，《世界知识》2001年第11期。

③ 马叙生：《踏勘边界　谈判交锋——找回失落的国界线》，《世界知识》2001年第12期。

在案。[1] 可以看出，中苏两国在边界上的立场互不相让、十分对立。因边界争议引起的中印边境自卫反击战，对中苏启动边界谈判也有促进作用。中印边境自卫反击战，让赫鲁晓夫政府意识到中国政府在边界问题上的立场有可能变得十分强硬，甚至不惜付诸武力。在中苏边界谈判处于僵持状态的时期里，即 1962 ~ 1963 年冬天，中苏关系裂痕不断扩大，双方争论已影响到其他社会主义国家。在这期间中国共产党相继发表了 7 篇理论性文章与苏联共产党论战，中苏两党对立情绪越来越激烈，导致中苏两国关系不断恶化。[2] 苏联在处理与中国关系时已不可能回避边界问题，中苏边界会谈于 1964 年 2 月正式启动。

第三节　中苏边界问题三次谈判

中苏边界问题谈判是冷战期间中苏关系中的大事，也是考量中苏关系的标尺。在一定意义上，也正是由于中苏边界问题谈判，中苏两个社会主义大国的军事冲突才没有继续升级，并为日后“上海五国”机制的形成奠定了重要的谈判基础。

1. *中苏第一次边界问题谈判*

中苏边界问题谈判十分复杂，正式谈判于 1964 年 2 月至 8 月在北京举行。中苏两国对边界问题谈判非常重视。根据中苏边界问题谈判见证人马叙生先生的记载，中国政府代表团团长是外交部副部长曾涌泉，人员除外交部苏联东欧司司长余湛、条约法律司副司长邵天任等人外，还包括总参谋部，公安部队司令部，黑龙江、新疆等省区军区和政府部门的负责同志，以及外交部苏联东欧司中苏边界问题办公室的李冠儒、张子凡和马叙生等。苏联政府代表团由苏联国家安全委员会（中文简

---

① 〔美〕R·麦克法夸尔、费正清编《剑桥中华人民共和国史　1949 ~ 1965》，谢亮生、杨品泉、黄沫、张书生、马晓光、胡志宏、思炜译，谢亮生校对，中国社会科学出版社，1998，第 559 页。

② 《国际共产主义运动史》编写组：《国际共产主义运动史》，人民出版社、教育出版社，2012，第 313 页。

称：克格勃；俄文：Комитет Государственной Безопасности - КГБ；英文：The Committee of State Security）边防总局局长兼边防军司令泽里亚诺上将任团长。中苏双方共举行了 8 次全体会议，10 余次团长会议，30 多次顾问专家会议。中国领导人十分重视中苏谈判，时任国务院总理周恩来直接领导了这次谈判。中方确定的谈判方针是：肯定沙皇俄国同清政府签订的界约是不平等条约，以分清历史是非；为照顾现实情况，同意以这些条约为基础谈判解决边界问题，条约割去的领土不要求收回，条约规定属于中国而被沙俄和苏联占去或划去的领土原则上无条件地归还中国，个别地方归还有困难，可通过平等协商进行适当调整。但是，苏联方面拒绝中方主张，于是在谈判中引发了中苏两国的辩论。（1）关于条约的性质。中方表示，与当时有关的 19 个界约都是不平等条约，但考虑到现实情况和两国人民的友谊，中国不要求收回被割让的 150 多万平方公里领土，而同意以条约为基础谈判解决边界问题。苏方说两国间从未有过任何不平等条约，要苏联承认条约的不平等性目的是为中国将来随时向苏联提出领土要求留下口实。（2）关于谈判的基础。中方提出以有关条约为基础，界约规定属于谁的就归谁所有。苏方提出的是"三条线"论：条约线不是唯一基础，历史形成线和实际控制线也是谈判的基础。① 在中苏启动第一次边界问题谈判之时，中苏两党论战也达到了高潮。在此政治环境下，中苏边界问题谈判没有取得任何实质性进展，但是其意义是不能忽视的。中苏双方通过正式的官方场合阐述了各自的立场，这为启动中苏第二次边界问题谈判奠定了基础。不过，因中苏两国国内发生了重大政治事件，苏方赫鲁晓夫因苏联高层内部矛盾下台（1964 年 10 月），勃列日涅夫和柯西金上台后对中国政策没有向好的方向发展；中方在 1966 年 3 月正式拒绝派代表团出席苏共二十三大，中苏两党关系从此断绝，中苏两国关系实际上已经走到彻底破裂的

① 马叙生：《踏勘边界 谈判交锋——寻找失落的国界线（之二）》，《世界知识》2001 年第 12 期。

边缘。[1] 此外，因1966年5月爆发了“文化大革命”，国内政治运动使中国领导人无暇他顾，正常的外交活动受到了影响。

2. 第二次中苏边界问题谈判

根据中苏两国总理达成的协议，中苏第二次边界问题谈判于1969年10月20日启动，这次谈判苏方代表团团长是副外长库兹涅佐夫，中方是乔冠华副外长。本次边界问题谈判历时9年，到1978年6月29日，总共进行了15轮，召开全体会议40次，团长会见（小范围会谈）156次。1970年8月苏方的团长改为副外长伊利切夫，1971年11月后中方的团长为韩念龙副外长和余湛副外长（1972年5月起）。在整个谈判期间，中苏边界问题谈判不仅聚焦于边界谈判，也是中苏两国唯一保持的、官方接触渠道。整个谈判依然是在周恩来总理的领导下进行的。根据参加谈判的中方资深外交官李凤林先生的回忆，中苏第二次边界问题谈判一开始双方就对两国总理达成谅解的内容发生争执。中苏两国总理达成谅解的背景是，1969年3月在中苏边境黑龙江省虎林地区发生了珍宝岛事件，两国关系空前紧张。9月11日，柯西金总理从河内参加胡志明主席葬礼后回国途中，在北京机场候机楼西侧的贵宾室里与周恩来总理举行了会晤。会谈持续了3个小时，两国总理着重谈了缓和两国边境地区局势问题，并达成一些共识。双方同意，中苏之间的原则争论不应该妨碍两国国家关系的正常化；两国不应为边界问题打仗，应通过和平谈判解决；边界问题解决前，应该首先签订关于维持边界现状、防止武装冲突的临时措施协议。双方还赞同恢复互派大使，重新发展双边贸易。这就是后来常说的两国总理“谅解”。[2] 在中苏第二次边界问题谈判中，中方坚持认为，双方代表应首先就维持边界现状的临时措施达成协议，然后转入边界走向谈判。而苏方的立场则是先着手谈判边界走向，拒绝讨论两国总理一致同意的维持边界现状的临时措施协议，于是谈判陷入僵局。1975年5月以后边界谈判又进行了

---

① 《国际共产主义运动史》编写组：《国际共产主义运动史》人民出版社/高等教育出版社，2015年5月，第312页。

② 周晓沛：《中苏边界谈判》，《传承》2010年第31期。

两轮，即1976年11月27日至1977年2月18日，此后间歇421天，于1978年4月26日至6月29日进行第15轮谈判，之后陷入了长期的休会状态。

对于中苏边界问题谈判，《剑桥中华人民共和国史》指出了两点重要分歧。其一，中国想以重新划定两国边界全部走向的新条约代替过去的所有“不平等条约”。这与他们在1964年的立场没有区别，但与苏联的建议相去甚远。苏联建议对现有边界进行更精确的划分，但不同意在新条约签订之前取消所有旧条约并承认其“不平等”的性质。其二，中国重申了原来的主张，即为全面解决边界问题，双方都撤出一切有争议的地区。苏联显然不可能同意这个条件，因为它威胁到伯力和其他重要地区的安全。[①] 由于发生了珍宝岛事件，中苏第二次边界问题谈判对于稳定中苏两国关系是有正面意义的，最重要的意义是在中苏军事力量对比悬殊的条件下保持了边界的基本稳定。当时，中国在己方边境内设立了具有浓厚军事性质的生产建设兵团，寄希望于通过全民武装对抗来自苏联的军事压力，并设置了约200公里宽的“边防禁区”，把涉嫌亲苏或与苏方有亲戚关系的人迁移到中国内地。与中国捉襟见肘的防御能力不同，在珍宝岛事件之前，苏联方面采取了一系列措施提高了苏联军事力量在中苏边界的防御能力。1966年春季，苏联在贝加尔湖军区设立了第97和第114防区，防区内部署了230辆坦克、8个摩托化步兵师，目的就是加强对中国的防御能力。[②] 除此之外，中苏第二次边界问题谈判对中国还产生了划时代的战略意义，促进了中美关系发展。为了制衡来自苏联的安全压力，从1968年开始中美关系出现和解迹象，特别是尼克松政府发表美国不会参与苏联威慑中国的公开声明后，中国政府积极改善与美国关系。1971年7月9日至11日美国总统特使基辛格首次访问中国，标志着中美关系逐步开始走

① 〔美〕R·麦克法夸尔、费正清编《剑桥中华人民共和国史 1966—1982》，中国社会科学出版社，1998，第281页。

② Пограничные переговоры 1969 – 1978 гг, http：//www. coldwar. ru/conflicts/china/peregovory. php；Yu. M. Galenovicha，Россия и Китай в XX веке-Граница，http：//www. e-reading. club/bookreader. php/13134/Galenovich_ –_ Rossiya_ i_ Kitaii_ v_ XX_ veke_ –_ Granica. html；КОНФЛИКТЫ НА СОВЕТСКО-КИТАЙСКОЙ ГРАНИЦЕ，http：//www. xliby. ru/istorija/rossija_ i_ kitai_ konflikty_ i_ sotrudnichestvo/p37. php.

向正常化。1972年2月21日美国总统尼克松访问中国，拉开了中美关系正常化的大幕。尽管在走向正常化的过程中还出现了很多波折，但中美两国排除障碍在1978年12月16日发表了《中美建交公报》，1979年1月1日正式生效建交。中美关系的快速发展使苏联"孤立中国"的计划瓦解，而中美双方安全方面都获得了不同程度的收益。在对苏联政策方面，中国赢得了更大的战略选择空间，并在两极格局中形成了中美苏"战略三角关系"①。

3. 中苏第三次边界问题谈判

时隔近9年之后，中苏第三次边界问题谈判于1987年2月9日在莫斯科举行。这次边界问题谈判在中苏关系恢复正常化和两极格局走弱的大背景下进行。此前曾发生了诸多影响中苏关系的大事件，诸如1978年12月中共十一届三中全会确定对外开放为基本国策；1979年的中越战争和苏军出兵阿富汗；1987年8月17日发表的中美《八一七公报》；戈尔巴乔夫改革（1985年3月）；等等。对于中苏关系，勃列日涅夫政府首先表现出了善意。根据钱其琛（曾任中国国务院副总理）的回忆，"1982年3月24日勃列日涅夫在乌兹别克共和国首府塔什干发表公开讲话，明确承认中国是社会主义国家，强调中国对台湾主权，并表示愿意改善对华关系，建议双方磋商采取一些两国都可以接受的措施，以改善中苏关系。邓小平同志马上注意到勃列日涅夫塔什干讲话所传递的信息。……小平同志打电话到外交部，指示立即对勃列日涅夫的讲话做出反应。……3月26日作为外交部'首位新闻'发言人，我发布了一个只有三句话的简短声明：'我们注意到了3月24日苏联勃列日涅夫主席在塔什干发表的关于中苏关系的讲话。我们坚决拒绝讲话中对中国的攻击。在中苏两国关系和国际事务中，我们重视的是苏联的实际行动。'"② 钱其琛的表态代表了当时中国领导集体的看法，即在尊重中国利益的前提下，中国愿意与苏联改善关系，其中包括影响中苏关系正常化的"三大障碍"，即从中苏边界和蒙

① 牛军：《二十世纪八十年代中苏关系研究》，《中共党史研究》2011年第5期。

② 钱其琛：《见证"中苏关系正常化"》，《党史纵横》2007年第1期。

古撤军；从阿富汗撤军；劝说越南从柬埔寨撤军。通过多次协商，中苏两国政府商定由两国副外长级的政府特使就两国关系正常化问题举行政治磋商。为了争取更多的谈判主动权，邓小平和时任外长黄华还在不同场合就中苏关系表明立场，邓小平在会见来访的联合国秘书长佩雷斯·德奎利亚尔时（1982 年 8 月 21 日）表示，中国是反对霸权主义、维护世界和平的，因为霸权主义不利于世界和平，中国要加强与第三世界团结和合作，反对霸权主义。[①] 在与德奎利亚尔会见时，中国外长黄华强调："中国不会依附于任何一个超级大国，中国不会打美国牌去对付苏联，不会打苏联牌去对付美，也决不允许任何人玩中国牌。"[②]

影响 20 世纪 80 年代中苏关系正常化的直接因素是美国调整对外政策。时任美国总统里根的保守主义外交政策，使美国对苏政策直接转向进攻性的政策，即以实力遏制苏联扩张。在对华政策上大打台湾牌。从 1981 年下半年起，中美双方在美国对台出售武器问题上发生严重的冲突，终因中美达成《八一七公报》（1982 年 8 月）而化解。美国里根政府做出让步的直接原因是：美国遏制苏联的战略中心在欧洲；改善后的中苏关系对美国国家利益有潜在的威胁；国务卿黑格尔为代表的"大西洋主义"阵营在美国对外决策中处于主导地位。可见，邓小平和黄华不选边站队的表态让美苏两国降低了遏制中国的意愿。在上述背景下，中苏就关系正常化问题于 1982 年 10 月 5 日在北京举行了第一轮政治磋商，中方特使为钱其琛副外长，苏方特使为伊利切夫副外长。这种政治磋商至 1988 年共进行了 12 轮。中苏关系正常化的政治磋商显然是有利于中苏边界问题谈判的。通过相互接触，苏联政府了解了中国的立场，软化了苏联政府内部反华势力。1986 年 7 月 28 日，戈尔巴乔夫在海参崴发表了一个重要讲话，表示苏联将从阿富汗和蒙古部分撤军，可以按照主航道划分中苏界河上的边界线，表示愿意同中方在任何级别上讨论两国关系问题。1986 年 9 月，中国外长吴学谦和苏联外长谢瓦尔德纳泽在纽约会见时就恢复边界谈判达

---

① 《邓小平文选》第 2 卷，人民出版社，1994，第 415 ~ 416 页。

② 《人民日报》1982 年 9 月 23 日。

成协议。

经过近9年的休会，边界谈判于1987年2月恢复，即中苏第三次边界问题谈判。中方由钱其琛副外长任谈判代表团团长，钱其琛升任外长以后，由田曾佩副外长接替，苏方的谈判仪表团团长改为罗高寿副外长。中苏第三次边界问题谈判与中苏政治磋商并行，推动了中苏两国关系不断向好。中苏两国领导人在1989年的会晤很大程度上推进了边界谈判。经过中苏第三次边界问题谈判，中苏两国同意以目前中苏边界条约为基础，根据公认的国际法准则，本着平等协商、互谅互让的精神，公正合理地解决历史遗留下来的边界问题。1989年5月16日，中苏签订了有关东段边界的协议；1991年底，双方达成协议，决定将谈判继续下去。苏联解体后，中苏边界成为中国同俄罗斯、哈萨克斯坦、吉尔吉斯斯坦、塔吉克斯坦四国的边界，边界问题已不是唯一的谈判内容，边境地区军事互信成为谈判内容之一。

第四节　从“上海五国”机制到上海合作组织

苏联解体后国际体系发生了巨大变化，两极格局被以美国霸权为特征的单极格局所取代。受国际格局变化的影响，中俄两国关系正常化不断提速，在很多方面达成了战略共识，“上海五国”机制就是在这种背景下产生的，并发展成为上海合作组织。

1991年12月8日，俄罗斯、乌克兰、白俄罗斯三个加盟共和国的领导人在白俄罗斯边境附近的别洛韦日森林里秘密召开会议，宣布苏联作为一个“地缘政治体停止存在”。1991年12月，苏联11个主权共和国领导人在哈萨克斯坦首都阿拉木图签署议定书，决定创建“独立国家联合体”，以替代苏联。12月25日，苏联最终解体。此后，以中国为一方，俄罗斯、哈萨克斯坦、吉尔吉斯斯坦、塔吉克斯坦四国组成联合代表团（以下简称“四国联合代表团”）为另一方，就边境军事领域互信和边界划分等问题进行磋商。在四国联合代表团中，除俄罗斯外，都属于政治地理意义上的中亚国家。作为苏联历史遗产的继承者，俄罗斯不仅继续主导着中国与俄罗斯、哈萨克斯坦、吉尔吉斯斯坦、塔吉斯坦的边界谈判，而且通过建立独立国家联合体（以下简称“独联体”，1991 年 12 月启动）、签署独联体集体安全条约（1992 年 5 月）和在部分中亚国家保留军事基地等措施继续在中亚地区扮演着主导国的地位。虽然美国是单极体系中唯一的超级大国，但其超级大国的地位并没有在中亚地区直接形成主导性的影响力。通过相互磋商和让步，中国与四国联合代表团就边境军事互信和边界划分等问题达成共识。1996 年 4 月 26 日，中国、俄罗斯、哈萨克斯坦、吉尔吉斯斯坦和塔吉克斯坦五国（以下简称“上海五国”）元首第一次会晤并签署了《关于在边境地区加强军事领域互信的协定》，并确定了“上海五国”机制。

在“上海五国”机制建立之前，中国所处的国际和地区环境不佳。一是被西方大国排斥和制裁；二是台海局势紧张；三是阿富汗和塔吉克斯坦相继陷入内战，中亚地区安全与稳定问题突出。在中国国内，受恐怖主义、分裂主义、极端主义的影响，境内外“东突”势力转向以实施暴力恐怖为主要手段在新疆进行分裂活动。[①] 受中国西部安全环境压力的影响，中国一方面选择与俄罗斯建立战略协作伙伴关系[②]，另一方面积极与俄罗斯合作建立“上海五国”机制。

从“上海五国”机制建立到上海合作组织成立期间，“上海五国”总共举行了 6 次元首级会晤，会谈的主要内容从传统安全（边境地区相互裁减军事力量）逐渐扩大到非传统安全（打击宗教极端势力、民族分裂势力、国际恐怖主义），并加入了新的合作内容，即促进地区经济合作。会晤的形式也从五国两方会谈变为五国五方会谈（1998 年 7 月），此外，中亚大国乌兹别克斯坦以观察员的身份参加了“上海五国”元首会晤（2000 年 7 月）。在这期间中国来自国际体系的压力没有消除，只是随着中美关系的正常化有所缓和。1996 年 11 月美国总统克林顿和中国领导人江泽民在马尼拉会晤时表示，“美国愿意同中国建立一个良好的合作伙伴

---

① 《新疆的发展与进步》，http：//www. gov. cn/zhengce/2009 -09/21/content_ 2615772. htm。

② 李静杰：《试论中俄战略协作伙伴关系》，《东欧中亚研究》1997 年第 2 期。

关系”。[1] 随后，中国领导人江泽民在 1997 年 10 ~ 11 月对美国进行了正式的国事访问，这是时隔 12 年后中国国家元首对美国的一次正式访问，在访问期间中美就建立“建设性战略伙伴关系”达成共识。促进中美关系缓和的因素很多，伊拉克武器核查问题（1991 年开始）、俄罗斯对北约东扩的反应、席卷亚洲的金融危机（1997 年 7 月开始）等都增加了中美合作的基础。但是 1999 年 5 月中国驻南斯拉夫大使馆被炸、2001 年 4 月中美南海撞机事件、美国在人权问题上的双重标准、考克斯报告等负面因素造成了中美双边关系的恶化甚至倒退。与此同时，中俄关系不断发展，其中 2001 年 7 月签署的、有效期为 20 年的《中俄睦邻友好合作条约》是一份重要的法律文件，这份条约是指导新世纪中俄关系发展的纲领性文件。[2] 俄罗斯也面临着来自国际体系的压力。一是北约东扩。1999 年 3 月波兰、匈牙利和捷克正式成为北约新成员国。二是美国向中亚地区渗透。美国国务院在 1997 年 7 月出台了中亚新战略，美国参议院外交委员会宣布中亚对美国是具有切身利益的地区。很显然，共同制衡来自单极体系的压力是中俄关系趋密的战略基础。在中亚地区，俄罗斯则通过多种措施巩固其主导地位，先后与哈萨克斯坦、乌兹别克斯坦、塔吉克斯坦签署了《保障独联体南部共同边界协议》《俄哈联合保卫外部边界协议》《俄罗斯与中亚国家联合防空防天协议》《2001 年前军事合作纲要》等双边或多边军事合作协议等。然而，受自身实力下降的影响，从苏联解体到 2000 年 5 月普京就任俄罗斯总统之前，俄罗斯在中亚地区的影响力总体上呈下降趋势，乌兹别克斯坦退出集体安全条约组织便是最为典型的事例。虽然俄罗斯在中亚地区的影响力在下降，但俄罗斯依然是中亚地区的主导国。以 1992 ~ 2000 年人均 GDP 为例（2005 年不变价美元，取中位数），根据世界银行统计，俄罗斯年均是 3460 美元（中位数），哈萨克斯坦年均是

---

① 谢益显主编，曲星、熊志勇副主编《当代中国外交史（1949 ~ 2001）》，中国青年出版社，2002，第 514 页。

② 《中俄睦邻友好合作条约》（2001 年 7 月 16 日），http://news.xinhuanet.com/ziliao/2002-08/21/content_532202.htm。

2056 美元，而同期中国年均只有 919 美元。[①] 另根据斯德哥尔摩和平研究所统计（2014 年不变价美元），1992 ~ 2000 年俄罗斯军费开支年均 323. 54 亿美元，中国军费开支年均 298. 57 亿美元。[②]

在普京就任俄罗斯总统后，俄罗斯对中亚的政策也随之发生了调整，为了恢复在中亚地区传统影响力和制衡美国的新中亚战略，普京政府选择了进攻性的中亚政策。具体措施包括：一是加强了与中亚国家的军事合作，包括签订军事技术健全合作条约及协定、举行联合军事演习、成立集体安全条约组织（2002 年 5 月）等；二是通过加强能源领域合作促进与中亚国家的经济关系，包括组建"欧亚经济共同体"（2001 年 5 月）、恢复与土库曼斯坦中断三年的天然气合作、加强与乌兹别克斯坦在油气方面的合作、与哈萨克斯坦共同开发田吉兹油田并控制其外运权；三是加强与中亚国家的政治关系，在一些中亚国家扶持与俄友好的政权，包括与乌兹别克斯坦签署《战略伙伴关系条约》、给予纳扎尔巴耶夫和拉赫蒙政治支持、扶持吉尔吉斯斯坦亲俄政权等。[③] 尽管来自单极体系的压力不同，但俄罗斯和中国都需要寻找更多的外部力量来制衡这种压力。同时，中国、俄罗斯两国也十分清楚，除不断增强自身实力外，双方都是可以彼此借助的外部力量。在中俄两国所有的合作中，"上海五国"机制是唯一比较成熟的地区性合作机制，加上中亚国家也有较强的合作意愿，"上海五国"机制的各方成员及乌兹别克斯坦最终决定把"上海五国"机制升级为上海合作组织。2001 年 6 月上海合作组织正式成立。

在很大程度上，上海合作组织是国际体系、地区秩序、中俄（苏）互动三个因素共同作用的结果。在近代，世界处于多极格局下，列强的扩张和殖民史不断改变着已有的地缘政治边界，并对今天上海合作组织成员

① 数据来源：http：//data. worldbank. org/。

② 数据来源：http：//www. sipri. org/research/armaments/milex/milex_ database。

③ 张晓慧：《俄罗斯影响力在中亚的"回归"》，《新疆社会科学》2008 年第 6 期。

国之间的关系产生了影响。在现代，两次世界大战后列强的国家实力此消彼长，最终形成了美国和苏联为霸权的两极格局，美苏之间的竞争，加剧了历史遗留问题的复杂性，并从分歧升级到局部的武装冲突。苏联解体、世界进入单极格局后，美国霸权促使中俄迅速接触。在地区层面，影响中亚地区秩序趋于不稳定的因素增多，阿富汗内战、塔吉克斯坦内战、极端主义、贫困等问题使得中俄及中亚国家都有强烈的意愿加强合作，中俄两国则从“建设性伙伴关系”发展到“战略协作伙伴关系”，并提升到全面战略协作伙伴关系（《中俄睦邻友好合作条约》2001 年签署）。在上述背景下，上海合作组织成立。

第三章

上海合作组织的运行机制

集体行动是国际组织的核心特征，提高集体行动的效率则需要相应的运行机制来保障。根据国际协会联盟网站的统计，截至2018年5月全世界共有76750个国际组织，其中与上海合作组织类似的政府间国际组织有2173个。[①] 一般而言，国际组织运行机制包括组织宗旨及机构设置、成员国资格、财政、决策机制等要素。为此，本章将以上述要素为依据，阐述上合组织的运行机制。

第一节　上海合作组织宗旨

上合组织的宗旨在上合组织官网中是这样写的：加强各成员国之间的相互信任与睦邻友好；鼓励成员国在政治、经贸、科技、文化、教育、能源、交通、旅游、环保及其他领域的有效合作；共同致力于维护和保障地区的和平、安全与稳定；推动建立民主、公正、合理的国际政治经济新秩序。[②] 上合组织官网与《上海合作组织成立宣言》第二条（2001年）内容一致，但是在《上海合作组织宪章》（2002年）中，宗旨和任务成为第一条并列内容，“本组织的基本宗旨和任务是：加强成员国间的相互信任和睦邻友好；发展多领域合作，维护和加强地区和平、安全与稳定，推动建立民主、公正、合理的国际政治经济新秩序；共同打击一切形式的恐怖主义、分裂主义和极端主义，打击非法贩卖毒品、武器和其他跨国犯罪

① Union of International Associations，https：//uia. org/.

② 《上海合作组织简介》，http：//chn. sectsco. org/about_ sco/。

活动，以及非法移民；鼓励开展政治、经贸、国防、执法、环保、文化，科技、教育、能源、交通、金融信贷及其他共同感兴趣领域的有效区域合作；在平等伙伴关系基础上，通过联合行动，促进地区经济、社会、文化的全面均衡发展，不断提高各成员国人民的生活水平，改善生活条件；在参与世界经济的进程中协调立场；根据成员国的国际义务及国内法，促进保障人权及基本自由；保持和发展与其他国家和国际组织的关系；在防止和和平解决国际冲突中相互协助；共同寻求二十一世纪出现的问题的解决办法”①。

根据上述内容，笔者归纳了上合组织的宗旨。

一是政治互信和睦邻友好合作。上合组织成员国间都存在不同程度的政治互信不足问题，而造成成员国间政治互信不足的直接原因是综合国力的差异和历史遗留问题。根据欧盟安全研究所和国际未来（IFs）的指数，② 中国是上合组织成员国中综合国力最强的，其次是印度和俄罗斯。对于中国综合国力的不断增强，很容易引发周边国家的不安全感，其中就包括上合组织成员国。同时，历史遗留的边界问题也导致上合组织成员国间出现冲突，包括中印、印巴、乌塔、乌吉、塔吉等。因此，强调政治互信对于上合组织而言十分必要。与政治互信相辅相成的是睦邻友好合作，上合组织在推动睦邻友好合作方面基本上覆盖了各个领域，其中与政治互信直接相关的有：遵循协商一致的合作原则与机制；成员国奉行开放的原则；以和平方式解决彼此间的分歧；不参加、不支持任何针对其他成员国的敌视行动；加强边境地区军事领域互信，使相互间边界成为永久和平与友好边界。尽管上合组织强调政治互信和睦邻友好合作，但是历史遗留问题，尤其是边界问题对成员国睦邻关系的发展产生着长期影响。例如，2017 年 6 月 18 日中印洞朗对峙就影响了双边关系，事后双方通过各种渠道弥补。在 2018 年 6 月上合组织青岛峰会召开前，中印两国领导人在武

---

① 《上海合作组织宪章》，http：//chn. sectsco. org/documents/。

② *Global Governance* 2025：*At a Critical Juncture*，https：//www. iss. europa. eu/content/global-governance – 2025 – critical-juncture.

汉举行了非正式会晤，核心议题就是重建政治互信，改善双边关系。上合组织成员国中的中亚国家间关系也有所了改善。自 2017 年开始，乌兹别克斯坦总统米尔季约耶夫推行新政①，改善与吉尔吉斯斯坦、塔吉克斯坦关系，特别是加强与哈萨克斯坦的关系，这对提高上合组织成员国间的政治互信和促进睦邻友好合作关系十分有利。

二是发展多领域合作。多领域合作的具体领域包括：消除现有贸易壁垒和防范新壁垒，并支持构建开放型世界经济，维护多边贸易体制；建立区域内经贸合作制度安排，进一步采取措施，促进贸易和投资便利化，发展基础设施，在条件成熟时建设工业园区，提高人民生活水平；逐步实现上合组织宪章规定的商品、资本、服务和技术自由流通；支持开展地方合作；加快金融合作；发展交通运输领域多边合作；包括可再生能源及替代能源在内的能源领域开展全方位互利合作；与观察员国和对话伙伴国合作；在卫生、科技、文化、旅游、教育及环保领域开展富有成效的合作；同国际社会扩大对话合作。② 多领域合作是上合组织存在的物质基础。因为合作能够产生符合成员国国家利益的预期目标，从而使成员国更愿意选择参加集体行动。上合组织扩员后，发展多领域合作的空间巨大，8 个成员国领土总面积超过欧亚大陆的 60%，人口占世界近一半，国内生产总值占全球 20% 以上。除安全领域外，截至 2018 年 12 月上合组织在海关（2007 年）、文化（2007 年）、公共卫生（2009 年）、农业（2010 年）、国际道路运输便利化（2014 年）和旅游（2016 年）等领域签署了政府间多边文件，其余合作领域还在商谈中。从已经达成的多边协议来看，安全、人文合作是上合组织比较容易形成共识的领域，经济方面的多边合作要少于双边合作，直接原因是成员国经济实力不对称、市场化水平不一。

三是维护和加强地区和平、安全与稳定。地区安全合作是上合组织的

① "The President of Uzbekistan, Shavkat Mirziyoyev, has Concluded the Year with a Historic First Address to the Parliament," http://voicesoncentralasia.org/a-year-of-economic-reforms-with-president-mirziyoyev/.

② 《上海合作组织成员国元首阿斯塔纳宣言》，http://chn.sectsco.org/documents/。

宗旨之一，上合组织的前身——“上海五国”机制就是从解决安全问题开始入手，尤其是在打击恐怖主义、毒品走私和跨国犯罪方面取得了较大成效。正是因为上合组织能够在维护和加强地区和平、安全和稳定上发挥作用，十几年来上合组织发展迅速，并在2017年顺利扩员。在一定意义上，上合组织的扩员意味着该组织的安全合作从地区跨越到地区间，即覆盖中亚和南亚两块大陆。若伊朗成为上合组织正式成员国，那么该组织安全合作的范围则继续扩大到西亚地区。以北约等国际组织作为参照物，国外智库对上合组织扩员后的前景预测并不乐观。美国外交关系学会（CFR）曾在2015年7月发表文章认为，扩员会增强上合组织的合法性，并为成员国带来安全和经济利益。然而，印度和巴基斯坦阻止上合组织发挥作用的风险也在增大。因为新成员可能会加剧上合组织的“论坛化”；印巴之间的矛盾会带入上合组织，削弱北京和莫斯科通过上合组织促进安全和经济合作的愿望。① 但是，维护地区和平、安全和稳定是一项系统工程，其中就包括地区安全机制，因为地区安全机制能够化解或者减弱地区冲突升级的可能性。上合组织属于地区安全机制，若上合组织现有或未来达成的制度安排能够发挥作用，那么上合组织是能够在解决成员国之间的矛盾方面发挥重大作用的。很显然，成员国间的问题能够解决或者缓解必将增强上合组织的能力，从而更好地实现“维护和加强地区和平、安全与稳定”的宗旨。

四是推动建立民主、公正、合理的国际政治经济新秩序。虽然中亚和南亚地区都有所发展，但总体而言上合组织地处及毗邻欠发达地区。在联合国公布的45个欠发达国家名单中，阿富汗、孟加拉国、尼泊尔等南亚国家都名列其中。② 在世界经济论坛的全球竞争力指数报告

---

① William Piekos and Elizabeth C.，“The Risks and Rewards of SCO Expansion,” https：//www. cfr. org/expert-brief/risks-and-rewards-sco-expansion.

② Individual LDC Fact Sheet，https：//www. un. org/development/desa/dpad/least-developed-country-category/ldcs-at-a-glance. html.

（2017～2018 年）中①，若取中位数上合组织成员国在全球 137 个国家中的竞争力排名为 79，属于中等偏下。更为重要的是，竞争力排名差距十分显著，排名第一的与最后的相差 88 名（见表 3－1）。

表 3－1　上合组织成员国全球竞争力指数排名（2017～2018 年）

	2017～2018 年	2016～2017 年
印度	40	39
哈萨克斯坦	57	53
中国	27	28
吉尔吉斯斯坦	102	111
巴基斯坦	115	122
俄罗斯	38	43
塔吉克斯坦	79	77
乌兹别克斯坦	无数据	无数据

资料来源：根据世界经济论坛的数据整理。

中国、印度、俄罗斯、哈萨克斯坦是上合组织成员国中经济、社会发展较好的国家，但也常常受制于现有的国际政治经济秩序。因此建立民主、公正、合理的国际政治经济新秩序对于上合组织成员国的未来发展都十分重要。

第二节　上海合作组织机构设置

根据《上海合作组织宪章》，其机构设置包括常设机构和非常设机构。常设机构包括地区反恐怖机构（Regional Anti-Terrorist Structure，RATS）和秘书处（SCO Secretariat）。非常设机构包括国家元首会议、政

① "The Global Competitiveness Report 2017 - 2018," http://reports.weforum.org/global-competitiveness-index-2017-2018/; "The Global Competitiveness Report 2016 - 2017," http://www3.weforum.org/docs/GCR2016-2017/05FullReport/TheGlobalCompetitivenessReport2016-2017_FINAL.pdf.

府首脑（总理）会议、外交部长会议、各部门领导人会议、国家协调员理事会（见图 3 -1）。

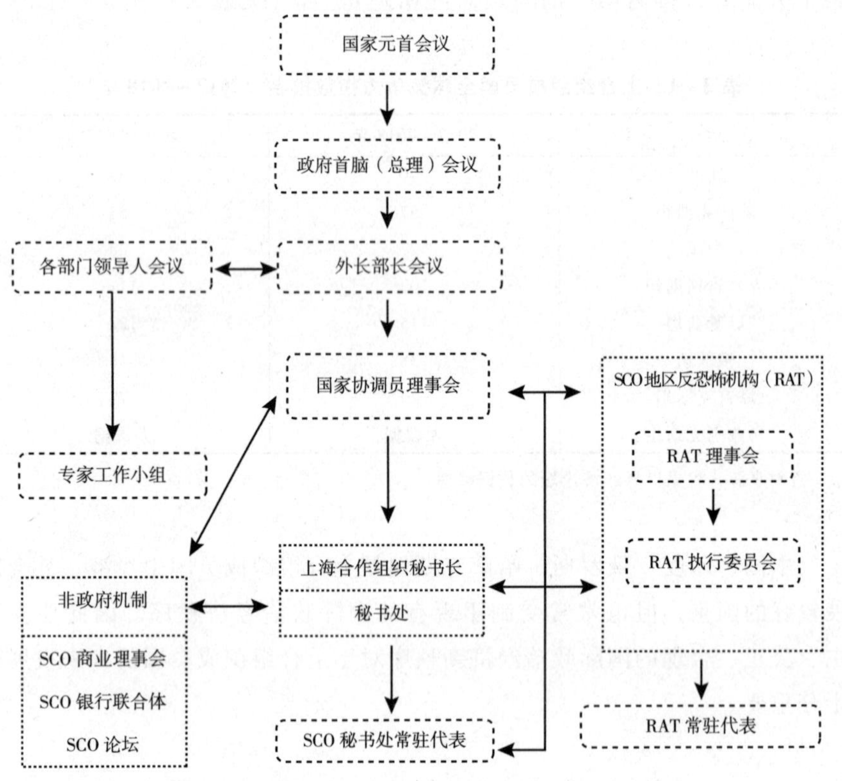

图 3 -1　上海合作组织机构设置

资料来源：根据《上海合作组织宪章》绘制。

根据《上海合作组织宪章》的内容，其各个机构的职能如下。

国家元首会议（The Heads of State Council）是本组织最高机构。该会议确定本组织活动的优先领域和基本方向，决定其内部结构和运作、与其他国家及国际组织相互协作的原则问题，同时研究最迫切的国际问题。元首会议例会每年举行一次。例会主办国元首担任国家元首会议主席。例会举办地按惯例根据本组织成员国国名俄文字母的排序确定。

政府首脑（总理）会议（The Heads of Government Council）是该组织的具体执行机构。该会议通过组织预算，研究并决定组织框架内发展各具体领域，特别是经济领域相互协作的主要问题。政府首脑（总理）会议例会每年举行一次。例会主办国政府首脑（总理）担任会议主席。例会举办地由成员国政府首脑（总理）预先商定。

外交部长会议（The Council of Ministers of Foreign Affairs）是组织的对外机构。该会议讨论该组织当前的活动，筹备国家元首会议和在组织框架内就国际问题进行磋商。必要时，外交部长会议可以该组织的名义发表声明。外交部长会议例会按惯例在每次国家元首会议前一个月举行。召开外交部长非例行会议需有至少两个成员国提出建议，并经其他所有成员国外交部长同意。例会和非例会地点通过相互协商确定。国家元首理事会例会主办国外交部长担任外交部长会议主席，任期自上次国家元首会议例会结束日起，至下次国家元首会议例会开始日止。根据会议工作条例，外交部长会议主席对外代表该组织。

各部门领导人会议（Meetings of Heads of Ministries and/or Agencies）属于具体实施机构。根据国家元首会议和政府首脑（总理）会议的决定，成员国各部门领导人定期召开会议，研究本组织框架内发展相关领域相互协作的具体问题。会议主办国有关部门领导人担任会议主席。会议举办地点和时间预先商定。为筹备和举办会议，经各成员国预先商定，可成立常设或临时专家工作小组，根据部门领导人会议确定的工作章程开展工作。专家小组由各成员国部门代表组成。目前已有总检察长、国防部长、经贸部长、交通部长、文化部长以及执法安全、紧急救灾等19个部门领导人的会议机制。

国家协调员理事会（The Council of National Coordinators）是该组织日常活动的协调和管理机构。理事会为国家元首会议、政府首脑（总理）会议和外交部长会议做必要准备。国家协调员由各成员国根据各自国内规定和程序任命。理事会至少每年举行三次会议。主办国家元首会议例会的成员国国家协调员担任会议主席，任期自上次国家元首会议例会结束日起，至下次国家元首会议例会开始日止。根据国家协调员理事会工作条例，受外交部长会议主席委托，国家协调员理事会主席可对外代表该组织。

地区反恐怖机构。根据2001年6月15日签署的《打击恐怖主义、分裂主义和极端主义上海公约》参加国的地区反恐怖机构是本组织常设机构，设在比什凯克市（吉尔吉斯共和国），后改在塔什干（乌兹别克斯坦共和国）。该机构的基本任务和职能，其成立、经费原则及活动规则由成员国间签署的单独国际条约及通过的其他必要文件来规定。

秘书处是该组织常设行政机构。它承担本组织框架内开展活动的组织技术保障工作，并为组织年度预算方案提出建议。秘书处由秘书长领导。秘书长由国家元首会议根据外交部长会议的推荐批准。秘书长由各成员国公民按其国名俄文字母排序轮流担任，任期三年，不得连任。副秘书长由外交部长会议根据国家协调员理事会的推荐批准，不得由已任命为秘书长的国家产生。秘书处官员以定额原则为基础，由雇用的成员国公民担任。在执行公务时，秘书处秘书长、副秘书长和其他官员不应向任何成员国和（或）政府、组织或个人征求或领取指示。他们应避免采取任何可能影响其只对本组织负责的国际负责人地位的行动。成员国应尊重秘书处秘书长、副秘书长和工作人员职责的国际性，在他们行使公务时不对其施加影响。该组织秘书处设在中国北京。

截至2019年3月，已有张德广（中国，任期2004~2006年）；博拉特·卡布德尔哈密托维奇·努尔加利耶夫（哈萨克斯坦，任期2007~2009年）；穆拉特别克·桑瑟兹巴耶维奇·伊马纳利耶夫（吉尔吉斯斯坦，任期2010~2012年）；德米特里·费奥多罗维奇·梅津采夫（俄罗斯，任期2013~2015年）；拉希德·库特比基诺维奇·阿利莫夫（塔吉克斯坦，任期2016~2018年）；诺罗夫·弗拉基米尔·伊马莫维奇（乌兹别克斯坦，任期2019~2021年）先后担任上合组织秘书长。

在上合组织框架下还存在着上合组织商业理事会、银行联合体、论坛3个非政府机构。

上合组织商业理事会（SCO Business Council）2006年6月14日成立于上海，该机构是根据上合组织国家元首会议的决定设立的，属于非政府机构，每年举行一次会议，旨在促进该组织框架内的经济合作，在上合组织成员国的商界和金融界建立直接联系及对话，协助推动政府首脑贸易和经济合作计划中确定的多边项目。除能源、交通、信息、信贷和银行等优先合作领域外，上合组织商业理事会还关注教育、科学、新技术、医疗和农业方面的交流。

上合组织银行联合体（Interbank Association）2005年成立，属于论坛性质的多边机制，旨在联系和协调成员国各大银行，为联合投资项目评估和提供贷款及基金。

上合组织论坛（SCO Forum）2006年5月22日举行第一次会议，属于年度会议机制，旨在研究和分析上合组织的重大问题。会议国家代表团成员资格由国家确定，包括成员国最权威的研究上合组织的专家、学者和政策分析师。会议通常邀请上合组织秘书处、成员国外交部、观察员国和对话伙伴国以及其他有关国家的代表参加。会议地点按照成员国俄语字母顺序依次举行。会议主席由国家元首峰会主办国人员担任，直至下届国家元首峰会结束。

第三节　上海合作组织运行费用

除制度安排、组织机构设置、人员素质等因素外，稳定的预算来源是国际组织得以顺利运行的财政保证。上合组织成立后，先后签署了《上海合作组织预算编制和执行协定》《关于修改二〇〇三年五月二十九日签署的〈上海合作组织预算编制和执行协定〉的议定书》两份文件，保证了组织预算来源。[①] 根据上述两份文件，上合组织预算包括财政年度内的所有计划内收入和支出，以美元为计算单位。年度会费和垫付款以美元结算和支付。《上海合作组织预算编制和执行协定》（以下简称《协定》）

① 《国务院关于核准〈上海合作组织预算编制和执行协定〉和〈关于修改二〇〇三年五月二十九日签署的《上海合作组织预算编制和执行协定》的议定书〉的批复国函〔2005〕64号》，http：//www. gov. cn/xxgk/pub/govpublic/mrlm/200803/t20080328_ 31930. html。

的具体内容如下。

其一，对主要财务术语做了具体定义，包括垫付款、预算、审计、财政义务、收入、财政监督、基金等。

垫付款需要通过上合组织成员国政府首脑（总理）会议（以下简称"政府首脑会议"）根据会费分摊比例确定、由成员国一次性上缴该组织预算并在该组织停止活动或成员国退出时返还成员国的款项。

预算（经常预算）是指用于在财政上确保该组织常设机构履行职能和任务所需的资金的形成和使用方式，并由成员国在相应预算年度缴纳的会费和其他收入组成。预算（财政）年度指自1月1日至12月31日（含12月31日）。

会费是指为支付本财政年度内与该组织常设机构活动有关的开支而确定的该组织成员国应缴纳的款项。

审计分为内部审计和外部审计。内部审计是指监督开支情况，查找违反计划指标和规定的现象并分析其原因，挖掘财政经济工作的潜力及向该组织秘书长提供必要信息。外部审计规定由政府首脑会议任命的人员或机构对该组织财政经济活动进行的核查。

财政义务是指订立的合同或其他引起该组织承担财政责任的各类交易，上述活动须得到相关许可。

收入指上缴该组织预算的会费及其他进项。杂项收入是指除会费、专项缴费、捐款以及直接返还本财政时期内支出费用的款项和所获的预付款以外的所有收入。

财政监督指对预算的制定、审议和执行办法，以及预算资金的到位、分配及使用情况实施的内部和外部核查及监督。

基金分为普通基金、周转基金和储备基金。普通基金指为核算组织经常预算收入和支出而设立的账户。周转基金指为核算成员国一次性缴纳的款项设立的账户，该款项用于支付成员国会费到账前的经常预算开支。储备基金指为核算支付与组织活动有关的不可预见及紧急开支所需款项而设立的账户。

其二，明确了成员国缴纳会费的义务及具体办法。《协定》规定，成员国有义务每年向该组织缴纳会费。但是，会费分摊比例可根据成员国的建议，并经所有其他成员国同意予以变更。如成员国退出该组织或有其他国家作为新成员加入本组织，由国家元首会议确定变更的会费分摊比例。对于会费的管理，协定规定，用于缴纳会费的款项应划入秘书长经商国家协调员理事会（以下简称“协调员理事会”）确定的银行。会费须在接到秘书长关于缴纳会费的通知之日起 30 天内或在该会费所属的日历年度的第一天前全额缴付。如成员国不能按期全额缴纳会费，可分期缴纳，但需提前通知秘书长。在此情况下，成员国在第一季度的第一个月内缴纳的会费不应少于应缴会费总额的 30%，在第二和第三季度的第一个月内缴纳的会费应各不少于应缴会费总额的 35%。如在财政年度开始前组织预算未获批准，成员国应每月按上一财政年度经常预算执行额的 1/12 缴纳会费，直至预算获得批准。组织内部需建立必要的财政监督机制，包括内部和外部审计。

其三，预算草案编制的程序。《协定》规定，秘书长在本组织常设机构建议的基础上编制下一财政年度预算草案，并在不晚于下一财政年度开始前 8 个月将预算草案提交所有成员国；经协调员理事会同意后，提交政府首脑会议批准。在政府首脑会议批准或修改组织预算后，秘书长应将须缴纳的会费和预付款数额通知成员国。

其四，秘书长在上合组织预算中的权力与义务。《协定》规定，秘书长定期向成员国报告会费到账情况；秘书长根据本协定制定财务条例和细则，并在必要时予以修订；经商协调员理事会同意后将上述文件提交政府首脑会议批准；秘书长编制该组织预算的年度执行情况报告，经协调员理事会核准后，提交政府首脑会议批准；秘书长可以书面形式将其职权委托给任何一位副秘书长；秘书长有权在政府首脑会议批准的预算数额范围内承担该财政年度内的财务义务和支付款项；秘书长在该财政年度结束后的 12 个月内，清偿该财政年度内因购买商品和服务所形成的债务，以及其他财政义务；如在财政年度开始前政府首脑会议未批准预算，秘书长有权每月在不超过上一财政年度经常预算执行额 1/12 的范围内承担义务和付款，直到本财政年度预算获得批准；秘书长作为组织的行政长官，对组织的所有财务活动负责，并向政府首脑会议报告根据本协定妥善和有效管理组织财政资源的情况。

其五，基金管理规定。《协定》规定，为核算经常预算的收入和支出设立普通基金，其资金来源为成员国当年缴纳的会费、杂项收入以及根据本条设立的周转基金划拨的资金；为在会费到位前满足资金需求，设立周转基金，其资金来源为成员国缴纳的垫付款；为支付与本组织活动有关的不可预见和紧急开支，可设立储备基金。政府首脑会议根据秘书长的建议，决定设立储备基金，基金规模及其使用办法；经协调员理事会同意，秘书长可接受不违背该组织宗旨和任务的自愿捐款或其他形式的捐赠；秘书长可设立专项基金和特别账户，并须就此向协调员理事会报告。每个专项基金和特别账户的用途和资金限额应明确规定。

其六，对欠缴或未缴纳会费行为的规定。未缴纳的年度会费被视为成员国拖欠该组织并必须予以清偿的债务；自当年 10 月 1 日起，未缴清会费的成员国应按其拖欠会费额的 0.1% 缴纳月息；如成员国拖欠的会费额超过其上一财政年度缴纳的会费额，在其完全清偿债务前，该国可能失去向该组织各常设机构岗位派遣本国公民的权力，如政府首脑会议认为该成员国拖欠会费系由该国无法决定的原因所致，则可根据外长会议的建议不采取上述措施；如成员国拖欠的会费额超过其上两个财政年度缴纳的会费总额，可按照《上海合作组织宪章》第十三条规定的程序，通过关于中止该国成员国资格的决定。如国家元首会议认为该成员国拖欠会费系由该国无法决定的原因所致，则可根据外长会议的建议不采取上述措施；不论成员国资格是否中止（暂停成员国资格或自动退出），其拖欠组织的债务应予完全清偿。

其七，会费管理中的问题。《协定》规定，该组织或其个别常设机构停止活动后，政府首脑会议参照本协定条款的规定，确定与此相关的财务和资金问题，其中包括购买和出售组织资产的解决办法；在清偿原有的财政义务后，出售动产和不动产所得款项依据该财政年度的会费分摊比例在成员国间分配；本组织停止活动时如出现资不抵债，该债务将由成员国根据该财政年度的会费分摊比例予以清偿；如有成员国退出组织或被取消成员资格，应向该国返还其向周转基金缴纳的垫付款。如该国尚有拖欠的会费，在向其返还垫付款时应从中扣除拖欠款。如垫付款不足以清偿该国拖欠的会费，则债务余额将由该国予以偿还。

其八，《协定》及其内容修改、解释问题。《协定》规定，根据各方决定，可通过制定单独的议定书对本《协定》进行修改和补充，上述议定书为本协定不可分割的部分；在解释和适用本协定时出现的争议，通过各方协商和谈判解决。

其九，会费分摊比例。根据《上海合作组织预算编制和执行协定》附件和关于修改 2003 年 5 月 29 日签署的《上海合作组织预算编制和执行协定》的议定书，在上合组织扩员前，上合组织成员国向该组织缴纳年度会费的比例如下（见表 3 - 2）。

表 3 - 2　上合组织扩员前会费分摊比例

单位：%

	修订前	修订后
哈萨克斯坦	20	21
中国	23.5	24
吉尔吉斯斯坦	12	10
俄罗斯	23.5	24
塔吉克斯坦	6	6
乌兹别克斯坦	15	15
总计	100	100

资料来源：根据中华人民共和国国务院办公厅网站的数据整理。

签署《上海合作组织预算编制和执行协定》（2003 年 5 月 29 日莫斯科）的成员国代表分别是：哈萨克斯坦代表努·纳扎尔巴耶夫，中国代表胡锦涛，吉尔吉斯斯坦代表阿·阿卡耶夫，俄罗斯代表弗·普京，塔吉克斯坦代表埃·拉赫莫诺夫，乌兹别克斯坦代表伊·卡里莫夫。签署《上海合作组织预算编制和执行协定》的议定书（修订版，2003 年 11 月 24 日塔什干）的成员国代表有哈萨克斯坦代表托卡耶夫，中国代表李肇星，俄罗斯代表拉夫罗夫，塔吉克斯坦代表纳扎罗夫，乌兹别克斯坦代表萨法耶夫，等等。

经多方了解，扩员后的会费分摊比例发生了调整，经过新老成员协商，达成了新的会费分摊协定。但因上合组织没有公布新会费分摊比例的具体内容，表 3－3 数据仅供参考，最终以官方公布数据为准。

表 3－3　上合组织扩员后会费分摊比例

单位：%

	扩员前	扩员后
印度	N/A	5.9
哈萨克斯坦	21	17.6
中国	24	20.6
吉尔吉斯斯坦	10	8.8
巴基斯坦	N/A	5.9
俄罗斯	24	20.6
塔吉克斯坦	6	6
乌兹别克斯坦	15	14.6
总计	100	100

注：N/A 表示没有参考数据。

资料来源：根据收集的资料整理。

第四节　上海合作组织成员国加入和退出机制

国际组织的加入和退出机制是其运行程序的组成部分。在一般情况下，新成员国加入和老成员国退出，在一定程度上也是反映其国际认可度高低的直接指标。上合组织在成立之初就有成员国加入和退出机制。《上海合作组织宪章》（2002 年）第 13 条规定："本组织对承诺遵守本宪章宗旨和原则及本组织框架内通过的其他国际条约和文件规定的本地区其他国家实行开放，接纳其为成员国。本组织吸收新成员问题的决定由国家元首会议根据国家外交部长会议按有关国家向外交部长会议现任主席提交的正式申请所写的推荐报告做出。如成员国违反本宪章规定和（或）经常不履行其按本组织框架内所签国际条约和文件承担的义务，可由国家元首会议根据外交部长会议报告做出决定，中止其成员国资格。如该国继续违反自己的义务，国家元首会议可做出将其开除出本组织的决定，开除日期由国家元首会议自己确定。成员国都有权退出本组织。关于退出本宪章的正式通知应至少提前12个月提交保存国。参加本宪章及本组织框架内通过的其他文件期间所履行的义务，在该义务全面履行完之前与有关国家是联系在一起的。”①

根据《宪章》内容，新成员候选国需要满足两个基本条件，一是承诺遵守《宪章》及通过的国际条约；二是向外长会议提交正式申请。《宪章》同时规定，老成员退出分为主动和被动两种情况，即未满足义务被国家元首会议做出开除决定的和成员国自动退出的。

在新成员加入方面，若新成员候选国满足基本条件，上合组织扩员机制触发，需要遵循的法律机制包括：《上海合作组织观察员条例》（2004年）、《上海合作组织成员国长期睦邻友好合作条约》（2007年）、《上海合作组织对话伙伴条例》（2008年）、《上海合作组织接受新成员条例》（2010年）、《上海合作组织程序规则》（2010年）、《关于申请国加入上海合作组织义务的备忘录范本》（2014年）和《给予上海合作组织成员国地位程序》（2014年）等。在上述法律中，《上海合作组织接受新成员条例》（以下简称《新成员条例》）是核心文件。② 根据该条例，除满足两个基本条件外，新成员候选国还需要符合以下标准和条件：地属欧亚地区；与该组织所有成员国建立外交关系；具有该组织观察员国或对话伙伴地位；与该组织成员国保持积极的经贸与人文交往；所承担的国际安全义务不应与该组织框架内通过的相关国际条约和其他文件冲突；不与一国或数国存在武装冲突；自觉履行《联合国宪章》规定的义务，遵守公认的国际法准则；未受联合国安理会制裁。

对于新成员加入的程序，《新成员条例》也做了具体的规定，相关程序见图3-2。需要补充的是，自申请国与该组织签署备忘录之日起，申请国拥有以下权利。

---

① 《上海合作组织宪章》，http：//chn. sectsco. org/documents/。

② 《上海合作组织接受新成员条例》，http：//chn. sectsco. org/documents/。

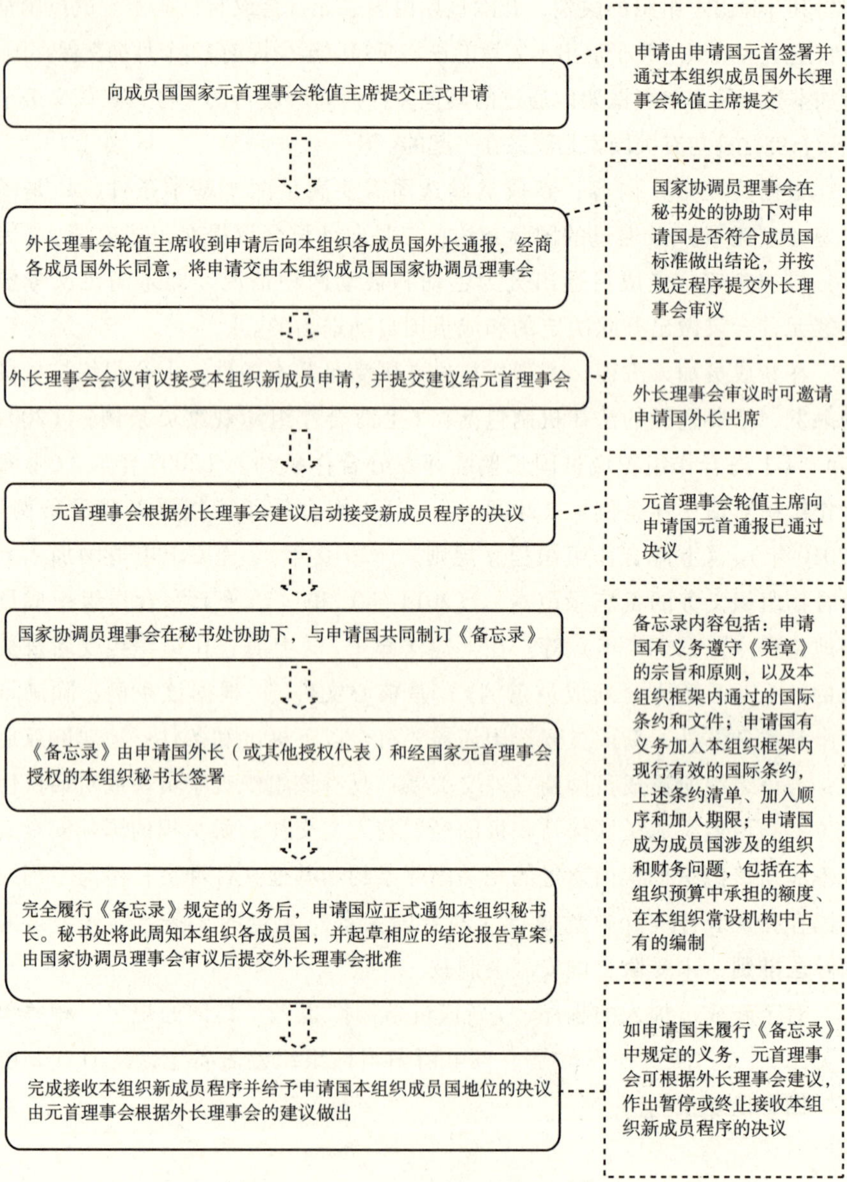

向成员国国家元首理事会轮值主席提交正式申请

申请由申请国元首签署并通过本组织成员国外长理事会轮值主席提交

外长理事会轮值主席收到申请后向本组织各成员国外长通报，经商各成员国外长同意，将申请交由本组织成员国国家协调员理事会

国家协调员理事会在秘书处的协助下对申请国是否符合成员国标准做出结论，并按规定程序提交外长理事会审议

外长理事会会议审议接受本组织新成员申请，并提交建议给元首理事会

外长理事会审议时可邀请申请国外长出席

元首理事会根据外长理事会建议启动接受新成员程序的决议

元首理事会轮值主席向申请国元首通报已通过决议

国家协调员理事会在秘书处协助下，与申请国共同制订《备忘录》

备忘录内容包括：申请国有义务遵守《宪章》的宗旨和原则，以及本组织框架内通过的国际条约和文件；申请国有义务加入本组织框架内现行有效的国际条约，上述条约清单、加入顺序和加入期限；申请国成为成员国涉及的组织和财务问题，包括在本组织预算中承担的额度、在本组织常设机构中占有的编制

《备忘录》由申请国外长（或其他授权代表）和经国家元首理事会授权的本组织秘书长签署

完全履行《备忘录》规定的义务后，申请国应正式通知本组织秘书长。秘书处将此周知本组织各成员国，并起草相应的结论报告草案，由国家协调员理事会审议后提交外长理事会批准

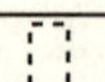

完成接收本组织新成员程序并给予申请国本组织成员国地位的决议由元首理事会根据外长理事会的建议做出

如申请国未履行《备忘录》中规定的义务，元首理事会可根据外长理事会建议，作出暂停或终止接收本组织新成员程序的决议

图 3－2　上海合作制新成员加入程序

资料来源：根据《上海合作组织接受新成员条例》绘制，该《条例》见上海合作组织官网。

（1）列席本组织元首理事会、政府首脑（总理）理事会、外长理事会、部门领导人会议大范围会谈，以及专家组、工作组会议和各类磋商，但无表决权。

（2）列席本组织地区反恐怖机构理事会及其专家组公开会议议题的讨论，列席地区反恐怖机构举行的公开活动，但均无表决权。

（3）获得宪章第四条规定的未被本组织相关机构所限制散发的本组织各机构文件和决议。

（4）如申请国未履行备忘录中规定的义务，元首理事会可根据外长理事会建议，做出暂停或终止接收本组织新成员程序的决议。

（5）《上海合作组织接受新成员条例》自元首理事会决议批准之日起生效。

（6）根据元首理事会决议可对《上海合作组织接受新成员条例》进行修改和（或）补充。有关决议自通过之日起生效。

与复杂的加入机制相比，上海合作组织退出机制相对简单。在成员国违反宪章或经常不履约的前提下，老成员国被动退出机制需要经过两个阶段：一是元首理事会根据外长会议报告中止成员国资格；二是若在中止成员国资格后继续违反义务，由元首理事会做出开除上海合作组织的决定。主动退出机制是成员国需要提前 12 月提出申请，并在退出前把需要履行的义务履行完。不过，鉴于上海合作组织采取的是“协商一致原则”，在被动退出机制上，除拟被中止成员国资格的国家外，需要所有成员国赞同，在特定条件下，要达成协商一致还是存在一定难度的。

第五节　上海合作组织决策机制

国际组织的发展与决策水平高低密切相关，而决策水平高低则受决策机制直接影响。通常情况下，在国际组织决策过程中要避免集体行动的困境，因此，科学合理的决策机制对于国际组织开展集体行动非常重要。

与世界上绝大多数国际组织的决策原则一样，上合组织遵循的是“协商一致原则”。“协商一致原则”强调的是共识，目的是尽可能地通过集体行动产生最大利益，即使不是每个国家最喜欢的，但一定是支持的。在上合组织决策机制中，成员国国家元首理事会、成员国政府首脑（总理）理事会、成员国外长理事会、国家协调员理事会、部长或部门负责人理事会是决策机制中最核心的（见图3-3）。

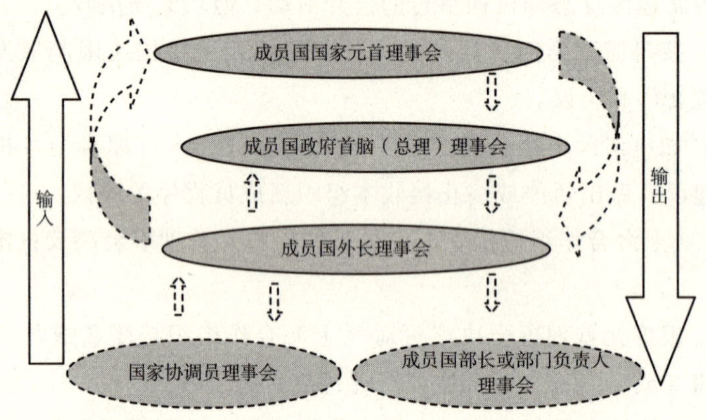

图3-3　上海合作组织决策机制中的五大核心

资料来源：根据《上海合作组织宪章》绘制。

从图3-2可以看出，上合组织决策机制是由输入和输出两大系统组成的，输入系统的基本程序是由国家协调员理事会开始提出建议，提交到成员国外长理事会达成一致后，提交成员国国家元首理事会批准或成员国政府首脑（总理）理事会落实。当成员国国家元首理事会批准后，决策机制开始启动输出系统，成员国政府首脑（总理）理事会落实文件或根据《宪章》、成员国国家元首理事会的决议缔结相关条约，成员国外长理事会开始推动国家元首理事会或成员国政府首脑（总理）理事会各项决议的执行，并由成员国部长或部门负责人理事会或国家协调员理事执行。

在现行的决策机制中，上合组织成员国国家元首理事会（即上合组织成员国元首峰会）是组织决策体系中的关键。“峰会”一词被英国首相温斯顿·丘吉尔初创于20世纪50年代，到20世纪下半叶首脑峰会成为外交的核心要素。从上合组织成员国的外交传统来看，首脑外交更多受苏联外交文化的影响，苏联在冷战时期积累了丰富的首脑外交经验，这种外交文化也直接影响到中国。除苏联外交文化影响外，上合组织成员国的政体也适合选择首脑外交。通过首脑外交，成员国元首不仅能够建立比较密切的私人关系，而且在一定程度上增加成员国对外政策的透明度，从而增加政治互信。当然，因首脑外交作用较大，上合组织自身独立议事能力较弱，这在很大程度上限制了上合组织的发展。从 2001 年 6 月成立至 2018 年 6 月青岛峰会，上合组织首脑峰会已召开 18 次，在安全、经济、人文交流等领域取得了诸多成果（见表 3－4）。

表 3－4　2001～2018 年上合组织历届峰会主要成果

序号	时间	地点	峰会主要成果
1	2001 年 6 月	上海	《打击恐怖主义、分裂主义和极端主义上海公约》
2	2002 年 6 月	圣彼得堡	《上海合作组织宪章》
3	2003 年 6 月	莫斯科	批准了常设机构及该组织各机构活动的法律文件，该组织徽标方案；批准张德广出任上海合作组织首任秘书长的决议；商定了该组织预算编制与执行规则并签署了相关协定
4	2004 年 6 月	塔什干	《上海合作组织观察员条例》《上海合作组织成员国关于合作打击非法贩运麻醉药品、精神药物及其前体的协议》
5	2005 年 7 月	阿斯塔纳	《上海合作组织成员国合作打击恐怖主义、分裂主义和极端主义构想》；给予巴基斯坦、伊朗、印度该组织观察员国地位
6	2006 年 6 月	上海	《上海合作组织成员国关于国际信息安全的声明》；"上海精神"作为组织发展原则
7	2007 年 8 月	比什凯克	《上海合作组织成员国政府间文化合作协定》《上海合作组织成员国政府海关合作与互助协定》《上海合作组织成员国长期睦邻友好合作条约》《中亚无核武器区条约》
8	2008 年 8 月	杜尚别	《上海合作组织成员国政府间合作打击非法贩运武器、弹药和爆炸物品的协定》《上海合作组织对话伙伴条例》
9	2009 年 6 月	叶卡捷琳堡	《上海合作组织阿富汗问题特别会议宣言》；共同防范金融危机，加强经贸合作
10	2010 年 6 月	塔什干	《上海合作组织接收新成员条例》《上海合作组织成员国政府间农业合作协定》《上海合作组织成员国政府间合作打击犯罪协定》《上海合作组织程序规则》
11	2011 年 6 月	阿斯塔纳	通过了长期经贸合作纲要和实施计划；《上海合作组织常设机构人员条例》

续表

序号	时间	地点	峰会主要成果
12	2012 年 6 月	北京	《上海合作组织成员国元首关于构建持久和平、共同繁荣地区的宣言》
13	2013 年 6 月	比什凯克	《上海合作组织成员国政府间科技合作协定》;保障《上海合作组织至 2025 年发展战略》草案制订
14	2014 年 9 月	杜尚别	《上海合作组织成员国政府间国际道路运输便利化协定》;《上海合作组织徽标条例》;支持通过政治外交手段制订解决伊朗核问题的全面协议
15	2015 年 7 月	乌法	《上海合作组织成员国边防合作协定》;《上海合作组织至 2025 年发展战略》;《上海合作组织成员国元首关于世界反法西斯战争暨第二次世界大战胜利 70 周年的声明》;成员国对通过关于启动接收印度、巴基斯坦加入上合组织程序,以及给予白俄罗斯观察员地位,给予阿塞拜疆、亚美尼亚、柬埔寨和尼泊尔对话伙伴地位
16	2016 年 6 月	塔什干	《上海合作组织成员国旅游合作发展纲要》;成员国支持通过推动"阿人主导,阿人所有"的包容性民族和解进程解决阿富汗内部冲突;成员国重申支持中华人民共和国关于建设"丝绸之路经济带"的倡议
17	2017 年 6 月	阿斯塔纳	接收印度和巴基斯坦为该组织成员国;欢迎哈萨克斯坦当选 2017 ~ 2018 年联合国安理会非常任理事国;成员国愿在反腐败领域开展全面国际合作;有必要建立区域内经贸合作制度安排;采取政治外交手段解决地区冲突
18	2018 年 6 月	青岛	组织发展有了新规划,通过了《上海合作组织成员国长期睦邻友好合作条约》未来 5 年实施纲要;安全合作推出新举措,青岛峰会批准了打击"三股势力"未来 3 年合作纲要等重要文件;经济合作注入新动力,青岛峰会通过多份务实合作文件,涉及贸易便利化、粮食安全、海关协作等众多领域;人文合作取得新成果,上合组织高度重视环保问题

资料来源：根据上海合作组织官网资料整理。

2018 年 6 月举行的青岛峰会是上合组织扩员后首次举行的成员国元首理事会。此次峰会全面总结 17 年的发展经验，将塑造地区“长和平”视为永久的国际责任，着力加强在安全、经济、人文领域方面的合作。

一是大力弘扬“上海精神”，构建上合组织命运共同体。“上海精神”的核心要义是互信、互利、平等、协商、尊重多样文明、谋求共同发展，这是上合组织发展之魂。凝聚产生力量，团结诞生希望。“上海精神”属于国际规范，它影响着上合组织成员国的国家认同，并塑造着上合组织的集体行动。在弘扬“上海精神”的基础上，构建上合组织命运共同体则是为了提升组织的凝聚力、行动力、影响力。同舟共济，共同应对全球和地区问题。上合组织的发展离不开与外部世界的良性互动，“上合方案”的目标是建设相互尊重、公平正义、合作共赢的新型国际关系。对重塑欧洲有着划时代意义的《舒曼宣言》有这样一句名言：“如果不做出与所受威胁相称的创造性努力，就无法保障世界和平。”为了塑造地区“长和平”，上合组织青岛峰会做出了创造性努力。

二是共筑维护地区“长和平”的“上合力量”。安全合作是上合组织发展的基石，维护和加强地区和平、安全与稳定是上合组织成员国的优先任务。围绕安全合作，上合组织青岛峰会着力推动构建共同、综合、合作、可持续的安全观，为各国发展战略对接营造良好的安全环境。数据显示，2011～2015年，在上合组织地区反恐中心的协调下，上合组织成员国阻止了20次恐怖主义袭击，避免了650起恐怖主义和极端主义性质的犯罪，摧毁了440个恐怖主义训练营。联合军事演习不仅是上合组织重要的合作领域，在维护地区和平稳定方面也发挥着积极作用。青岛峰会批准的《上合组织成员国打击恐怖主义、分裂主义和极端主义2019～2021年合作纲要》和《〈上海合作组织成员国元首致青年共同寄语〉实施纲要》，将进一步完善安全合作内容，提高应对地区安全威胁的能力。因此，“上合力量”必将成为维护世界和平和地区和平的中坚力量。

三是推动成员国间的战略对接，打造共同发展新动力。塑造地区“长和平”需要实现互利共赢的合作，实现互利共赢的合作离不开成员国间的战略对接。作为促进区域合作的平台，上合组织青岛峰会在以下领域达成战略共识：加强成员国在全球治理上的政治共识、倡导新的发展理念、深化“一带一路”等区域合作倡议和各国发展战略对接合作。

上合组织正处在重大变革的时代，世界面临的不稳定性、不确定性突

出，需要上合组织所秉持的、深深植根于和平共处与共同繁荣的发展理念，这也是上合组织发展的持久力。

第六节　上海合作组织磋商机制

通常情况下，上合组织成员国国家元首会议、政府首脑（总理）会议、外交部长会议、各部门领导人会议、国家协调员理事会、地区反恐怖机构会议和秘书处举行的会议等。在上述磋商机制中，最重要的机制是成员国国家元首会议和政府首脑（总理）会议，最关键的是外长会议、各部门领导人会议和国家协调员理事会。

作为上合组织最关键的磋商机制，外长会议、各部门领导人会议和国家协调员理事会既有联系又有区别（见图 3－4）。根据《上海合作组织宪章》规定：

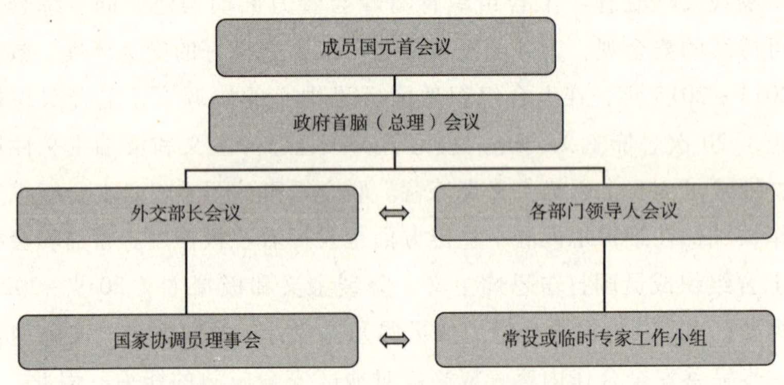

图 3－4　上合组织磋商机制

资料来源：根据《上海合作组织宪章》绘制。

外交部长会议。讨论组织当前活动问题，筹备国家元首会议和在组织框架内就国际问题进行磋商。必要时，外交部长会议可以本组织名义发表声明。外交部长会议例会按惯例在每次国家元首会议前一个月举行。召开外交部长非例行会议需有至少两个成员国提出建议，并经其他所有成员国外交部长同意。例会和非例会地点通过相互协商确定。国家元首会议例会主办国外交部长担任外交部长会议主席，任期自上次国家元首会议例会结束日起，至下次国家元首会议例会开始日止。根据会议工作条例，外交部长会议主席对外代表组织。

各部门领导人会议。根据国家元首会议和国家政府首脑（总理）会议的决定，成员国各部门领导人定期召开会议，研究该组织框架内发展相关领域相互协作的具体问题。会议主办国有关部门领导人担任会议主席。会议举办地点和时间预先商定。为筹备和举办会议，经各成员国预先商定，可成立常设或临时专家工作小组，根据部门领导人会议确定的工作章程开展工作。专家小组由各成员国部门代表组成。

国家协调员理事会是本组织日常活动的协调和管理机构。理事会为国家元首会议、政府首脑（总理）会议和外交部长会议做必要准备。国家协调员由各成员国根据各自国内规定和程序任命。理事会至少每年举行三次会议。主办国家元首会议例会的成员国国家协调员担任会议主席，任期自上次国家元首会议例会结束日起，至下次国家元首会议例会开始日止。根据国家协调员理事会工作条例，受外交部长会议主席委托，国家协调员理事会主席可对外代表组织。

通过《上海合作组织宪章》的描述可以看出，外交部长会议、各部门领导人会议、国家协调员理事会都是为成员国元首会议工作的，但是区别在于各部门领导人会议、国家协调员理事会还要为国家政府首脑（总理）会议工作。与各部门领导人会议相比，国家协调员理事会还要为外交部长会议工作。因此，国家协调员理事会做一些比较基础的工作，在很大程度上与各部门领导人会议常设或临时专家工作小组的工作属于同一性质，但国家协调员理事会在政治地位上要高于各部门领导人会议的常设或临时专家工作小组，并与常设或临时专家工作小组保持着密切的工作联系。

在议事程序上，外交部长会议、各部门领导人会议、国家协调员理事会遵循《上海合作组织宪章》规定："本组织各机构的决议以不举行投票的协商方式通过，如在协商过程中无任一成员国反对（"协商一致原则"），决议被视为通过，但中止成员资格或将其开除出组织的决议除外，该决议按'除有关成员国一票外协商一致'原则通过。任何成员国都可就所通过决议的个别方面和（或）具体问题阐述其观点，这不妨碍整个决议的通过。上述观点应写入会议纪要。如某个成员国或几个成员国对其他成员国感兴趣的某些合作项目的实施不感兴趣，他们不参与并不妨碍有关成员国实施这些合作项目，同时也不妨碍上述国家在将来加入到这些项目中来。"因此，"协商一致原则"是上合组织磋商机制的原则。

"协商一致原则"是国际组织常用的议事原则，它不追求每个参与方都最喜欢所选择的动议，追求的是最佳的集体利益。在具体的规则上，协商一致原则也存在着变化，即一致同意减去一票（U-1）或两票（U-2）。在协商非重大原则性动议时，为了避免协商一致原则成为个别成员国阻碍大多数成员国所偏好的动议时，协商一致原则通常还会打开"异议选项"窗口，包括：保留意见（Declare Reservations），即某一成员国愿意让动议通过，但希望向其他成员国表示其关切，可以选择"保留意见"。如果对议案有重大保留，磋商机制则会启动修改或重新动议的程序。不参加（Stand Aside），即某一成员国可能会对某个动议发生较大的分歧，但愿意让动议通过。虽然某国不参加并不能停止动议，但该行为通常被看成"不赞成"行为。在上合组织扩员后，印度对中国"一带一路"倡议的立场就属于"不赞成"行为。

因此，上合组织目前的磋商机制基本能够满足该组织的需要，并在成员国未发生严重的利益冲突下，使上合组织保持正常的运行。当然，随着上合组织的需要，上合组织磋商机制也可能会发生变化，但"协商一致原则"不会发生根本性变化。

经过18年的发展，上合组织已形成了较为有效的运行机制，并通过了实践的检验。尽管上合组织运行机制有很多突出优点，但是也存在很多不足，尤其因制度的约束力较低，很多合作领域落实缓慢，从而影响了组织的进一步发展。当然，总的来看，上合组织的发展是成功的，在实现第一次扩员后，新老成员国间的相互磨合还需要较长的时间。随着上合组织的不断发展，组织的运行机制也会不断调整，以适应组织发展的需要。

第四章

上海合作组织的扩大

在 2017 年 6 月阿斯塔纳峰会上，印度和巴基斯坦成为上海合作组织正式成员国，成员国内部有关是否要扩员的讨论由此画上了句号。实际上，上合组织扩员并不属于原则性问题，在 2002 年 6 月通过的《上海合作组织宪章》第十三条就明确规定："本组织对承诺遵守本宪章宗旨和原则及本组织框架内通过的其他国际条约和文件规定的本地区其他国家实行开放，接纳其为成员国。本组织吸收新成员问题的决定由国家元首会议根据国家外交部长会议按有关国家向外交部长会议现任主席提交的正式申请所写的推荐报告做出。"① 实际上，印度和巴基斯坦从 2005 年开始成为上合组织的观察员国后就有成为正式成员国的动议，但是，扩员程序直到 2010 年 6 月《上海合作组织接收新成员条例》被批准后才进入实质性阶段。经过多方反复磋商，2015 年 7 月上合组织乌法峰会决定接纳印度和巴基斯坦为正式成员。经过谈判，印、巴在 2016 年 6 月上合组织塔什干峰会上签署了义务备忘录，2017 年 6 月成为正式成员国。围绕上述进程，本章将从新成员条例、印巴加入上合组织的过程和扩员后的合作等主题讨论上合组织的扩大。

第一节　上海合作组织扩员的机制建设

在上合组织成立后不久，不少国家表示了加入该组织的意愿。但是，

① 《上海合作组织宪章》，http：//chn. sectsco. org/documents/。

由于上合组织制度建设不完善，老成员国对接受新成员国还存在较大分歧。于是上合组织在 2006 年上海峰会上决定暂停讨论扩大问题，并在 2007 年比什凯克峰会和 2010 年塔什干峰会上了坚持了这一立场。但是，上合组织内部并没有终止在扩员问题上的制度建设，先后通过了《上海合作组织成员国长期睦邻友好合作条约》（以下简称《睦邻友好条约》2007 年）、《上海合作组织对话伙伴条例》（以下简称《对话伙伴条例》2008 年）和《上海合作组织接收新成员条例》（以下简称《新成员条例》2010 年）。对于上合组织扩员，俄罗斯十分积极，特别是对印度加入的态度。俄罗斯学者卢金认为，印度加入上合组织符合俄罗斯的利益，并有助于使上合组织成为非常有影响力的国际组织。印度的加入还可以推动上合组织框架下的经济合作，增加新德里与其东部、北部邻国加强政治合作的兴趣。[①] 中国对扩员则保持着谨慎的态度，因为中国与印度不仅存在边界争议，而且对于印度与美国和俄罗斯的密切关系也相当警觉。为此，中国希望对扩员程序做更多的准入条件，加上哈萨克斯坦和乌兹别克斯坦也不希望扩员，上合组织扩员的步伐非常缓慢。在俄罗斯的推动下，2008 年上合组织杜尚别峰会决定就扩员问题进行讨论，在《上海合作组织成员国元首理事会会议联合公报》（2008 年 8 月）中指出，元首们赞同进一步扩大该组织的国际交往。将在考虑到该组织观察员国——印度、伊朗、蒙古和巴基斯坦愿望的基础上提升双方合作水平。为同世界上其他相关国家和国际组织开展互利合作创造条件，元首们批准了《上海合作组织对话伙伴条例》。元首们决定成立特别专家组，综合研究本组织扩员问题。[②] 但是，受制于同期中美关系影响，中国在上海合作组织可迂回的空间非常有限，新成员条例在上合组织塔什干峰会上顺利通过。《上海合作组织成员国元首理事会第十次会议宣言》（2010 年 6 月）中写道：元首们批准《上海合作组织程序规则》和《上海合作组织接收新成员条例》是推动本

① Alexander Lukin, "The Shanghai Cooperation Organization: What Next?" 8 August, 2007, http://eng.globalaffairs.ru/number/n_ 9132.

② 《上海合作组织成员国元首理事会会议联合公报》（2008 年 8 月），http://chn.sectsco.org/documents/。

组织进一步发展、提升本组织威望并完善本组织各机构工作法律基础的重要举措。成员国支持进一步加强同本组织观察员国和对话伙伴的务实合作，吸引他们的潜力、资源和市场，共同参与本组织的活动。①

塔什干峰会后，经过多方协商，上海合作组织扩员有了新的发展。2011 年上海合作组织阿斯塔纳峰会通过了《关于申请国加入上海合作组织义务的备忘录》，具体内容包括要求申请国家加入上海合作组织框架内通过的所有国际条约和文件。规定加入程序需要分四个阶段，第一阶段是要加入《上海合作组织宪章》和《打击恐怖主义、分裂主义和极端主义上海公约》及二文件的有关议定书；第二阶段是在一定期限内加入对《上海合作组织宪章》《打击恐怖主义、分裂主义和极端主义上海公约》缔约国及其他任意国家开放的国际条约；第三阶段是在申请国履行完第一、第二阶段义务后，上海合作组织元首理事会按照新成员条例规定程序，通过接收新成员程序并向申请国提供本组织成员国地位的决议；第四阶段是在通过元首理事会决议后，申请国应在一定期限内加入只对成员国开放的国际条约。在完成上述四个阶段的工作后，加入上海合作组织框架内的国际条约才视为完成。同时，备忘录规定，如申请国未能在规定的期限内履行完成加入程序，可向上海合作组织秘书处申请修改加入期限。国家协调员理事会就其申请向外交部长会议提出建议，元首理事会根据外交部长会议的建议做出决定。②

尽管上海合作组织为扩员做了很多必要的准备，但是新成员条例的签订则意味着上海合作组织打开扩员大门已无法避免。根据新成员条例，对于有意愿加入上海合作组织的国家需要符合以下条件：地属欧亚地区；与本组织所有成员国建立外交关系；具有本组织观察员国或对话伙伴地位；与本组织成员国保持积极的经贸与人文交往；所承担的国际安全义务不应与本组织框架内通过的相关国际条约和其他文件冲突；不与一国或数国存

---

① 《上海合作组织成员国元首理事会第十次会议宣言》（2010 年 6 月），http://chn.sectsco.org/documents/。

② 李海军：《上海合作组织扩员问题浅析》，外交学院硕士论文，2011 年 10 月。

在武装冲突；自觉履行《联合国宪章》规定的义务，遵守公认的国际法准则；未受联合国安理会制裁。[①]

在新成员条例签订后，上海合作组织在2014年9月杜尚别峰会上通过了《给予上海合作组织成员国地位程序》和《关于申请国加入上海合作组织义务的备忘录范本》修订案，这两项文件的通过标志着上海合作组织正式打开扩员大门。经过一年的准备，在2015年7月上海合作组织乌法峰会上，上海合作组织启动了接收印度和巴基斯坦加入上海合作组织程序的决议。2016年6月上海合作组织元首理事会塔什干峰会上通过了印度和巴基斯坦加入上合组织义务的备忘录。在2017年6月的阿斯塔纳峰会上印度和巴基斯坦正式成为上海合作组织成员。

虽然上海合作组织首次扩员持续的时间较长，但总体上比较顺利。这也体现出上合组织老成员能从组织的长远发展出发，有促进上合组织发展的强烈意愿。不过，上合组织首次扩员也暴露了一些问题，较突出的就是"欧亚地区"概念不清的问题。上合组织把自己定位于欧亚地区，作为地理概念欧亚地区是指欧洲与亚洲两块相连的大陆；若看成地缘政治概念，欧亚大陆通常指苏联所涵盖的地区。[②]

但是，当印度和巴基斯坦加入上合组织后，欧亚地区已突破了地缘政治的框架，就地理概念而言，西欧国家有资格申请加入上合组织，那么上合组织该如何定位？显然，这是无法回避的问题，需要上合组织明确。此外，鉴于2017年6月发生的洞朗事件，上合组织需要考虑避免因新老成员国间历史遗留问题而导致的冲突问题。为此，如何利用好《上海合作组织成员国长期睦邻友好合作条约》也是未来上合组织在扩员中需要考虑的。虽然《上海合作组织成员国长期睦邻友好合作条约》不能解决所有的冲突，但可以把成员国间的冲突保持在一定限度内，对于破坏《上海合作组织成员国长期睦邻友好合作条约》的行为，上合组织也需要有明确的官方立场，予以谴责。

---

① 《上海合作组织接收新成员条例》，http：//chn. sectsco. org/documents/。

② 〔美〕兹比格纽·布热津斯基：《大棋局——美国的首要地位及其地缘战略》，上海人民出版社，1998。

第二节　上海合作组织首次扩员的动因

上合组织首次扩员是吸纳印度和巴基斯坦两个南亚国家成为上合组织的正式成员国。自上合组织成立以来，印巴两国就非常关注其发展。因为中亚地区对于印巴两国有巨大的安全、经济和能源利益。[①] 但是，上合组织首次扩员的动因很多，其中国际体系、地区层次和国家三个层次在扩员过程中发挥了决定性作用。

一　制衡单极体系潜在的威胁

20 世纪末，欧亚地区地缘政治最大的改变是苏联的解体。苏联解体后，中亚地区出现了 5 个独立国家，哈萨克斯坦、塔吉克斯坦、吉尔吉斯斯坦、乌兹别克斯坦和土库曼斯坦，地缘政治的变化导致了中亚地区政治格局的变化，中国、美国、伊朗、土耳其等国被视为角逐中亚的外部力量。为了适应新的地缘政治变化，上合组织前身“上海五国”机制建立，并在解决边界问题、提高政治互信，遏制国际恐怖主义、宗教极端主义和毒品走私问题等问题上发挥了重要作用。2001 年，参与“上海五国”机制的国家决定在既有的合作基础上建立永久性的国际组织，上合组织应运而生。苏联解体后，美国成为世界上唯一的霸权国，随着共同利益的减少，美国与中国、俄罗斯关系开始出现严重分歧。美国与中国在台湾问题、贸易问题、南海问题上都存在不同意见，而俄罗斯对北约东扩的警惕心越来越高。在很长一段时间内，上合组织被视为中俄两国制衡单极体系威胁的工具。那么，在上合组织扩员后，尤其是印度加入后，上合组织制衡单极体系威胁的能力是否会减弱？

笔者首先分析美印关系。印度于 1947 年 8 月 15 日宣布独立，英国宣布结束殖民统治，并通过《印度独立法》把南亚次大陆分为穆斯林占多

① Ashok Sajjanhar, “India and the Shanghai Cooperation Organization,” June 19, 2016, https：//thediplomat. com/2016/06/india-and-the-shanghai-cooperation-organization/.

数的巴基斯坦和印度教徒占多数的印度。独立后印度的对外政策选择了中立，1949 年 10 月 13 日印度总理尼赫鲁访问美国，并会见了美国总统杜鲁门。印度选择中立的外交政策为美印关系定了基调，在冷战时期印度在不结盟运动中扮演着领导作用。1959 年 12 月美国总统艾森豪威尔访问印度，美印关系改善。在中印边境冲突中，美国站在了印度一边，承认麦克马洪线，并提供空中援助和武器，这又进一步推进了美印关系。但是，在 1965 年印巴战争后，美国停止了对印度的军事援助，加上此前美国拒绝援建印度波卡罗（Bokaro）钢厂（1963 年），美印关系开始滑坡，直到 1984 年拉吉夫·甘地出任印度总理。[①] 其间美印关系最大的亮点是美国农业专家诺尔曼·波洛戈（Norman Borlaug）和印度农业专家斯瓦米纳坦（M. S. Swaminathan）合作倡导的“绿色革命”，使印度在 10 年内由粮食短缺实现了自给自足。受中美关系改善的影响，1971 年美国与巴基斯坦关系改善。为了制衡美巴关系，印度与苏联签署了为期 20 年的友好合作条约，这疏离了美印关系。在苏联的帮助下，印度于 1974 年 5 月完成首次核武器试验，印度成为联合国常任理事国之外第一个拥有核武器的国家，这一举动让美印关系走向了低谷。为了约束核武器扩散，美国于 1978 年 3 月 10 日颁布了《核不扩散法》，该法要求未列入《核不扩散条约》国家允许国际原子能机构对所有核设施进行检查，印度拒绝了美国的要求，美国终止了对印度的所有援助。[②] 1984 年英迪拉·甘地被暗杀，儿子拉吉夫接替了职务，美印关系出现了缓和的可能，然而 1984 年印度博帕尔泄漏事件，为美印关系的转机蒙上了阴影。让美印关系真正出现转折性变化的是冷战结束和印度的经济改革。冷战结束后，美国失去了苏联这样的对手，中国由合作伙伴转为竞争对手，而印度经济改革使其逐步走向现代民主国家。美印关系开始靠近。

尽管印度在 1998 年 5 月 11 日的核试验严重损害了美印关系，但是出于美国在南亚地区战略利益的需要，在印度尚未签署《全面禁止核武器

① 朱榕：《印度和美国关系的剖析》，《国际问题研究》1987 年 3 月。

② “U. S. -India Relations 1947 – 2015,” https://www.cfr.org/timeline/us-india-relations.

条约》的前提下，美国仍改善了与印度的关系。美国总统比尔·克林顿于2000年3月20日访问印度，直接导致美国与印度和巴基斯坦关系的转向。2001年9月22日，美国解除了对印度的制裁，美印两国关系开始回升。在中俄关系不断发展（2005年7月《中俄联合公报》）的同时，2005年6月美印签署了“新的防务合作协议”“民用核合作倡议”，巩固了美印关系。2006年3月美国总统乔治·布什访问印度，与印度总理辛格最终确定了民用核协议框架，为美印关系扫清了障碍，这使印度成为未签署《不扩散核武器条约》却被美国允许参与核贸易的唯一有核国家。此后，美印关系发展迅速：①美印举行战略对话（2010年6月开始）；②美国奥巴马政府支持印度成为安理会常任理事国（2010年11月）；③美国亚洲政策调整，美印军事关系加强（2012年5月）；④莫迪访问美国（2002年莫迪曾被美国禁止入境）；⑤美印10年防务合作框架协议签订（2015年1月），被美国宣布为美国主要的国防合作伙伴（2016年）。美印关系的改善也表现在经济上，2016年至2018年，美国对印度的投资增长了500%；2008年至2018年，美国向印度出售军事装备从零增加到150亿美元，包括先进的无人机、战斗机和航母技术。[1]

从美印关系来看，在印度成为正式成员国之后，上合组织似乎更难制衡单极体系的威胁。若真的如此，那么受影响的不仅是中国，还有俄罗斯。但实际上，印度加入上合组织后，该组织制衡单极体系的能力并没有削弱，印度对单极体系制衡选择的是柔性策略。

一是印度有在国际政治中争取更多权力的野心，有制衡单极体系的需要。美国新保守主义学者罗伯特·卡根写道：印度有在南亚次大陆寻求主导国地位的意图，希望对周边邻国施加支配性影响，并排挤其他大国势力（主要是中国）、防止其与印度周边小国建立联系。[2] 可见，印度加入上合组织不仅是为了提高自己在国际上的影响力、加强与中亚国家的联

① Evan Moore, “Strengthen the U. S. -India Relationship,” https://www.nationalreview.com/2018/02/india-united-states-relations-trade-military-strategy-alliance/.

② 〔美〕罗伯特·卡根：《历史的回归和梦想的终结》，社会科学文献出版社，2013，第71页。

系，也是为了能够保持自己在南亚次大陆的主导地位，为自己赢得更大的地缘政治空间，借助上合组织在美印关系外寻找新的工具，不被单极体系束缚。

二是印度有保持独立自主外交的传统，不会轻易受其他大国的影响。在印度外交部的网站上，关于印度的对外政策写道：印度外交政策的主要目标是和平环境、战略空间和自治权。[①] 自治权是印度独立以来长期追求的目标，印度领导人在不同场合反复强调，印度总理莫迪在 2018 年 6 月公开讲道：印度战略自治原则依然存在，在与俄罗斯、美国、中国的关系中都取得了同样的效果。莫迪明确指出，就像新加坡一样，印度在处理与美国、俄罗斯、中国的关系时不会仅支持一种权力。[②] 实际上，印度对外政策选择的是均势策略。加入上合组织也是印度均势策略的一部分。

三是中印关系存在着良性互动的意愿。尽管中印之间存在领土争端，但是中印两国政府都十分清楚，发展良性互动的关系更符合两国的利益。[③] 作为亚洲人口大国，中印两国都需要发展，而国家发展离不开和平环境。印度更希望防止中国在亚太地区获得绝对优势，但是由于中印两国政治互信度不高，双方边境时发冲突，2017 年 7 月的洞朗事件就是例子。加入上合组织后，中印首脑有了定期交流平台，这在一定程度上可以降低中印发生冲突的可能性。除非中印关系发生质的变化，在上合组织框架下保持现状可能是中印最好的选择。因此，上合组织制衡单极体系威胁的能力不会削弱，但也不会明显增加。

二 重塑地区秩序的需要

历史上的每一种国际秩序都反映了最强大国家的信念和利益，而每一

① Dinesh Kumar Jain, " India's Foreign Policy," http: //www. mea. gov. in/indian-foreign-policy. htm.

② "PM Affirms India's 'Strategic Autonomy'," June 01, 2018, https: //www. thehindu. com/news/national/pm-affirms-indias-strategic-autonomy/article24061287. ece#! .

③ 张晓慧、肖斌：《面向二十一世纪的中印关系——来自印度学者的观点》，《新疆社会科学》2004 年第 2 期。

种国际秩序都会随着权力向有着不同信念和利益的其他国家转移而发生改变。在某种情况下，占据主导的世界秩序会崩溃到无序的境地。[①] 冷战结束后，国际体系在很大程度上体现为单极结构，美国是国际体系唯一的超级大国。[②] 但与世界其他地区相比，单极结构对中亚地区的影响有所不同，这是因为中国与俄罗斯战略协作伙伴关系（1996 年 4 月《中俄联合声明》）的存在和“上海五国”机制的建立，[③] 使单极结构不能直接对中亚地区发生作用。这也验证了，虽然国际体系具有很强的一致性（在总体特征上表现出多极、两极或单极），不过在地区层次上还存在着非连续性，即在国际体系的总体特征下还存在有着巨大差异的地区系统或子系统。也就是说全球性和地区性权力在变化过程中，“一致性”和“非连续性”会同时产生影响。[④] 从这个意义上讲，尽管存在有结构性压力，大国关系常常是通过特定的地区环境、结构体系和秩序的过滤发挥出来，而且其变化的可能性与未来的前景也会在很大程度上被地区的变化与发展所影响、所塑造。[⑤] 可见，由于中俄两国在中亚地区的互动，中亚地区秩序受以美国为主导的全球秩序的影响较小。

作为区域间国际组织[⑥]，上合组织是中国、俄罗斯、中亚国家间互动的重要平台。尽管不利于上合组织发展的因素会长期存在，但在中国与俄罗斯的推动下，上合组织的功能、对话伙伴国、观察国都不断

---

① 〔美〕罗伯特·卡根：《美国缔造的世界》，刘若楠译，社会科学文献出版社，2013，第 4 页。

② William C. Wohlforth, “The Stability in a Unipolar World,” *International Security*, Vol. 24, No. 1, 1999, pp. 5 – 41; John Ikenberry, ed., *America Unrivaled: The Future of the Balance of Power*, Cornell University Press, 2002; G. John Ikenberry, Micheal Mastanduno and William C. Wohlforth, “Unipolarity, State Behavior, and Systemic Consequences,” *World Politics*, Vol. 61. No. 1, 2009. pp. 1 – 27.

③ 中华人民共和国外交部网站，http://www.mfa.gov.cn/chn/gxh/xsb/wjzs/t8985.htm。

④ Oran R. Young, “Political Discontinuities in the International System,” *World Politics*, XX, April 1968, p. 370.

⑤ 王学玉：《地区政治与国际关系研究》，《世界经济与政治》2010 年第 4 期。

⑥ 肖斌、张晓慧：《东亚区域间主义：理论与现实》，《当代亚太》2010 年第 6 期。

地增加。[①] 虽然上合组织明确不针对第三方，但是很多西方学者认为，上合组织是中俄制衡西方的重要工具。[②] 上合组织扩员对于该组织是一件大事，上合组织覆盖面从中亚地区延伸到南亚，并对西亚的影响越来越大。因此，仅从地理范围扩大这一事实可以看出，重塑地区秩序是上合组织扩大的需要。那么，如何理解上合组织扩大的行为？根据决策心理学的相关研究，国家在选择集体行动时通常会建立在权重和价值函数两个变量之上，而价值函数通常与合作风险密切相关。与大多数国家间集体行动一样，上合组织扩员必然增加合作风险，因为上合组织几乎不可能控制成员国与其他国家间关系的远近亲疏，若某一成员国与其他大国（或成员国）交恶，那么其他成员国被牵连的可能性越大。因此，上合组织扩大与重塑地区秩序直接相关，而合作风险通常来自外部威胁，尤其是美俄关系的变化。自苏联解体以来，美俄关系总体上处在相互制衡的状态，只不过不同时候表现为弱制衡、中弱制衡、强制衡的不同形态。

在弱制衡状态下，美俄有较强的合作意愿，上合组织在塑造地区秩序方面基本上处于停滞阶段，这是因为俄罗斯不愿意增加更多的合作风险。例如，2001 年 6 月上合组织成立，3 个月后“9·11”事件爆发，美国在乌兹别克斯坦和吉尔吉斯斯坦获得了军事基地，哈萨克斯坦空军基地也向美国开放提供后勤保障。[③] 这是自美国成为世界超级大国以来，首次进入中亚地区并在中亚国家设立军事基地。美俄关系也因“9·11”事件快速改善。2002 年 5 月 24 日美国总统布什访问俄罗斯，并与普京在莫斯科会谈。会谈后两国签署了《美俄关于进一步削减进攻性战略力量》和《关于新型战略关系的联合宣言》。随后，俄罗斯与北约成员国在意大利罗马签署了《关于建立北约 - 俄罗斯理事会的宣言》，将北约“19 +1 机制”

---

① Brantly Womack, “China between Region and World,” *The China Journal*, No. 61, Jan., 2009, pp. 1 -20；张晓慧、肖斌：《地区安全主义视野中的上海合作组织》，《俄罗斯中亚东欧研究》2010 年第 4 期。

② Joseph M. Grieco, “State Interests and Institutional Rule Trajectories: Neorealist Interpretation of the Masstricht Treaty and European Economic and Monetary Union,” in Benjamin Frankel (ed.), *Realism: Restatements and Renewal*, London: Frank Cass, 1996, p. 304.

③ 赵华胜：《中亚形势变化与上海合作组织》，《东欧中亚研究》2002 年第 6 期。

正式更名为“20 国机制”。[①] 在 2002 年 9 月出台的美国《国家战略报告》中，俄罗斯也不再是美国的战略对手。当然，上合组织在塑造地区秩序的限度中也需要考虑中国因素。在上合组织成立之初，中美关系处在跌宕起伏情形下。2001 年 4 月美国侦察机撞毁中国军机使中美关系跌入低谷。“9·11”恐怖袭击事件发生后，美军进入阿富汗，美国需要中国的帮助，除在交通运输和情报上合作外，美国希望中国不支持塔利班反美。在经济上，2001 年 11 月在中国正式加入世界贸易组织后，美国宣布给予中国永久性最惠国待遇。在政治和安全上，2002 年 2 月美国总统布什对中国进行工作访问，美国的主动示好，促使中美关系重新恢复正常。中美两国同意开展反恐合作，充实中长期反恐交流与合作机制。2002 年 8 月 26 日，美国副国务卿米蒂奇宣布美国已将“东突伊斯兰运动”列入恐怖组织名单，9 月 11 日联合国安理会正式将“东突伊斯兰运动”列入安理会颁布的恐怖主义组织和个人名单。但是，中美关系分歧并没有完全消除。时任国务院副总理、负责外交事务的钱其琛撰文表示，中美之间合作的基础没有变；中美之间存在的基本矛盾没有变；美国对华政策的两面性不会变。[②]

在中弱制衡状态，俄罗斯更倾向于加强上合组织内部合作，与中国及其他成员国一道促进上合组织发展。例如，在普京政府基本稳固自己的执政地位后，美俄间的矛盾逐渐影响到两国关系的正常化。2003 年 3 月 20 日第二次海湾战争爆发，双方出现分歧，加上北约启动第二轮东扩，美俄关系逐步降温。针对美国的步步紧逼，俄罗斯于 2004 年 1 月底至 2 月初举行了大规模的军事演习，并加速部署针对美国及其欧洲盟友的导弹。但是，俄罗斯没有足够的能力控制地缘政治走势，相反格鲁吉亚、乌克兰、吉尔吉斯斯坦先后出现了“玫瑰革命”（2003 年 11 月）、“橙色革命”（2004 年 10 月）、“郁金香革命”（2005 年 3 月）等社会运动。不仅如此，美国国内也出现了不利于美俄关系的声音，美国国务院《人权报告》（2004～2005 年

① 阮宗泽：《试论美俄“新战略框架”关系》，《国际问题研究》2002 年 11 月。

② 钱其琛：《“9·11”事件后的国际形势和中美关系》，《外交学院学报》2002 年第 3 期。

度）指责俄罗斯人权状况倒退。尽管竞争在不断加剧，美俄仍有较为强烈的意愿改善相互间关系，在乔治·沃克·布什（又称“小布什”）竞选55届美国总统期间（2004年9月至11月），普京多次表示支持小布什，并积极响应美国提出的“防扩散安全倡议”。小布什在当选美国总统后，于2005年2月与普京在斯洛伐克举行了正式会晤，并在反恐、核安全、俄罗斯加入WTO等问题上达成共识。然而，小布什和普京的努力并不能阻止美俄关系持续下降。2007年1月，美国向波兰和捷克提出恢复部署导弹防御基地的谈判；4月美国国务院公布的《战略计划：2007～2012关键年》指出，未来5年美国外交的优先任务是遏制俄罗斯。2007年8月，俄罗斯恢复战略轰炸机巡航，11月7日俄罗斯杜马全票通过暂停执行《欧洲常规武装力量条约》。[①] 在这一时期，上合组织与阿富汗伊斯兰共和国签署了《关于建立上海合作组织－阿富汗联络小组的议定书》（2005年11月）；批准了《上海合作组织成员国多边经贸合作纲要落实计划》（2005年10月）；建立成员国常驻反恐机构代表机制（2005年7月）；给予巴基斯坦、伊朗和印度上合组织观察员地位（2005年7月）；缔结了《上海合作组织成员国长期睦邻友好合作条约》（2007年8月）与集体安全条约组织签署谅解备忘录（2007年10月）；签署《上海合作组织成员国政府间文化合作协定》（2007年8月）和《上海合作组织成员国政府海关合作与互助协定》（2007年11月）；签署《上海合作组织银行联合体与实业家委员会合作协议》（2007年11月）；等等。美俄关系表现出中弱制衡的状态，也可能是由于中美关系处在良性发展阶段，中国不希望把上合组织作为制衡美国及西方国家的“小华约”。于是，中国在上合组织扩大的问题上非常谨慎，不轻易选择扩大。例如，在美俄关系不佳的时期，中美关系保持了较长时间的稳定。2007年1028位美国经济学家联名致函美国国会反对美对华贸易保护；美国160多家跨国公司和行业协会联合致信美国参众两院，敦促国会放弃对华制裁法案；时任美国国务卿赖斯明确反对中国台湾进行

① 袁征：《合作抑或对抗——试析美俄关系的未来走向》，《和平与发展》2008年第1期。

“入联公投”，称“入联公投”是“挑衅性的政策”。[①] 但是，中国学者指出，尽管此时中美关系稳定，但中美之间的结构性矛盾并没有消失，相反中美战略互信并不足，而增强战略互信是中美走向战略稳定的前提。[②]

在强制衡状态，上合组织不仅注重内部制衡（加强内部合作），而且积极扩员（外部制衡）。自2008年俄格战争后，华盛顿和莫斯科曾一度“重启”两国关系（2009~2011年），奥巴马在访问莫斯科时（2009年3月）曾公开表示，美国想要一个强大、和平、繁荣的俄罗斯。这种信念根植于美国对俄罗斯人民的尊重，以及双方超越竞争的共同历史。[③] 2010年3月美俄达成了《减少核武器的协议》，2011年3月美国副总统拜登访问莫斯科时重申华盛顿支持俄罗斯加入世界贸易组织。[④] 但是，美俄在北约东扩、俄罗斯与伊朗军事及核能技术合作、欧洲导弹防御计划等问题上存在严重分歧，刚刚“重启”的美俄关系很快就出现裂痕。普京指责美国是俄罗斯大规模抗议活动（2011年12月初）的推手。在普京就任总统后（2012年3月）美俄也试图修好，但美国在东欧的导弹防御计划彻底阻止了美俄关系向好。2012年7月，俄罗斯两架“图-95熊式”远程战略轰炸机在美国阿拉斯加附近被拦截，美国认为，俄国战略轰炸机在执行以格里利堡和范登堡空军基地为遐想攻击目标的飞行任务。[⑤] 随后，美国总统奥巴马签署了“马格尼茨基法案”（2012年12月14日），对侵犯人权的俄罗斯政府官员进行旅行和金融制裁；普京迅速反击，12月28日签署禁止美国人收养俄罗斯儿童的法案。美俄关系在2013年继续恶化，先是美俄空军在关岛较量，然后是俄罗斯向斯诺登提供政治庇护（2013年7

① 王帆：《中美竞争性相互依存关系探析》，《世界经济与政治》2008年第3期。

② 袁鹏：《战略互信与战略稳定——当前中美关系面临的主要任务》，《现代国际关系》2008年第1期。

③ “Obama: U. S. Wants Strong, Peaceful Russia,” http://edition. cnn. com/2009/POLITICS/07/07/obama. moscow/.

④ “U. S. Vice President Meets Putin, Russian Opposition,” https://www. rferl. org/a/biden_trip_to_moscow_putin_medvedev_human_rights/2333813. html.

⑤ Bill Gertz, “Russian Nuclear-capable Bombers Intercepted near West Coast in Second U. S. Air Defense Zone Intrusion in Two Weeks,” July 6, 2012, https://freebeacon. com/national-security/putins-july-4th-message/.

月），再次是奥巴马和普京取消了会晤（原定于2013年9月在莫斯科举行），接着是俄罗斯宣布重新在东欧平原中部的卡卢加州科泽利斯克、新西伯利亚部署洲际导弹。就在美俄关系急剧下降的同时，2013年11月乌克兰危机拉开序幕，时任乌克兰总统亚努科维奇冻结了与欧盟签署联系国协议的准备工作，反对者开始举行大规模抗议示威活动，2014年2月22日，亚努科维奇被赶下台。乌克兰东部和南部发生骚乱，克里米亚出现政治危机，3月16日举行了公投，3月18日克里米亚并入俄罗斯联邦，普京政府建立了克里米亚联邦管区，下设两个联邦主体——克里米亚共和国和塞瓦斯托波。2014年3月美国国务卿克里指责俄罗斯纳入克里米亚属于侵略行为，3月24日七国集团暂停了俄罗斯的成员资格。2013～2016年美国及欧盟等向俄罗斯实施了6轮制裁。2015年9月30日西方对叙利亚的军事干预，再次加剧了美俄关系的紧张局势。2016年10月，俄罗斯驻联合国大使维塔利·丘尔金指出，与美国的紧张局势可能是1973年以来最严重的。[①] 在强制衡时期，上合组织迅速发展，为扩员做了很多前期准备（见表4-1）。

表4-1　上合组织扩员前的准备

时间	批准的文件	事件
2008年8月	《上海合作组织对话伙伴条例》	
2009年6月		斯里兰卡、白俄罗斯获得对话伙伴国地位
2010年6月	《上海合作组织接收新成员条例》《上海合作组织程序规则》	
2011年6月		外交部长会议通过《关于申请国加入上海合作组织义务的备忘录范本(草案)》
2012年6月		阿富汗、土耳其两国分别获得观察员国和对话伙伴国地位

① "Russia's United Nations Ambassador: Tensions with US are probably Worst since 1973," 15 October 2016, http://www.independent.com.mt/articles/2016-10-15/world-news/Russia-s-United-Nations-Ambassador-Tensions-with-US-are-probably-worst-since-1973-6736165242.

续表

时间	批准的文件	事件
2013 年 9 月	《上海合作组织成员国长期睦邻友好合作条约实施纲要(2013～2017)》	
2014 年 9 月	《给予上海合作组织成员国地位程序》《关于申请国加入上海合作组织义务的备忘录范本》	
2015 年 7 月	《上海合作组织至 2025 年发展战略》	通过关于启动接收印度、巴基斯坦加入上合组织程序等决议
2016 年 6 月	《〈上海合作组织至 2025 年发展战略〉2016—2020 年落实行动计划》	印度和巴基斯坦签署加入上合组织义务的备忘录
2017 年 6 月	批准给予印度、巴基斯坦上合组织成员国地位等 7 份决议	

资料来源：根据上海合作组织秘书处的数据整理。

作为维护地区安全的公共产品，在地区秩序构建方面发挥作用是上海合作组织的使命之一，上海合作组织的扩大在很大程度上是为了重塑地区秩序，通过地区安全主义维护地区稳定，为地区发展赢得良好的外部环境。

三 成员国自身利益的需要

上合组织成员国选择扩员是因为他们认为扩员后的边际收益要高于不扩员。在地区层次上，上合组织扩员可以提升影响力。一是上合组织在全球安全中的地位提高。中国、俄罗斯、印度、巴基斯坦都拥有核武器，而哈萨克斯坦也曾是有核武器国家；二是可以提高遏制中南亚地区极端主义、恐怖主义和分离主义的能力；三是可以加强中南亚地区经济联系，促进国家经济发展。虽然区域间经济关系是上合组织的发展方向，也做了一些制度性安排，但是与安全领域相比，在上合组织框架下的经济技术合作并没有实质性成果。因此，扩员后上合组织成员国更关注安全方面的边际收益。

一是各个成员国都有解决阿富汗问题的意愿。受国家实力和对外威胁的认识不同，上合组织成员国在安全合作的目标和方向上是有分歧的，每个成员国都存在被抛弃或受牵连的危险。比如在阿富汗问题上，《上海合作组织成立十五周年塔什干宣言》指出，“阿富汗早日实现和平稳定是维护和加强本地区安全的重要因素。成员国支持通过推动“阿人主导，阿人所有”的包容性民族和解进程解决阿富汗内部冲突”①。但在解决阿富汗问题的合作中上合组织基本上没有具体的行动，成员国各自为战。中国、阿富汗、巴基斯坦和塔吉克斯坦建立了反恐协调机制；中国、俄罗斯、巴基斯坦举行阿富汗问题三方对话机制。乌兹别克斯坦除打击“乌兹别克伊斯兰运动”（IMU）之外，还与美国合作致力于发展北方配送网络，修建并获得了阿富汗第一条铁路（海拉坦－马扎里沙里夫铁路）的运营权。哈萨克斯坦对阿富汗的重点是粮食贸易和援助，并接收阿富汗留学生。印度和巴基斯坦在塔利班问题上也存在分歧，巴基斯坦在阿富汗塔利班问题上出工不出力，印度则与之相反；而在巴基斯坦塔利班问题上，印度、出工不出力，巴基斯坦则在穷追猛打。国家综合实力排世界第一的美国在阿富汗驻军约 18 年，在阿富汗的实际支出比第二次世界大战后欧洲重建都要多，但目前只有 60% 左右的国土被阿富汗政府控制，鸦片生产屡创历史新高、腐败现象极为普遍。反观塔利班实际控制区，种植鸦片的农民因选择转基因种子，鸦片生产从一年一季增加到一年三季，仅此一项就给塔利班带来将近 12 亿美元的税收。对于上合组织成员国来说，阿富汗问题无疑是巨大的泥潭。

二是俄罗斯希望通过扩员保持其在中亚地区的主导国地位。自上合组织成立以来，中国在中亚地区的影响力不断提高。俄罗斯十分担心中国经济能力会降低其在中亚地区的影响力，但出于寻求联合中国制衡外部压力的需要，俄罗斯非常重视上合组织地区安全合作，经济合作则动力不足。在中国提出“一带一路”倡议后，普京政府在 2016 年开始推动“大欧亚

① 《上海合作组织成立十五周年塔什干宣言》，http：//www. fmprc. gov. cn/web/ziliao_674904/1179_ 674909/t1375252. shtml。

伙伴关系”倡议。普京表示，该计划包括中国、印度、巴基斯坦、伊朗、苏联加盟共和国和其他有意愿的国家。[①] 普京政府的“大欧亚伙伴关系”倡议很快得到了中国的响应和支持。在 2016 年 6 月发表的《中华人民共和国和俄罗斯联邦联合声明》中，中俄主张在开放、透明和考虑彼此利益的基础上建立欧亚全面伙伴关系，包括可能吸纳欧亚经济联盟、上合组织和东盟成员国加入。两国元首责成两国政府相关部门积极研究提出落实该倡议的举措，以推动深化地区一体化进程。[②] 但是“大欧亚伙伴关系”倡议是有着较大风险的国际合作计划，因为普京政府对未来世界秩序的改变似乎是革命性的。在 2016 年 10 月的瓦尔代论坛上，普京向外界传达了一些这样的观点：世界不应当分为永远的赢家和永远的输家，要争取使世界各国经济发展速度保持一致；游戏规则应当使那些发展中国家有机会赶上我们称为发达国家的水平；苏联解体后，美国决定不用再和任何人商议自己的决定。[③] 英国学者巴里·布赞和丹麦学者奥利·维夫曾以俄罗斯为中心分析了中亚地区安全，结论是俄罗斯的政策在很大程度上是由保持全球地位的强烈愿望所驱动的，也就是避免下滑到地区大国地位。因此，俄罗斯近邻国家的问题都被界定为与俄罗斯全球地位相关的问题。自上而下的逻辑是：因为我们想成为全球大国，因此我们要控制我们自己的地区，特别是控制自己的国内。苏联地区仍将是一个中心化的地区安全复合体，但其中心化程度会受到不同程度的挑战。[④] 布赞和维夫的研究为我们思考俄罗斯在中亚地区的安全目标提供了解决问题的路径。中亚地区是俄罗斯重新走向世界政治权力中心的重要跳板，维护现有的中亚地区秩序是俄罗

① Sergei Blagov, “Russia Eyes ‘Greater Eurasia’,” http://www.atimes.com/article/russia-eyes-greater-eurasia/.

② 《中华人民共和国和俄罗斯联邦联合声明》，http://www.fmprc.gov.cn/web/ziliao_674904/1179_674909/t1375315.shtml。

③ 《弗拉基米尔·普京在“瓦尔代”国际辩论俱乐部会议上的发言》，http://sputniknews.cn/russia/201610271021044153/。“Meeting of the Valdai International Discussion Club,” http://en.kremlin.ru/events/president/news/53151.

④ 〔英〕巴里·布赞、〔丹〕奥利·维夫：《地区安全复合体与国际安全结构》，潘忠歧、孙霞、郑力译，上海人民出版社，2010，第 420 页。

斯复兴的基本战略内容。英国学者克雷格·奥利芬（Craig Oliphant）对俄罗斯在中亚的安全利益做了更具体的解释，在莫斯科眼中，发展集体安全合作组织、上合组织等多边制度安排只是为了满足俄罗斯对中亚政策的需要，促进双边安全合作才是俄罗斯的重点。[①] 然而，在充分考虑到中国因素后，俄罗斯开始改变对上合组织的政策，积极支持扩员，力图通过印度和巴基斯坦之间的矛盾削弱上合组织的行动力，将中国对中亚地区的影响力控制在俄罗斯的利益之内。

三是中国和平发展的需要。中国外交的基本立场是，坚持和平发展道路，推动构建人类命运共同体。中国将高举和平、发展、合作、共赢的旗帜，恪守维护世界和平、促进共同发展的外交政策宗旨，坚定不移地在和平共处五项原则基础上发展同各国的友好合作，推动建设相互尊重、公平正义、合作共赢的新型国际关系。[②] 中国之所以支持上合组织扩员，是想向世界证明中国愿意在维护和促进全球自由主义秩序上发挥更积极的作用。但是，这仍然很难改变一些国家的偏见。如美国国际政治新古典现实主义代表约翰·米尔斯海默认为，如果中国经济在未来十年继续保持快速增长，那么美国将会面临一个与自己实力相当的潜在对手，大国政治将全力回归。美国将尽可能地阻止中国拥有地区霸权，而北京的邻居，包括印度、日本、新加坡、韩国、俄罗斯和越南将加入美国遏制中国的阵营。激烈的安全竞争及潜在的战争可能是最终结果。总而言之，中国的崛起是不平静的。[③] 因此，接纳印度成为上合组织的正式成员国，中国可以在一定程度减轻外部压力。巴基斯坦的加入则能增强中国在上合组织中的作用。在 2006 年 11 月 25 日发表的《中国和巴基斯坦联合声明》中，中巴两国表示，双方积极支持对方参与亚洲的跨区域、区域和次区域合作。中方欢

① Craig Oliphant, "Russia's Role and Interests in Central Asia," http: //www. saferworld. org. uk.

② 习近平：《决胜全面建成小康社会　夺取新时代中国特色社会主义伟大胜利》，http: //cpc. people. com. cn/19th/n1/2017/1019/c414305 - 29595241. html。

③ John J. Mearsheimer, "Can China Rise Peacefully?" http: //nationalinterest. org/commentary/can-china-rise-peacefully - 10204.

迎巴基斯坦成为亚欧会议成员，巴方欢迎中国成为南亚区域合作联盟观察员。双方表示愿以南亚区域合作联盟、亚洲合作对话、东盟地区论坛、上合组织、亚欧会议等区域性和跨区域组织为平台，扩大互利合作，共同推进区域合作进程。[①] 在扩员程序启动后，中国和巴基斯坦双方在《关于新时期深化中巴战略合作伙伴关系的共同展望》（2013 年 7 月 5 日）中表示，双方认为，中巴两国在许多共同关心的国际和地区问题上观点一致。双方同意在包括联合国、亚欧会议、东盟地区论坛、上合组织、伊斯坦布尔进程等在内的多边场合保持密切沟通，相互支持配合。[②]

第三节　扩员后的合作——青岛峰会

上合组织青岛峰会（2018 年 6 月）是扩员后的第一次峰会。在青岛峰会期间，上合组织签署了 21 份合作文件（见表 4 – 2）。中华人民共和国国务委员兼外交部长王毅在青岛接受媒体采访时说："青岛峰会的成果超出预期，是上合组织发展进程中一座新的里程碑，对上合组织的发展具有承前启后、继往开来的重要意义。其中最重要的是以下三个方面：一是突出了'上海精神'。'上海精神'就是 20 个字：互信、互利、平等、协商、尊重多样文明、谋求共同发展。习近平主席在峰会上强调，上合组织之所以能够保持旺盛生命力，根本原因就在于始终践行'上海精神'。青岛宣言也重申，正是遵循'上海精神'，上合组织才经受住了国际风云变幻的考验，成为当今充满不确定性国际局势中一支极为重要的稳定力量。'上海精神'同中国传统的'和合'理念高度契合，超越了文明冲突、冷战思维、零和博弈等陈旧观念，已成为上合组织的核心价值，将继续为上合组织的发展壮大提供强有力保障。同时，'上海精神'实际上揭示了国

① 《中国和巴基斯坦发表联合声明》，2006 年 11 月 25 日，http://www.fmprc.gov.cn/web/gjhdq_676201/gj_676203/yz_676205/1206_676308/1207_676320/t281532.shtml。

② 《关于新时期深化中巴战略合作伙伴关系的共同展望》，2013 年 7 月 5 日，http://www.fmprc.gov.cn/web/gjhdq_676201/gj_676203/yz_676205/1206_676308/1207_676320/t1056504.shtml。

与国交往应当遵循的基本准则，完全符合《联合国宪章》的宗旨和原则，必将对各国构建新型国际关系产生积极和深远影响。二是形成了命运共同体意识。构建人类命运共同体，是习近平主席站立时代潮头，把握人类进步方向，着眼各国共同利益提出的一项重大倡议。上合组织成员国比邻而居，发展任务相似，命运紧密相连，理应为构建命运共同体发挥先导作用。此次各方在青岛宣言中确立了人类命运共同体这一共同理念，发出‘同呼吸、共命运’时代强音，这将有利于深化上合组织成员国之间的互利合作，为上合组织的发展注入不竭动力，也将促进本地区乃至世界的共同发展与繁荣。三是提出了全球治理的上合主张。习近平主席指出，我们要坚持共商共建共享的全球治理观，不断改革完善全球治理体系，推动各国携手建设人类命运共同体。青岛宣言也强调，上合组织将以平等、共同、综合、合作、可持续安全为基础，推动国际秩序更加公正、平衡。这是成员国基于共同需要达成的政治共识，为完善全球治理贡献了上合智慧。全球治理是各国共同的事业，上合组织有责任、也有能力为此发挥建设性作用。我相信，随着上合组织不断发展壮大，上合组织必将成为全球治理进程中的重要和积极力量。”①

表 4 - 2　2018 年上合组织青岛峰会签署的合作文件

序号	文件名
1	《上海合作组织元首理事会青岛宣言》
2	《上海合作组织成员国长期睦邻友好合作条约行动计划(2018 ~ 2022)》
3	《上海合作组织成员国打击恐怖主义、分裂主义和极端主义 2019 ~ 2021 年合作纲要》
4	《2018 ~ 2023 年上海合作组织成员国禁毒战略及其落实行动计划》
5	《上海合作组织成员国预防麻醉药品和精神药品滥用构想》
6	《上海合作组织成员国粮食安全合作纲要》草案
7	《上海合作组织成员国环保合作构想》
8	《〈上海合作组织成员国元首致青年共同寄语〉实施纲要》
9	《上海合作组织秘书长关于上海合作组织过去一年工作的报告》

① 《王毅就上海合作组织青岛峰会接受媒体采访》，http：//www.gov.cn/guowuyuan/2018 - 06/11/content_ 5297715.htm.

续表

序号	文件名
10	《上海合作组织地区反恐怖机构理事会关于地区反恐怖机构2017年工作的报告》
11	签署《上海合作组织秘书处与联合国教科文组织合作谅解备忘录（2018～2022年）》的决定
12	《上海合作组织成员国元首致青年共同寄语》
13	《上海合作组织成员国元首关于在上海合作组织地区共同应对流行病威胁的声明》
14	《上海合作组织成员国元首关于贸易便利化的声明》
15	《上海合作组织成员国元首理事会会议新闻公报》
16	《上海合作组织成员国经贸部门间促进中小微企业合作的谅解备忘录》
17	《上海合作组织成员国海关关于交换跨境运输消耗臭氧层物质信息合作的备忘录》
18	《上海合作组织成员国海关关于利用莫斯科地区情报联络中心案件数据库执法平台渠道全天候联络站开展信息互助的规程》
19	《2019～2020年落实〈上合组织成员国旅游合作发展纲要〉联合行动计划》
20	《上海合作组织秘书处与联合国教科文组织合作谅解备忘录（2018～2022年）》
21	《上海合作组织与阿富汗伊斯兰共和国关于上海合作组织－阿富汗联络小组的协议》

资料来源：根据上海合作组织秘书处的资料整理。

实际上，在上合组织青岛会议召开前，作为主席国国家元首，习近平先后集体会见了上合组织成员国国防部长和安全会议秘书会议代表。从上合组织历届峰会的传统来看，主席国元首态度是峰会的风向标，这意味着在上合组织青岛会议上，地区安全合作被赋予较高期望。把地区安全合作作为扩员后上合组织的合作重点，主要是基于以下原因：其一，安全依然是上合组织发展的基石，上合组织在维护地区安全稳定方面能发挥特殊重要作用；其二，地区安全合作是上合组织框架下发展最好的多边行动，“和平使命”系列军事演习已进行数十次，是亚太地区有较大影响力的例行军演；其三，地区安全合作所受的干扰因素小、成员国的合作意愿强，能够迅速凝聚共识；其四，成员国的社会经济发展都需要良好的外部环境作为支撑；其五，全球和地区层面不稳定因素突出，离不开多边安全合作。

地区安全合作离不开对政治环境的塑造。在很大程度上，青岛峰会的元首宣言（构建“相互尊重、公平正义、合作共赢”的新型国际关系）和《上海合作组织成员国长期睦邻友好合作条约》未来5年实施纲要，就是为上合组织塑造政治环境。从上合组织国防部长会议联合公报和上合组织成员国安全会议秘书第十三次会议新闻稿的内容来看，未来5年，上合组织安全合作的具体内容将体现在以下几个方面：其一，充实和深化地区安全合作，建立更加完善的安全合作体系；其二，高举“上海精神”旗帜，维护组织团结，提高集体行动力；其三，树立共同、综合、合作、可持续的安全观，为各国发展战略对接营造良好的安全环境，支持推动构建人类命运共同体，建设公平的、稳定的多极世界格局；其四，加强现有伙伴关系和坦诚对话；其五，加强部门协作、提高安全合作行动能力，共同打击上合组织责任区的恐怖主义，继续举行“和平使命”联合反恐和平演习；其六，落实《上合组织成员国打击恐怖主义、分裂主义、极端主义2019～2021年合作纲要》、防止青年参与恐怖和极端组织活动的《上合组织成员国元首致青年共同寄语》及其实施纲要；其七，在上海合作组织框架下协助阿富汗恢复和平稳定；其八，支持在国际信息安全领域加强务实合作。

除上述成果外，青岛峰会值得称道的是，上海合作组织为改善印巴关系提供了平台。众所周知，历史上印巴曾发生过三次重大战争，其间也曾出现转机，但总体上双方关系处于长期敌对状态。在2015年7月上合组织乌法峰会启动接收印度和巴基斯坦为正式成员国后，印巴关系因2016年9月帕坦科特（Pathankot）空军基地遭袭击再次陷入僵局。青岛峰会举行前，上合组织安全合作能够达成共识，与印巴两国努力及其他成员国的斡旋密不可分。

上海合作组织扩员是组织发展过程中具有里程碑意义的大事。扩员成功表明上合组织已进入了一个新的发展阶段，在促进国际和地区和平发展方面将发挥更大的作用。当然，扩员对于上合组织的发展也是考验，如何处理好成员国间的关系，化解成员国间的结构性问题，对于上合组织未来发展是新挑战。作为欧亚地区陆地面积最大的政府间国际组织，上合组织的安全合作不仅对成员国意义重大，而且对整个欧亚地区的和平稳定具有重大意义。虽然上合组织的存在不能终结国家间冲突，但是上合组织可以让有冲突的国家避免用武力解决问题，并能使成员国的共同利益升级。因此地区安全合作必将成为上合组织未来发展的重要支柱，并使上合组织彰显出强大的生命力，在国际事务中发挥更大的作用。

第五章

上海合作组织的价值规范和发展战略

从国际组织的发展历程可以看出，由于国家间存在差异性并有可能降低集体行动的一致性和稳定性，构建价值规范是国际组织最常见的选择。国际组织的实践也能证明，在相对稳定的国际体系中，若价值观取向的共识高，那么国际组织的集体行动就比较顺利和稳定。上合组织由 8 个国家组成，价值取向和社会文化上的差异显著，涉及中华文化、斯拉夫文化、草原游牧文化、印度文化、波斯文化，涵盖的宗教则包含佛教、道教、东正教、伊斯兰教、印度教、新教、天主教等。在上合组织发展的 18 年中，作为上合组织的价值规范，“上海精神”始终指导着成员国间相互关系，已成为上合组织成员国共同的财富。随着成员国的增多、国际和地区影响力的扩大，在“上海精神”的引导下，上合组织青岛峰会提出了新的国际关系准则，即“建设相互尊重、公平正义、合作共赢的新型国际关系，确立构建人类命运共同体的共同理念”。本章重点介绍上合组织倡导的“上海精神”、上合组织命运共同体和《上海合作组织至 2025 年发展战略》。

第一节　“上海精神”的起源及发展

《上海合作组织成员国元首理事会青岛宣言》（2018 年 6 月）中写道，上合组织遵循“互信、互利、平等、协商、尊重多样文明、谋求共同发展”的“上海精神”，经受住国际风云变幻的严峻考验，不断加强政治、安全、经济、人文等领域合作，成为当代国际关系体系中极具影响力的参与者。[①] 上合组织认为，组织的发展得益于成员国对“上海精神”的认同。

1. “上海精神”的内涵

时任中国国家主席江泽民在圣彼得堡峰会（2002 年 6 月 7 日）上解释道：“‘上海精神’要求我们以互信为安全之本。互信就是以诚相待，言而有信，就是必须遵守应尽的国际条约和义务，遵循公认的国际法准则。互信意味着以合作求安全，通过友好协商和平解决争端。各国的安全是相互依存的，再强大的国家，离开国际合作也难以有真正的安全。‘上海精神’要求我们承认并尊重世界的多样性。文明背景不同的国家和民族可以而且应该和睦相处。‘上海精神’要求我们坚持大小国家一律平等。在国际关系中应该充分发扬民主，处理事关世界与地区和平的重大问题，应该遵循平等协商、求同存异的原则。在经济全球化加快发展的背景下，各国更需要按照平等互利的原则共同探讨有效解决全球性问题的途径。‘上海精神’要求我们加强相互协作、谋求共同发展。南北差距扩大、贫富悬殊的问题不解决，世界就得不到具有牢靠基础的安宁和稳定。”[②]

2005 年，时任中国国家主席胡锦涛在上合组织阿斯塔纳峰会上指出：“上合组织成立 4 年来，一直秉承互信、互利、平等、协商、尊重多样文明、谋求共同发展的‘上海精神’，始终致力于维护本地区的和平稳定、促进各成员国的互利合作和共同发展，在地区安全合作、经济合作中发挥着越来越重要的影响，在世界上树立了和平、合作、开放、进步的良好形象，展现出强大的生命力和美好的发展前景。”[③]

2013 年，中国国家主席习近平在上合组织比什凯克峰会上以“上海

---

① 《上海合作组织成员国元首理事会青岛宣言》，http：//chn. sectsco. org/documents/。

② 江泽民：《弘扬“上海精神” 促进世界和平——在上海合作组织圣彼得堡峰会上的讲话》，2002 年 6 月 8 日，https：//www. fmprc. gov. cn/web/gjhdq_ 676201/gjhdqzz_ 681964/lhg_ 683094/zyjh_ 683104/t10897. shtml。

③ 胡锦涛：《加强团结合作 促进稳定发展——在上海合作组织阿斯塔纳峰会上的讲话》，2005 年 7 月 5 日，https：//www. fmprc. gov. cn/web/gjhdq_ 676201/gjhdqzz_ 681964/lhg_ 683094/zyjh_ 683104/t202425. shtml。

精神”为主题发表了讲话，提出“弘扬‘上海精神’。落实‘上海精神’，不断增进成员国互信，在平等、协商、互谅互让的基础上开展互利合作，顺应和平与发展的时代潮流，符合各成员国人民利益和诉求。我们要高举这面旗帜，切实落实《上海合作组织成员国长期睦邻友好合作条约》，真心实意推动本组织框架内各领域合作，使成员国成为和睦相处的好邻居、同舟共济的好朋友、休戚与共的好伙伴”。[①] 此后，习近平先后在上海合作组织第十四次元首理事会（2014 年 9 月杜尚别峰会）、第十五次元首理事会（2015 年 7 月乌法峰会）、第十六次元首理事会（2016 年 6 月塔什干峰会）、第十八次元首理事会（2018 年 6 月青岛峰会）多次以“上海精神”为切入点阐述上合组织的发展。

中国学界对“上海精神”也进行了类似的解读，其中有代表性的观点是：“互信”是指超越意识形态和社会制度，以诚相待、言而有信，增进相互了解和信任，遵守应尽的国际条约和义务，遵循公认的国际法准则，不人为地以别国为假想敌或迎合某种需要而刻意制造一个敌人；“互利”，是指本国利益和他国利益兼顾，本国安全与他国安全并重，在实现本国安全的同时，也充分考虑别国的安全，让各国利益都得到保障，实现利益的共享；“平等”，是指国家不分大小、贫富、强弱，都是国际社会的平等一员，都有享受和平与安宁、保护自己利益的平等权利，反对任何国家谋求霸权，推行强权政治，所有国家应平等相待、互相尊重和互不干涉内政；“协作”，是指不结盟、不对抗、不针对第三国，在互信、互利、平等的基础上，通过和平对话与协调消除安全隐患，预防军事冲突，以协商方式解决争端，促进各个领域的合作；“尊重多样文明”，就是承认世界的多样性和文明的多样性，尊重各国的历史文化、社会制度和发展模式，尊重各国人民的自主选择，强调文明背景不同的国家和民族可以而且应该和睦相处；“谋求共同发展”，就是在竞争比较中取长补短，在求同

① 习近平：《弘扬“上海精神” 促进共同发展——在上海合作组织成员国元首理事会第十三次会议上的讲话》，2013 年 9 月 13 日，https://www.fmprc.gov.cn/web/gjhdq_676201/gjhdqzz_681964/lhg_683094/zyjh_683104/t1076570.shtml。

存异中共谋发展，在相互合作中共同繁荣，努力缩小南北差距。[①]

“上海精神”得到了其他成员国的认可。作为上合组织的创始国，俄罗斯曾在其总统府官方网站上刊登了题为《上海合作组织——国际合作的新模式》一文。在文中俄罗斯领导人向外界展示了对“上海精神”内涵的理解，“我们发展的合作模式——上海精神，越来越受欢迎。我们的组织建立在准确和清晰的原则之上。我们相互信任、公开讨论问题、没有任何压力地解决和磋商问题。实际上，这已是上合组织特色的组成部分，我们希望这种特色能够增加本组织在国际社会的吸引力。今天我们在讨论国家间无法克服的文化和文明差异时，上合组织为欧亚大陆提供了非常好的榜样，即平等的伙伴关系，以及通过保护每个成员国的文化来加强地区安全和稳定，并协助经济发展和推动地区一体化进程”[②]。曾任俄罗斯外交部长的伊万诺夫认为，“如果政治词典将收录‘上海五国’精神一词，那也不足为奇。这表明我们在工作中态度坦诚、富有建设性、总是力求达成符合每个参与国利益的决议”。吉尔吉斯斯坦总统阿卡耶夫则认为，“上海精神”是一笔宝贵的财富。[③] 更重要的是，“上海精神”被写入《上海合作组织宪章》中，这表明“上海精神”成为上合组织成员国的共识，成为上合组织发展的指导原则和强大动力。

2. 新安全观与“上海精神”

新安全观的提出要早于“上海精神”，1996 年 7 月在东盟地区论坛会议上，时任中国外长钱其琛提出了建立新安全观的倡议。中国的倡议很快得到了俄罗斯的认同，在 1997 年 4 月 23 日签署的《中华人民共和国和俄罗斯联邦关于世界多极化和建立国际新秩序的联合声明》中提到，“双方主张确立新的具有普遍意义的安全观，认为必须摈弃冷战思维，反对集团政治，必须以和平方式解决国家之间的分歧或争端，不诉诸武力或以武力

① 潘光：《上海合作组织与“上海精神”》，《社会科学》2003 年第 12 期。

② “SCO—A New Model of Successful International Cooperation,” June 14, 2006, http://en.kremlin.ru/events/president/transcripts/23633。

③ 中国现代国际关系研究所民族与宗教研究中心：《上海合作组织——新安全观与新机制》，时事出版社，2002，第 10 页。

相威胁，以对话协商促进建立相互了解和信任，通过双边、多边协调合作寻求和平与安全。双方认为独立国家联合体是欧亚地区稳定和发展的重要因素，指出中国、俄罗斯、哈萨克斯坦、吉尔吉斯斯坦、塔吉克斯坦签署的关于在边境地区加强军事领域信任和相互裁减军事力量的两个协定意义重大，可以成为冷战后谋求地区和平、安全与稳定的一种模式。双方愿意促进裁军进程，强调签署全面禁止核试验条约和执行不扩散核武器条约的重要性。双方对扩大和加强军事集团的企图表示关切，因为这种趋势有可能对某些国家的安全构成威胁，加剧地区和全球紧张局势。”[①] 2002 年 7 月 31 日参加东盟地区论坛外长会议的中国代表团向大会提交了《中方关于新安全观的立场文件》,[②] 正式向世界全面系统地阐述了中方对新安全观的认识，并得到了国际社会的广泛认可。由此，正式启动了新安全观与“上海精神”的联系。

新安全观和“上海精神”在概念的指标和维度上大致一致。提倡新安全观与冷战结束后出现的，以强权政治、单边主义、强调意识形态对立、零和博弈等为特征的“冷战思维”有关。上合组织成员国认为“冷战思维”已严重影响到世界的和平与发展，提出维护世界和平需要摒弃“冷战思维”，树立新安全观，努力建立公正合理的国际新秩序。在探索新安全观的实践中，上合组织形成的互信、互利、平等、协作，尊重多样文明，谋求共同发展的“上海精神”，可以提供重要和有益的启示。[③] 在内涵上，新安全观与“上海精神”一脉相承。中国外交部公布的《中国关于新安全观的立场文件》中写道，新安全观的核心应是互信、互利、平等、协作。互信，是指超越意识形态和社会制度异同，摒弃冷战思维和强权政治心态，互不猜疑，互不敌视。各国应经常就各自安全防务

---

① 《中华人民共和国和俄罗斯联邦关于世界多极化和建立国际新秩序的联合声明》，https://www.fmprc.gov.cn/web/ziliao_674904/1179_674909/t6801.shtml。

② 《中国关于新安全观的立场文件》，2002 年 7 月 31 日，https://www.fmprc.gov.cn/web/ziliao_674904/tytj_674911/zcwj_674915/t4549.shtml。

③ 江泽民：《弘扬“上海精神” 促进世界和平——在上海合作组织圣彼得堡峰会上的讲话》，2002 年 6 月 8 日，https://www.fmprc.gov.cn/web/gjhdq_676201/gjhdqzz_681964/lhg_683094/zyjh_683104/t10897.shtml。

政策以及重大行动展开对话与相互通报。互利，是指顺应全球化时代社会发展的客观要求，互相尊重对方的安全利益，在实现自身安全利益的同时，为对方安全创造条件，实现共同安全。平等，是指国家无论大小强弱，都是国际社会的一员，应相互尊重，平等相待，不干涉别国内政，推动国际关系的民主化。协作，是指以和平谈判的方式解决争端，并就共同关心的安全问题进行广泛深入的合作，消除隐患，防止战争和冲突的发生。①

上合组织是对新安全观的成功实践。从 1996 年“上海五国”进程启动以来，中、俄、哈、吉、塔五国先后签署《关于在边境地区加强军事领域信任的协定》和《关于在边境地区相互裁减军事力量的协定》，通过友好协商妥善解决了历史遗留的边界问题，并率先提出打击恐怖主义、分裂主义和极端主义的鲜明主张。上合组织成立后，六个成员国相继签署《打击恐怖主义、分裂主义和极端主义上海公约》和《上海合作组织成员国关于地区反恐怖机构的协定》，积极参与国际和地区反恐斗争，稳步推进区域经济合作，大力倡导不结盟、不对抗、不针对其他国家和地区的安全合作模式。② 俄罗斯科学院远东研究所俄中关系研究中心的卢贾宁博士指出，“上海精神”使亚洲其他国家颇感兴趣，这些国家把这一安全新思维视为国际关系从单一性质向更高水平平稳过渡的经验；这个地区居民所具有的循序渐进、稳重和富有建设性等特性，对其他国家来说，是有益的经验。③

“上海精神”升华了新安全观。上合组织成立后，为了适应外部环境和组织自身的发展，在新安全观的基础上，“上海精神”增加了“尊重多样文明、谋求共同发展”两项内容。当今世界，有 200 多个国家和地区，

---

① 《中国关于新安全观的立场文件》，2002 年 7 月 31 日，https：//www. fmprc. gov. cn/web/ziliao_ 674904/tytj_ 674911/zcwj_ 674915/t4549. shtml。

② 《中国关于新安全观的立场文件》，2002 年 7 月 31 日，https：//www. fmprc. gov. cn/web/ziliao_ 674904/tytj_ 674911/zcwj_ 674915/t4549. shtml。

③ 《上海六国潜能将扩大》，俄罗斯《独立报》，2001 年 9 月 18 日，转引自中国现代国际关系研究所民族与宗教研究中心著《上海合作组织——新安全观与新机制》，时事出版社，2002，第 12 页。

2500 多个民族，6000 多种语言，文明存在差异，但没有优劣之分。各种文明都包含有人类发展进步所积淀的共同理念、共同追求。[①]“尊重多样文明”不仅是上合组织走向世界的必要前提，也是上合组织发展的核心动力。“上海精神”提出“谋求共同发展”，这不仅反映了上合组织成员国的愿望，也反映出上合组织愿意与世界其他国家和地区共同发展、共同进步。

在“上海五国”元首第 6 次会晤（2001 年 6 月）期间，“互信、互利、平等、协商、尊重文明多样、谋求共同发展”的“上海精神”被提出，并被写入《上海合作组织成立宣言》（2001 年 6 月 15 日）中。随后，“上海精神”又被写入上合组织多个重要的文件中（见表 5－1）。

表 5－1　“上海精神”与上合组织的重要文件

序号	文件名	时间
1	《上海合作组织宪章》	2002 年 6 月
2	《上海合作组织五周年宣言》	2006 年 6 月
3	《上海合作组织十周年阿斯塔纳宣言》	2011 年 6 月
4	《上海合作组织成员国元首关于构建持久和平、共同繁荣地区的宣言》	2012 年 6 月
5	《上海合作组织成立十五周年塔什干宣言》	2016 年 6 月

资料来源：根据上海合作组织秘书处的数据整理。

在 2018 年 6 月举行的上合组织成员国青岛峰会上，中国国家主席习近平指出，上合组织始终保持旺盛生命力、强劲合作动力，根本原因在于它创造性地提出并始终践行“上海精神”，主张互信、互利、平等、协商、尊重多样文明、谋求共同发展。这超越了文明冲突、冷战思维、零和博弈等陈旧观念，掀开了国际关系史崭新的一页，得到国际社会日益广泛

① 温家宝：《尊重文明的多样性——在开罗阿拉伯国家联盟总部的演讲》，2009 年 11 月 8 日，http：//theory. people. com. cn/GB/10338129. html。

的认同。[①] 上合组织前秘书长阿利莫夫在《上合组织的创建、发展和前景》中写道，上合组织特别有吸引力的是它的“上海精神”，其主要内容是：互信、互利、平等、协商，尊重多样文明，谋求共同发展。这独一无二的原则，无疑是六国确立合作的基础。作为上合组织活动的主要概念和最重要的原则，“上海精神”丰富了现代国际合作理论和实践，把世界共同体对国际关系民主化的共同追求付诸实施。[②] 成员国对“上海精神”也十分认同。在青岛峰会期间，俄罗斯驻华大使馆公使衔参赞、俄罗斯驻上合组织秘书处常任代表卢基扬采夫说，在俄罗斯文化中，“合”意味着合作伙伴应该联合起来，为了共同的目标创造双赢或者多赢的局面。上合组织也确立了这种理念，这也是“上海精神”原则的基础。哈萨克斯坦总统纳扎尔巴耶夫认为，上合组织在跨地域合作中发挥着重要作用，“上海精神”已成为新欧亚大陆象征。[③] 塔吉克斯坦总统拉赫蒙在出席上合组织青岛峰会时接受采访，他强调，尽管国际局势日趋复杂，上合组织成员国仍然遵循“上海精神”，推动和平团结的理念，持续发展各领域的合作关系。这不仅符合上合组织各国的国家和地区利益，也将进一步推动彼此之间的理解互信，深化多边和双边合作。[④] 接受媒体采访的各方对“上海精神”评价都很高，更重要的是把“上海精神”践行到国际政治实践中，让“上海精神”发挥切实的作用。正如印度尼赫鲁大学中国与东南亚研究中心教授狄伯杰所言，如果成员国能将“上海精神”落实到日常工作中，那么上合组织将永葆活力，并为亚欧大陆的长远发展奠定坚实的基础。“因为强调互信、互利、平等、

① 习近平：《弘扬“上海精神” 构建命运共同体——在上海合作组织成员国元首理事会第十八次会议上的讲话》，2018 年 6 月 10 日，https：//www. fmprc. gov. cn/web/gjhdq_ 676201/gjhdqzz_ 681964/lhg_ 683094/zyjh_ 683104/t1567432. shtml。

② 〔塔〕拉希德·阿利莫夫：《上海合作组织的创建、发展和前景》，王宪举、胡昊、许涛译，人民出版社，2018，第 7 页。

③ 袁勇：《让“上海精神”旗帜高高飘扬》，2018 年 6 月 8 日，http：//www. gov. cn/xinwen/2018 - 06/08/content_ 5296971. htm。

④ 《独家专访塔吉克斯坦总统拉赫蒙》，2018 年 6 月 7 日，http：//m. news. cctv. com/2018/06/07/ARTI4hQ3trg1bChcuSeq2kV1180607. shtml。

协商、尊重多样文明、谋求共同发展的‘上海精神’是非常合理的，也是非常具有实际意义的。”①

第二节　上海合作组织命运共同体

2018 年 6 月 10 日，在青岛举行的上合组织成员国元首理事会第十八次会议上，中国国家主席习近平作为主席国元首做了题为“弘扬‘上海精神’构建命运共同体”的讲话，其中重点内容就是构建上海合作组织命运共同体。习近平指出，“上海精神”是我们共同的财富，上海合作组织是我们共同的家园。我们要继续在“上海精神”指引下，同舟共济，精诚合作，齐心协力构建上海合作组织命运共同体，推动建设新型国际关系，携手迈向持久和平、普遍安全、共同繁荣、开放包容、清洁美丽的世界。②

一　上海合作组织命运共同体的维度

美国学者库尔特·罗森鲍姆曾在 1966 年出版《命运共同体：德国和苏联外交关系 1922 ~ 1928 年》,③ 这可能是最早以命运共同体为视角，研究国际问题的学术专著。此前，卡尔·多伊奇曾对政治共同体的形成过程进行了研究，通过考察 10 个案例，提出了两种安全共同体：合并型和多元型。前者是指原来相互独立的各政治单元组成了一个有统一政府的单一安全共同体；后者是指由彼此分离并在法律上保持独立的政府组成的安全共同体。通过案例分析，多伊奇还发现，组成一个多元型安全共同体有三个必不可少的条件：决策者的价值观相互包容；准备参与一体化

---

① 张晨翼：《印度专家：上合组织弘扬“上海精神”意义重大》，2018 年 6 月 8 日，http：//www. chinanews. com/gn/2018/06 - 08/8533186. shtml。

② 习近平：《弘扬“上海精神”　构建命运共同体——在上海合作组织成员国元首理事会第十八次会议上的讲话》，2018 年 6 月 10 日，https：//www. fmprc. gov. cn/web/gjhdq_ 676201/gjhdqzz_ 681964/lhg_ 683094/zyjh_ 683104/t1567432. shtml。

③ Kurt Rosenbaum，*Community of Fate：German-Soviet Diplomatic Relations，1922 to 1928*，Syracuse University Press，1965，Ⅶ，3.

的各单位的决策者们可以预知彼此的行为；相互响应——具备密切合作及时处理紧急问题的能力。[①] 根据《上海合作组织宪章》内容，在组织形态上上合组织符合卡尔·多伊奇定义的多元型安全共同体，但上合组织命运共同体与上述概念都不同，特指国家间发展相互关系的价值原则。

作为上合组织命运共同体的倡导国，中国对命运共同体的认识在很大程度上能够反映出命运共同体的发展轨迹。中国首次在中共十八大报告中公开提出命运共同体的概念，“我们主张，在国际关系中弘扬平等互信、包容互鉴、合作共赢的精神，共同维护国际公平正义。平等互信，就是要遵循联合国宪章宗旨和原则，坚持国家不分大小、强弱、贫富一律平等，推动国际关系民主化，尊重主权，共享安全，维护世界和平稳定。包容互鉴，就是要尊重世界文明多样性、发展道路多样化，尊重和维护各国人民自主选择社会制度和发展道路的权利，相互借鉴，取长补短，推动人类文明进步。合作共赢，就是要倡导人类命运共同体意识，在追求本国利益时兼顾他国合理关切，在谋求本国发展中促进各国共同发展，建立更加平等均衡的新型全球发展伙伴关系，同舟共济，权责共担，增进人类共同利益”。[②] 在习近平当选中国国家主席后不久，新一届中国政府提出共建“一带一路”倡议。为了实现中国对外政策目标，2013 年 10 月 24 日在北京举行了周边外交工作座谈会，会上中国国家主席习近平发表了重要讲话，他在讲话中强调，“要着力加强对周边国家的宣传工作、公共外交、民间外交、人文交流，巩固和扩大我国同周边国家关系长远发展的社会和民意基础。关系亲不亲，关键在民心。要全方位推进人文交流，深入开展旅游、科教、地方合作等友好交往，广交朋友，广结善缘。要对外介绍好我国的内外方针政策，讲好中国故事，传播好中国声音，把中国梦同周

① 〔美〕詹姆斯·多尔蒂、小罗伯特·普法尔茨格拉夫：《争论中的国际关系理论》（第五版），阎学通、陈寒溪等译，世界知识出版社，2003，第 559 ~ 560 页。

② 胡锦涛：《坚定不移沿着中国特色社会主义道路前进　为全面建成小康社会而奋斗》。

边各国人民过上美好生活的愿望、同地区发展前景对接起来，让命运共同体意识在周边国家落地生根”。[①] 此后，“命运共同体”一词不断出现在中国外交中。例如，“命运共同体”的字眼出现在中美、中俄、中英、中印、中澳、中哈、巴西－中国创新对话、中非合作、中国－欧盟、中国－东盟等关系中。2015年习近平在第七十届联大会议一般性辩论时指出：“和平、发展、公平、正义、民主、自由，是全人类的共同价值，也是联合国的崇高目标。目标远未完成，我们仍须努力。当今世界，各国相互依存、休戚与共。我们要继承和弘扬联合国宪章的宗旨和原则，构建以合作共赢为核心的新型国际关系，打造人类命运共同体。”[②] 经过2年的经验总结，中国在日内瓦“共商共筑人类命运共同体”高级别会议上再次提出，“让和平的薪火代代相传，让发展的动力源源不断，让文明的光芒熠熠生辉，是各国人民的期待，也是我们这一代政治家应有的担当。中国方案是：构建人类命运共同体，实现共赢共享”。[③] 在中共十九大上，推动构建人类命运共同体第一次被列为执政党的国际战略目标。[④] 2018年6月，人类命运共同体这一概念成为“上海精神”的重要内容，并被写入元首宣言和政府首脑（总理）理事会联合公报中。

综上所述，上合组织命运共同体维度表述了国家间可以建构一种和谐共生的关系，即在价值观上兼容并蓄、高度认同，在行动上协商合作、互惠互利、共同发展。

二 构建上海合作组织命运共同体的目标

对于构建上合组织命运共同体，中国提出了供各方参考的方案，

① 习近平：《为我国发展争取良好周边环境 推动我国发展更多惠及周边国家》，2013年10月25日，http：//politics. people. com. cn/n/2013/1025/c1024－23332318. html。

② 《习近平在第七十届联合国大会一般性辩论时的讲话》，2015年9月29日，https：//www. fmprc. gov. cn/web/ziliao_ 674904/zyjh_ 674906/t1301658. shtml。

③ 习近平：《共同构建人类命运共同体》，2017年1月19日，https：//www. fmprc. gov. cn/web/zyxw/t1431759. shtml。

④ 习近平：《决胜全面建成小康社会 夺取新时代中国特色社会主义伟大胜利》。

主要内容分为政治、安全、经济、人文和国际五个部分，具体建议如下。

第一，凝聚团结互信的强大力量。我们要全面落实青岛宣言、长期睦邻友好合作条约实施纲要等文件，尊重各自选择的发展道路，兼顾彼此核心利益和重大关切，通过换位思考增进相互理解，通过求同存异促进和睦团结，不断增强组织的凝聚力和向心力。

第二，筑牢和平安全的共同基础。我们要积极落实打击“三股势力”2019年至2021年合作纲要，继续举行“和平使命”等联合反恐演习，强化防务安全、执法安全、信息安全合作。要发挥“上海合作组织—阿富汗联络组”的作用，促进阿富汗和平重建进程。未来3年，中方愿利用中国—上合组织国际司法交流合作培训基地等平台，为各方培训2000名执法人员，强化执法能力建设。

第三，打造共同发展繁荣的强劲引擎。我们要促进发展战略对接，本着共商共建共享的原则，推进“一带一路”建设，加快地区贸易便利化进程，加紧落实国际道路运输便利化协定等合作文件。中国欢迎各方积极参与中国国际进口博览会。中国政府支持在青岛建设中国—上海合作组织地方经贸合作示范区，还将设立“中国—上海合作组织法律服务委员会”，为经贸合作提供法律支持。中方将在上合组织银行联合体框架内设立300亿元人民币等值专项贷款。

第四，拉紧人文交流合作的共同纽带。我们要积极落实成员国环保合作构想等文件，继续办好青年交流营等品牌项目，扎实推进教育、科技、文化、旅游、卫生、减灾、媒体等各领域合作。未来3年，中方将为各成员国提供3000个人力资源开发培训名额，增强民众对上合组织大家庭的了解和认同。中方愿利用风云二号气象卫星为各方提供气象服务。

第五，共同拓展国际合作的伙伴网络。我们要强化同观察员国、对话伙伴等地区国家交流合作，密切同联合国等国际和地区组织的伙伴关系，同国际货币基金组织、世界银行等国际金融机构开展对话，为推动化解热点问题、完善全球治理做出贡献。[①]

根据上述内容，构建上合组织命运共同体的中国方案可以归纳为：一是通过睦邻友好合作，增强成员国间的政治互信；二是通过巩固和平安全合作打造坚实的合作基础；三是通过促进共同发展作为持续不断的动力；四是通过拉紧人文交流合作，作为相互了解的共同纽带；五是通过拓展伙伴网络来参与全球治理，从而提高成员国的身份认同和组织影响力。中国提出的构建人类命运共同体的倡议得到了上合组织成员国的认同，在随后签署的元首理事会青岛宣言中，“确立构建人类命运共同体的共同理念”被写入其中。上合组织命运共同体是“上海精神”衍生出来的合作理念，它的目标是通过上合组织自身的发展向全世界提出一种和平、合作、发展的理念，这标志着上合组织不仅在地区层面发挥作用，也开始逐渐参与全球治理。

三 国际社会对构建人类命运共同体的认识

对于上合组织构建人类命运共同体的共同理念，国际社会对此既有积极的认识，也有消极的认识。

积极的认识，主要来自上合组织成员国及对华友好的国家。主要观点是，构建人类命运共同体不仅有助于中国发展，也有助于世界共同进步。上合组织时任秘书长阿利莫夫在中共十九大后接受媒体采访时说，构建“人类命运共同体”的提出是对中国过去 5 年外交实践和全球治理的高度总结，并由此产生了诸多具体的、操作性强的倡议和思想，打造了很多国际合作平台，成为深受欢迎且行之有效的公共产品，如亚投行、参与全球气候变化治理、G20、APEC 等。[②] 吉尔吉斯斯坦学者凯梅尔·托克托姆舍夫（Kemel Toktomushev）表示，重新振

① 习近平：《弘扬“上海精神” 构建命运共同体——在上海合作组织成员国元首理事会第十八次会议上的讲话》，2018 年 6 月 10 日，https://www.fmprc.gov.cn/web/gjhdq_676201/gjhdqzz_681964/lhg_683094/zyjh_683104/t1567432.shtml。

② 《上合组织秘书长：构建“人类命运共同体”理念彰显中国和平发展愿望》，2017 年 11 月 17 日，http://www.xinhuanet.com/world/2017-11/17/c_129743178.htm。

兴丝绸之路、构建新的经济走廊的目标伴随着“人类命运共同体”的理念而产生。“一带一路”倡议为中国发展提出了独特的前景展望，中国开始更加注重周边外交与地区融合。中国在全球发展与地区发展中扮演重要角色的同时，不能离开其他国家孤立发展，中国的发展对于推动周边国家的发展也具有非常重要的意义。[①] 俄罗斯精英认为，中国提出的新型国际关系、人类命运共同体对于西方媒体而言是空洞的宣传，但是事实并非如此，因为西方外交词典中的互利共赢、和平发展对于中国十分重要，这是一切的基础。简而言之，人类命运共同体描述了一个相互合作、至高无上的世界，还描述了国际关系的“新”模式，取代了与西方相关的“旧”模式。[②] 哈萨克斯坦驻华大使沙赫拉特·努雷舍夫认为，人类命运共同体应被看作维护国际社会稳定、安全和促进共同发展的集体责任。作为联合国安理会成员国，中国为维护世界和平、促进我们时代各种热点问题的对话做出了巨大贡献。[③] 吉尔吉斯斯坦精英认为，上合组织能够在构建人类命运共同体的共识方面发挥特殊作用，即可以建立沟通渠道反映人们的情绪和需求，也可以团结社会力量，成为上合组织可靠的支持。[④] 新成员国巴基斯坦议会发言人认为，巴印两国都必须在“上海精神”下发挥维护地区安全和稳定的作用。印巴两国都有自己的经验，这是上合组织未来合作的新潜力，也是构建人

---

① 《国外学界盛赞中国倡建人类命运共同体》，2018 年 1 月 9 日，http：//ex. cssn. cn/djch/djch_ djchhg/wlaqyscyl_ 96440/201712/t20171229_ 3799604. shtml。

② Elena Khanenkova，“Любое использование материалов допускается только при наличии гиперссылки на ИА REGNUM. Дом，который построил Китай：сообщество общей судьбы для всех народов，” https：//regnum. ru/news/2343234. html。

③ Эксклюзив，“создание человеческого сообщества с единой судьбой-коллективная ответственность за стабильность，безопасность и соразвитие мирового сообщества-посол Казахстана в Китае Ш. Нурышев，” http：//www. mfa. kz/ru/beijing/content-view/ha-sa-ke-si-tan-zhu-hua-da-shi-gou-jian-ren-lei-ming-yun-gong-tong-ti-shi-guo-ji-she-hui-de-gong-tong-ze-ren。

④ “Первый Народный форум стран ШОС-движение вперед，” http：//pikir-klub. kg/v-centre-vnimaniya/1091 – pervyy-narodnyy-forum-stran-shos-dvizhenie-vpered. html.

类命运共同体的最大机会。①

消极认识，主要来自西方国家或与上合组织成员国关系不佳的国家。主要观点有：上合组织制度化水平不高，属于松散型的国际组织，合作关系更注重过程而不是结果。此外，因中国与俄罗斯对区域主义认识不同，即俄罗斯区域主义更倾向于建立一个封闭的区域，而中国的区域主义更倾向于建立一个开放和多样化的区域，造成了上合组织发展较为缓慢。② 成员国间的差异和分歧，对构建上合组织命运共同体虽然存在有利的一面，但若管控不好，也有可能造成不利的影响，分歧过大就很难在构建命运共同体上达成共识。例如，在上合组织青岛峰会上，印度依然拒绝支持“一带一路”倡议，《上合组织成员国元首理事会青岛宣言》中写道，哈萨克斯坦共和国、吉尔吉斯共和国、巴基斯坦伊斯兰共和国、俄罗斯联邦、塔吉克斯坦共和国和乌兹别克斯坦共和国重申支持中华人民共和国提出的“一带一路”倡议，肯定各方为共同实施“一带一路”倡议，包括为促进“一带一路”和欧亚经济联盟对接所做的工作。③ 上合组织失败论者提出，由于中国强大的经济实力，上合组织成员国尤其是俄罗斯担心会被边缘化，于是对上合组织自由贸易区建设并不积极。即便是欧亚经济联盟和中国就建立自由贸易区达成协议，其发展前景也

---

① “Pakistan's Participation in SCO Ushers in New Era: China,” June 8, 2018, https://www.pakistantoday.com.pk/2018/06/08/pakistans-participation-in-sco-ushers-in-new-era-china/.

② Linda Maduz, “Flexibility by Design: The Shanghai Cooperation Organization and the Future of Eurasian Cooperation,” June 13, 2018, http://www.statestability.com/2018/06/13/flexibility-by-design-the-shanghai-cooperation-organisation-and-the-future-of-eurasian-cooperation/; Alexander Cooley, “What's Next for the Shanghai Cooperation Organization?” June 1, 2018; https://thediplomat.com/2018/06/whats-next-for-the-shanghai-cooperation-organization/.

③ Abigail Grace, “The Lessons China Taught Itself: Why the Shanghai Cooperation Organization Matters,” June 19, 2018, https://jamestown.org/program/the-lessons-china-taught-itself-why-the-shanghai-cooperation-organization-matters/;《上海合作组织成员国元首理事会青岛宣言》，2018 年 6 月 11 日，https://www.fmprc.gov.cn/web/gjhdq_676201/gjhdqzz_681964/lhg_683094/zywj_683106/t1567546.shtml。

不容乐观。[①]

综上，上合组织构建命运共同体是一项复杂的、长期的工作。首先我们要看到，作为重要的地区性合作平台，上合组织构建命运共同体的共识对于维护世界和平和发展是有益的，也能推动上合组织自身发展。其次，我们也要认识到，国际政治现有的合作理论并不能完全解释上合组织的发展，上合组织发展之路还需要更多的创新工具，解决上合组织内部分歧和制度化水平不高等问题。最后，构建上海合作组织命运共同体，必须要坚持“上海精神”，这是上合组织各领域发展的根本。

第三节　《上海合作组织至2025年发展战略》

2015年7月10日《上海合作组织至2025年发展战略》（以下简称“2025战略”）被上合组织成员国元首理事会批准，正式成为组织发展战略。此前，上合组织曾制订过《上海合作组织中期发展战略规划》，2012年5月被上合组织成员国外交部长理事会会议批准，在2013年9月举行的上合组织比什凯克峰会上被调整为“2025战略”。2014年7月，在杜尚别举行的成员国外交部长理事会会议上“2025战略”草案获得通过，同年举行的元首理事会上，元首们责成上合组织成员国外交部长理事会继续制订，最终在2015年7月举行的乌法峰会上通过。“2025战略”发展路线图主要包括以下几个方面的内容。

其一，战略目标。具体包括加强成员国关系、组织能力、扩大合作领域、提高国际影响力等。具体内容为，加强成员国互信与友好睦邻关系；加强上合组织作为全面有效地区组织的地位；维护地区安全，应对成员国面临的安全威胁与挑战，包括预防和消除突发事件；深化经贸、投资合作以及优先领域的合作项目，促进成员国可持续发展，提高人民生活水平；

① Anson Sidle, “Why the Shanghai Cooperation Organization Fails,” September 2, 2018, https://nationalinterest.org/blog/buzz/why-shanghai-cooperation-organization-fails-30197.

扩大人文联系，包括科技、卫生、环保、教育领域，开展人员交流；根据《上海合作组织宪章》及上合组织其他法律文件，坚持落实上合组织开放原则；提高上合组织国际威望，加强同联合国及其专门机构，以及独联体、集安条约组织、东盟、经合组织、亚信及其他国际组织和机构的联系；加强上合组织机制建设，包括提升成员国常驻秘书处和地区反恐怖机构代表作用。①

其二，战略任务。具体包括促进地区和平、发展和繁荣；加强组织自身建设；创造良好的营商环境；在中国提出的“丝绸之路经济带”倡议上达成共识；建立上合组织安全空间；完善组织建设。具体内容包括：把上合组织地区建成和平、稳定发展、经济增长、互信、睦邻友好和繁荣的地区；完善上合组织，使其成为综合性地区组织，但不谋求建立拥有超国家管理机构的军事政治联盟或经济集团；在上合组织框架下为发展贸易投资合作创造有利条件，包括制定和落实共同的基础设施项目，加强在上合组织实业家委员会和银联体参与下的务实合作；成员国就“丝绸之路经济带”倡议形成共识，将其作为创造有利条件推动上合组织地区经济合作的手段之一；建立不可分割的安全空间，促进与联合国及其他国际和地区组织开展各领域合作，包括在安全领域合作打击传统威胁和新威胁；完善组织的条约法律基础；不断提高组织各合作机制的效率。②

其三，战略原则和理念。具体做法包括，履行上合组织框架下各项制度性安排规定的义务；遵循“上海精神”发展成员国间关系；在核心利益上相互大力支持；坚持协商一致的原则；通过政治外交手段解决分歧；组织活动不针对第三方；尊重各国选择发展道路的权利，推动人文交流，坚持和平共处五项原则（见表5－2）。

① 《上海合作组织至2025年发展战略》，http：//scochina. mfa. gov. cn/chn/zywj/t1492476. htm。

② 《上海合作组织至2025年发展战略》，http：//scochina. mfa. gov. cn/chn/zywj/t1492476. htm。

表 5－2 “2025 战略”所依据的文件

序号	名称	状态
1	《上海合作组织宪章》	遵循和履行
2	《打击恐怖主义、分裂主义和极端主义上海公约》	履行
3	《上海合作组织成员国长期睦邻友好合作条约》	履行
4	《不扩散核武器条约》	遵守和强化
5	《全面禁止核试验条约》	推动
6	《关于禁止发展、生产、储存和使用化学武器及销毁此种武器的公约》	扩大普遍性
7	《禁止细菌(生物)及毒素武器的发展、生产及储存以及销毁这类武器的公约》(1972 年)	扩大普遍性
8	《中亚无核武器条约议定书》	生效
9	《上海合作组织关于应对威胁地区和平、安全与稳定事态的政治外交措施及机制条例》	完善
10	《联合国全球反恐战略》	落实
11	《上海合作组织成员国关于合作打击非法贩运麻醉药品、精神药物及其前体的协议》	落实
12	《2011～2016 年上海合作组织成员国禁毒战略》	落实
13	《保障国际信息安全政府间合作协定》	加强合作
14	《信息安全国际行为准则》	落实、合作
15	《上海合作组织成员国政府间国际道路运输便利化协定》	生效、落实
16	《上海合作组织成员国政府间科技合作协定》	完善
17	《上海合作组织成员国政府间文化合作协定》	落实
18	《上海合作组织接收新成员条例》	完善
19	《关于申请国加入上海合作组织义务的备忘录范本》	完善
20	《上海合作组织秘书处和联合国秘书处合作联合声明》	合作
21	《联合国宪章》	遵循

资料来源：根据《上海合作组织至 2025 年发展战略》整理。

其四，政治协作。具体措施包括，深化所有级别的政治对话；发挥联合国的协调作用，推动建设和完善民主、公正和合理的国际秩序；建设性参与建立全球和地区安全有效架构，加强相互协作预防国际争端；加强地区信任；在国际事务中相互支持、确定共同立场；在国际组织和多边机制内就共同关心的广泛问题保持一致立场，及时对直接影响上合组织地区稳定与安全的国际事件做出反应；不接受采取意识形态化和对抗的立场；对巩固国际和地区安全、促进经济社会持续发展、扩大文化和人文交流持开放态度；通过政治和外交手段解决国际地区问题和冲突；在裁军、军控、核不扩散、和平利用核能，以及通过政治外交途径应对防扩散机制面临的地区挑战等方面开展协作，并支持国际社会的相关努力；努力巩固防止大规模杀伤性武器扩散和军控机制，主张《中亚无核武器条约议定书》尽快对各方生效；支持和平利用外空；对国际经济关系中的问题进行协商，努力建立更加公正的国际金融秩序；在人权领域开展协作，遵循平等合作原则、尊重当代世界文化和文明多样性，推动国际社会同等重视包括发展权在内的各类人权；在尊重各国主权原则的基础上，根据成员国法律和国际条约开展法律、司法协助方面的合作。①

本章讨论了上合组织的价值规范和发展战略。虽然这是两类不同性质的问题，但都是上合组织框架下重要的问题。作为步入成熟期的国际组织，上合组织的发展既要有价值方面的动力，也需要有物质方面的动力，两者相辅相成互为动力。现实是上合组织成员国间国家实力和价值观有非常明显的差异，寻求更高水平的一致性是上合组织发展的必要条件，也是提升上合组织参与国际和地区事务能力的前提条件。

① 《上海合作组织至2025年发展战略》，http：//scochina. mfa. gov. cn/chn/zywj/t1492476. htm。

第六章

上海合作组织的安全合作

安全合作是上合组织的核心支柱，也是上合组织初创时的核心动力。从“上海五国”机制到上合组织，成员国在边界、边界地区裁军和军事互信、打击“三股势力”和跨国犯罪（贩毒、武器及人口走私）等安全领域合作密切。扩员后，上合组织安全合作不仅在地理范围上有所扩大，治理安全问题的复杂性和难度也有所扩大。[①] 尽管安全合作的内容不断扩大，但是上合组织安全合作领域集中在执法合作和防务安全合作两个方面。作为安全共同体，上合组织属于“准多元型”的安全共同体。因为形成多元型的安全共同体需要有三个必不可少的条件：决策者的价值观相互包容；准备参与一体化的各单位的决策者们可以预知彼此的行为；相互响应，具备密切合作及时处理紧急问题的能力。[②] 若要形成多元安全共同体，上合组织还需要不断发展。为此，本章围绕安全合作，讨论上合组织的发展。

第一节　地区安全环境：历史与现实

在讨论上合组织安全合作前，需要考虑一个重要指标——地区安全环境。分析上合组织地区安全环境，需要从历史遗产、地区安全的现实两个角度来分析。

---

① 曾向红、李孝天：《上海合作组织的安全合作及发展前景——以反恐合作为中心的考察》，《外交评论》2018 年第 1 期。

② 〔美〕詹姆斯·多尔蒂、小罗伯特·普法尔茨格拉夫：《争论中的国际关系理论》（第五版），阎学通、陈寒溪等译，世界知识出版社，2003，第 559 ~ 560 页。

一 历史遗产：划界问题、“身份错觉”

影响上合组织地区安全环境的历史遗产与帝国主义、殖民主义扩张密切相关。马汉在其《亚洲问题及其对国际政治的影响》中谈到，沙皇俄国总是试图使自己的疆域延伸到海洋，总是不满足于波罗的海和黑海提供的海上通道。沙皇俄国的战略目标是使自己的海洋通道既广阔又具有尽可能的自由性。[①] 在此战略目标下，沙皇俄国在打通印度洋通道时不可避免地与大英帝国发生冲突。此前，沙皇俄国征服中亚是成功的，但不顺利，因为在突厥人和其他游牧部落顽强抵抗下，沙皇俄国征服这一地区花了差不多 300 年时间。当沙皇俄国从中亚继续南下时，与英国在中亚地区展开了博弈，沙皇俄国最终止步于《英俄条约》（1907 年 8 月），阿富汗归属英国势力范围，中亚则属于沙皇俄国。

从今天上合组织地区安全环境来看，历史因素的影响是有中心和外围两个层次的。中心层次主要是指上合组织成员国之间的边界问题。追根溯源，上合组织成员国划界问题基本上与沙皇俄国（以后是苏联）、大英帝国对这个地区控制直接相关。诸如，在 1947 年英国结束了对南亚大陆的统治后，克什米尔问题便成为影响上合组织成员国印度和巴基斯坦关系的核心问题；苏联时期遗留下的边境和飞地问题，也是影响上合组织成员国（中亚地区）关系的问题。此外，中印边界问题也与英国有直接的关系。根据目前的信息，克什米尔问题和中印边界问题可能是影响上合组织地区安全合作最大的负面因素，在相当长的时期内不可能发生根本性的转变。[②] 外围主要是指上合组织成员国周边，这里的历史遗留问题更多。在

---

① Alfred Thayer Mahan, *The Problem of Asia: Its Effect upon International Politics*, New Brunswick, NL: Transaction Publishers, 2003, p. 113, 83.

② Wajahat Habibullah, “The Kashmir Problem and Its Resolution,” https://www.usip.org/events/kashmir-problem-and-its-resolution.

中国周边就存在钓鱼岛、南海等问题；在俄罗斯周边则存在着乌克兰危机[①]、纳戈尔诺-卡拉巴赫[②]和南奥塞梯问题[③]。

除边界划界问题外，还有身份认知问题（即身份错觉）。从沙皇俄国征服中亚开始，俄罗斯（苏联）在中亚和高加索地区就长期处于主导地位，而历史遗留的主导性地位使俄罗斯不可避免地陷入了“身份错觉”，即过高估计自己作为影响者和影响对象的重要性。[④] 为此，尽管国家实力有所下降，俄罗斯还是利用各种工具维持自己在中亚和高加索地区的主导地位，俄罗斯学界甚至提出带有扩张主义内核和民族主义情绪的“新欧亚主义”[⑤]。因能力与目标差距过大，俄罗斯通常会遇到中亚和高加索国家的抗争，为此，俄罗斯主导下的中亚和高加索地区安全环境是脆弱的，而中亚和高加索地区处于上合组织中心和外围区。当然，“身份错觉”问题不仅仅发生在俄罗斯身上，其他上合组织成员国身上也或多或少地存在，并影响到上合组织框架下的多边合作。具体表现有：个别国家受历史影响，对大国过度依附；因在历史上长期受制于大国，个别国家国家中心主义（或民族主义情绪）高涨；个别国家过度强调自己的历史贡献，在多边合作中轻视或忽视合作共赢原则。

① Taras Kuzio, “Russian and Ukrainian Elites: A Comparative Study of Different Identities and Alternative Transitions,” *Communist and Post-Communist Studies* 51 (2018), pp. 337 - 347; Taras Kuzio, “Stalinism and Russian and Ukrainian National Identities,” *Communist and Post-Communist Studies* 50 (2017), pp. 289 - 302. 〔俄〕O. B. 沃洛布耶夫、B. H. 扎哈罗夫：《1954 年克里米亚归属重划与苏联俄乌两加盟共和国边界变化的影响因素》，《边界与海洋研究》2018 年第 2 期。

② Kristin M. Bakke, Andrew M. Linke, John O'Loughlin, Gerard Toal, “Dynamics of State-Building after War: External-internal Relations in Eurasian de facto States,” *Political Geography* 63 (2018), pp. 159 - 173.

③ Kornely K. Kakachia, “Challenges to the South Caucasus Regional Security aftermath of Russian-Georgian Conflict: Hegemonic Stability or New Partnership?” *Journal of Eurasian Studies* 2 (2011), pp. 15 - 20.

④ 〔美〕罗伯特·杰维斯：《国际政治中的知觉与错误知觉》，秦亚青译，上海人民出版社，2015，第 380 ~ 394。

⑤ Dmitry Shlapentokh, “Dugin, Eurasianism, and Central Asia,” *Communist and Post-Communist Studies* 40 (2007), pp. 143 - 156.

因此，历史遗留问题是影响上合组织地区安全环境的长期问题，其中划界问题和“身份错觉”是形成历史遗留问题的直接因素。

二　地区安全的脆弱性

在诸多影响上合组织地区安全的长期因素中，北约东扩、中俄美关系、恐怖主义和极端主义是最典型的。

（1）北约东扩问题。北约东扩影响最大的是俄罗斯。[①] 在乌克兰危机发生之前，北约东扩是考虑了俄罗斯利益的，北约 - 俄罗斯理事会的成立就是试图避免在东扩进程中与俄罗斯对抗。但是，对俄罗斯来说，北约东扩并不是一种良性行为，因为北约东扩削弱了俄罗斯在欧亚地区的地位和影响力。[②] 俄罗斯对北约东扩行为非常抵触，因为西方领导人与苏联领导人协商德国统一时，西方领导人承诺北约不会东扩。为此，俄联邦外交部在其网站上公布了西方领导人与苏联领导人谈话的解密文件。[③] 针对北约东扩，俄罗斯积极抗争：一是加强在乌克兰的军事行动；二是确立在波罗的海空中和海上的主导地位；三是改善与土耳其的关系，分化北约内部关系；[④] 四是加强集体安全条约组织和欧亚经济联盟建设；五是强势

---

① Andrei P. Tsygankov, “The Sources of Russia’s Fear of NATO,” *Communist and Post-Communist Studies* 51（2018）pp. 101 - 111；Glenn Diesen, Conor Keane, “The Offensive Posture of NATO’s Missile Defence System,” *Communist and Post-Communist Studies* 51（2018）, pp. 91 - 100.

② NATO Enlargement and Russia：Myths and Realities, https：//www. nato. int/docu/review/2014/Russia-Ukraine-Nato-crisis/Nato-enlargement-Russia/EN/index. htm；“Russia Should have Worried a Long Time ago about NATO Enlargement,” https：//www. rt. com/op-ed/ukraine-russia-nato-enlargement - 577/, 2018 - 11 - 26.

③ Permanent Mission of the Russian Federation to NATO, https：//missiontonato. mid. ru/web/nato-en/nato_ enlargement, 2018 - 11 - 26。

④ Jerry Hendrix, “Anticipating Putin’s Next Gamble,” September 6, 2018, https：//www. nationalreview. com/2018/09/vladimir-putin-russia-us-nato-alliance-must-anticipate-next-moves/.

回归高加索地区。[①]

（2）中俄美关系的非良性互动。作为世界上唯一的超级大国，美国与中国、俄罗斯的关系出现了巨大变化。因乌克兰危机（2014 年），美国等西方国家对俄罗斯实施了长达 4 年的制裁，美俄关系处于冷战结束后的最低谷。美国政治学家罗伯特·卡根认为，虽然特朗普“美国第一”的政策撕裂了世界秩序（或已无法弥补），但俄罗斯在 2016 年之前就削弱了世界秩序。2008 年 8 月俄格战争中西方对俄罗斯的姑息，直接导致了乌克兰危机。如今美国依然在回避着俄罗斯扩张的教训。[②] 在非良性互动关系下，美国与俄罗斯在欧洲地区争斗不可避免地影响到上合组织地区。例如，美国降低了对哈萨克斯坦和乌兹别克斯坦“人权问题”的干涉，通过经济、军事和公共领域的合作加强了与哈乌两国的“战略伙伴关系”，弱化俄罗斯在中亚的影响力。目前，中美关系的不良互动还没有对上合组织产生直接影响，但是奥巴马政府的“亚洲再平衡战略”和特朗普的“印太战略”已让中国产生了巨大的压力，而中美贸易摩擦让这种压力开始无限扩大，促使中国不得不考虑对上合组织的再定位。2018 年 7 月，美国《国家利益》杂志针对中美关系访谈了 14 位全球知名专家，其中 13 人（美国 8 人、中国 4 人、新加坡 1 人）回答了问题，问题是“鉴于美国和中国之间的紧张局势日益加剧，您认为双方关系将如何发展”[③]。来自美国的 8 名专家全部不看好中美关系（见表 6－1）。

---

① Neil Hauer, “Putin's Plan to Russify the Caucasus,” https：//www. foreignaffairs. com/articles/russia-fsu/2018－08－01/putins-plan-russify-caucasus；Vitaly V. Naumkin, “Russian Policy in the South Caucasus,” https：//globalnetplatform. org/system/files/1/Russian%20Policy%20in%20the%20South%20Caucasus. pdf.

② Robert Kagan, “Russia was Weakening the World Order Long before 2016,” https：//www. twincities. com/2018/08/13/robert-kagan-russia-was-weakening-the-world-order-long-before－2016/；Michael Mcfaul, *From Cold War to Hot Peace：An American Ambasssdor in Putin's Russia*, Houghton Mifflin Harcourt, 1st edition, May 8, 2018.

③ Mitchell Blatt, “America and China：Destined for Conflict or Cooperation? We Asked 14 of the World's Most Renowned Experts,” July 30, 2018, https：//nationalinterest. org/feature/america-and-china-destined-conflict-or-cooperation-we-asked － 14 － worlds-most-renowned-experts.

表 6-1　2018 年 7 月美国 8 位知名专家看中美关系

专家	观点
格雷厄姆·艾利森	美国和中国之间的关系注定会变得更糟。
章家敦	美利坚合众国和中华人民共和国有着不可调和的利益冲突。这两个超级国家注定要激烈竞争，甚至会是冲突。
戴维·邓恩	如果中国的增长率放缓，那将为美国、日本和印度提供更多机会。中国目前无法在军事上直接挑战美国，因此我们可能面临长期竞争而非战争的局面。
迈克尔·法贝	除非美国或中国外交政策发生重大变化，否则两国的军事力量，特别是海军注定要在西太平洋发生冲突。
约翰·格拉泽	如果要保持中美和平，我们必须学会放弃这种表面的自命不凡，把重点放在狭义的、具体的安全和经济利益上。否则我们可能会陷入一场代价高昂的冷战，而这两个国家都无法打赢。
詹姆斯·霍姆斯	美国及其盟友有责任对中国施以足够的威慑。
罗伯特·罗斯	今天中美关系比 1971 年亨利·基辛格访华以来的任何时候都要糟糕，而且会变得更糟。
罗伯特·萨特	美国军方、情报部门和国内安全部门正在实施战略，将重点放在中国，将其视为挑战美国主导地位和修正主义竞争对手，他们在国会得到广泛支持。

资料来源：根据“国家利益”网站的资料整理。

（3）滋生恐怖主义和极端主义的客观条件长期存在。上合组织成立之初就签署了《打击恐怖主义、分裂主义和极端主义上海公约》（2001 年 6 月 15 日），[①] 通过成员国的合作，分裂主义被遏制，恐怖主义被打压，但受多种因素影响，极端主义对上合组织的负面影响逐渐增大。为了应对新变化，上合组织成员国元首在 2017 年 6 月阿斯塔纳峰会上签署了《反极端主义公约》，这是世界上第一份政府间反极端主义的国际公约。与“分裂主义”[②]

① 《打击恐怖主义、分裂主义和极端主义上海公约》（2001 年 6 月 15 日），上海合作组织官网，http：//chn. sectsco. org/documents/。

② 分裂主义是指旨在破坏国家领土完整，包括把国家领土的一部分分裂出去或为分解国家而使用暴力，以及策划、准备、共谋和教唆从事上述活动的行为，并且是依据各方国内法应追究刑事责任的任何行为。参见《打击恐怖主义、分裂主义和极端主义上海公约》（2001 年 6 月 15 日），上海合作组织官网，http：//chn. sectsco. org/documents/。

相比，上合组织地区恐怖主义和极端主义产生的门槛低、发生的频率高、隐蔽性更强。在上合组织成立之初，成员国内法治水平低、经济和社会发展质量不高是上合组织地区产生恐怖主义和极端主义的直接诱因。[①] 但是，若要更加理性地解释恐怖主义和极端主义产生的根源，需要结合宏观、中观和微观三个层面来分析。[②]

宏观层面包括中心和周边，中心指上合组织成员国社会经济状况。第一，中心问题突出，主要体现在塔吉克斯坦、巴基斯坦、吉尔吉斯斯坦社会经济发展质量不高，在全球国际竞争力排名中长期居于偏下水平。需要指出的是，在世界经济论坛公布的全球国际竞争力排名中没有乌兹别克斯坦的数据，但根据联合国开发计划署的数据，乌兹别克斯坦的宏观层面表现好于塔吉克斯坦、巴基斯坦和吉尔吉斯斯坦，但在 2018 年之前总体上处于中等偏下水平。[③] 随着米尔季约耶夫新政的不断深入，乌兹别克斯坦社会经济有较大的、持续向好的发展空间。第二，周边形势严峻，阿富汗问题是上合组织地区安全环境最突出的问题。尽管阿富汗和国际社会都十分努力，但是阿富汗和平进程发展始终不如各方预期。根据联合国阿富汗援助团（UNAMA）的统计，2018 年 1 月至 6 月阿富汗平民伤亡人数创历史新高。阿富汗政府对地方行政区的控制范围缩小。根据图 6-1，截至 2018 年 1 月 22 日，阿富汗政府控制了 56% 的行政区，与 2016 年 1 月的 71% 相比，减少了 15 个百分点，反叛的武装组织控制了 14% 的行政区，比 2016 年 1 月增加了 8 个百分点。

中观层面主要是指恐怖组织、极端组织和分裂势力。中亚国家普遍面临的问题是“伊斯兰圣战联盟”（从乌兹别克斯坦伊斯兰运动分裂出来）、伊扎布特和黎凡特“伊斯兰国”等恐怖组织的不断渗透和扩大，以及极

---

① Fiona Hill, Central Asia: Terrorism, Religious Extremism, and Regional Stability, Wednesday, July 23, 2003, https://www.brookings.edu/testimonies/central-asia-terrorism-religious-extremism-and-regional-stability/.

② 张晓慧、肖斌：《吉尔吉斯斯坦社会运动中的政治暴力：基于案例的比较分析》，《俄罗斯研究》2017 年第 3 期。

③ Uzbekistan, http://www.uz.undp.org/.

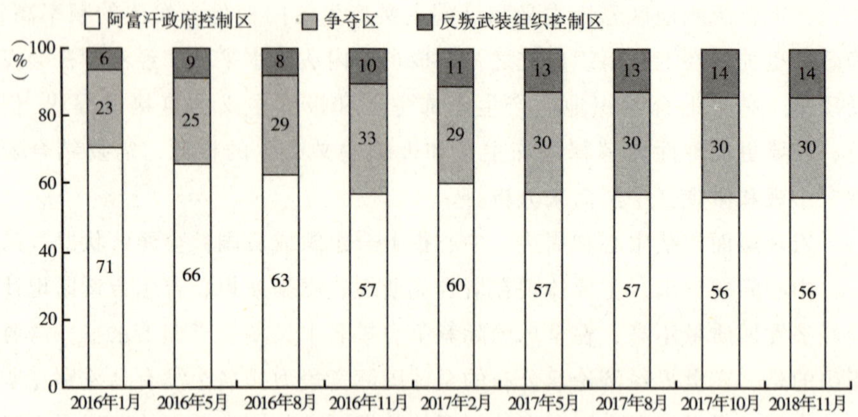

图 6－1　阿富汗政府控制行政区的比例

资料来源：美国阿富汗和解事务特别代表处。

端主义对青年人的影响等。[①] 尽管压力不大、局势可控，但中国和俄罗斯也面临着恐怖主义和极端主义问题。在苏联解体后至 21 世纪初，俄罗斯国内多次发生恐怖袭击事件，基地组织与高加索地区的恐怖组织联系密切。[②] 而中国旅居海外的公民、驻外机构则是国际恐怖主义袭击的主要目标，参与暴恐活动的人员大多受到极端主义的影响。因阿富汗和克什米尔问题，恐怖主义和极端主义对巴基斯坦[③]和印度[④]也有较大负面影响（见表 6－2）。

① 塔吉克斯坦还面临着伊斯兰复兴党（Islamic Renasissance Party of Tajikistan）的激进化问题，2015 年前该党曾是塔吉克斯坦合法的第二大政党。Nadin Bahrom，"Tajikistan Moves to New Phase of Counter-terrorism Strategy，" http：//central. asia-news. com/en _GB/articles/cnmi _ ca/features/2017/01/10/feature － 01；Uzbekistan：Extremism & Counter-Extremism，https：//www. counterextremism. com/sites/default/files/country_ pdf/UZ －01082018. pdf.

② Russia：Extremism & Counter-Extremism，https：//www. counterextremism. com/sites/default/files/country_ pdf/RU －06012018. pdf.

③ Pakistan：Extremism & Counter-Extremism，https：//www. counterextremism. com/sites/default/files/country_ pdf/PK －08082018. pdf.

④ India：Extremism & Counter-Extremism，https：//www. counterextremism. com/sites/default/files/country_ pdf/IN －05252018. pdf.

表 6－2　常见的、活跃在印度和巴基斯坦的恐怖组织、分离势力

组织性质	印度	巴基斯坦
恐怖组织	圣战运动（Hum）、纳萨尔派、巴基斯坦虔诚军（LeT）、印度圣战组织（IM）、凯达（AGH）、呼罗珊省（ISIS-K）、博多兰民族民主阵线、哈利斯坦、泰米尔猛虎组织、康乐美等。	巴基斯坦虔诚军、圣战运动、圣战游击队（HM）、纳齐尔集团、杰伊默罕默德军、巴基斯坦塔利班、呼罗珊省、哈卡尼网络等。
分离势力	查谟－克什米尔解放阵线（JKLF）、锡克教分离主义、泰米尔分离主义。	俾路支解放阵线（BLF）、信德民族主义党。

资料来源：笔者根据谷歌学术网站信息整理。

微观层面是指个人选择何种政治参与行为。通常情况下，政治参与行为是指非暴力的合法手段。但在现实中，政治参与行为也存在暴力的非法手段或者暴力的合法手段。影响个人政治参与的指标很多，其中包括政府治理能力，[①] 为此笔者根据世界治理指数（World Governance Index，WGI）中的政治稳定和暴力（恐怖主义）排名[②]来分析微观层次的问题（见图 6－2）。

上合组织成员国地区政治稳定水平总体不高，特别是扩员后受巴基斯坦和印度排名的影响，整体排名有所下降，而巴基斯坦是成员国中政治稳定排名最低的。2018 年 11 月 23 日，巴基斯坦发生了针对中国驻卡拉奇（巴基斯坦）总领馆的恐怖袭击事件。事件造成两名保卫总领馆的巴方警员死亡和一些民众受伤。上合组织秘书处指出，上合组织成员国强烈谴责任何形式的恐怖主义，承认没有任何理由可以为恐怖主义行径开脱罪责，认为必须努力推动建立联合国发挥主要协调作用的全球反恐统一战线。[③] 因此，在微观层面上，上合组织地区的安全环境压力巨大。

① 〔意〕多娜泰拉·德拉波尔塔：《社会运动、政治暴力和国家：对意大利和德国的比较分析》，王涛、江远山译，上海人民出版社，2012。

② The Worldwide Governance Indicators（WGI），http：//info. worldbank. org/governance/wgi/#home。

③ 《上合组织秘书处谴责针对中国驻卡拉奇总领馆的恐袭事件》，2018 年 11 月 25 日，http：//chn. sectsco. org/news/20181125/489568. html。

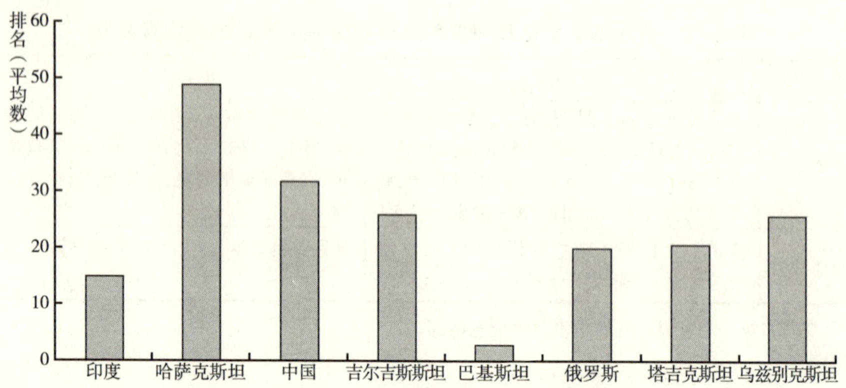

图 6－2　上合组织成员国 WGI 排名抽样比较

说明：时间维度从 2002 年起，6 年一个周期，不足 6 年按最近的年份计。根据 WGI 的解释，指标结果为 0～100，0 代表最低，100 代表最高。

资料来源：根据 WGI 的数据绘制。

第二节　安全合作原则：地区间安全治理

尽管大国对国际事务的影响依然保持着重要作用，但受全球性问题影响，通过治理的方式解决全球或地区性问题已成为国家处理国际事务的重要选择。全球治理是指全球范围各国家或非国家行为体通过特定协议或文件对世界性问题进行集体管理的行为。① 地区间治理则是指国家行为体通过协商一致的原则，以国际条约、国际习惯、文件（宣言）等形式处理安全问题的地区间集体行动。国家选择地区间治理的基础条件为权力制衡、利益共享和认同强化。②《上海合作组织成立宣言》中提出，“上合组织各成员国将严格遵循《联合国宪章》的宗旨与原则，相互尊重独立、

① Peter M. Haas，Ernst B. Haas，“Learning to Learn：Improving International Governance,” *Global Governance* 1（1995），pp. 255 - 285；Diane K. Denis and John J. McConnell, “International Corporate Governan,” *The Journal of Financial and Quantitative Analysis*, Vol. 38，No. 1（Mar.，2003），pp. 1 - 36.

② 郑先武：《区域间主义治理模式》，社会科学文献出版社，2014，第75～86 页。

主权和领土完整，互不干涉内政，互不使用或威胁使用武力，平等互利，通过相互协商解决所有问题，不谋求在相邻地区的单方面军事优势。共同致力于维护和保障地区的和平、安全与稳定；建立民主、公正、合理的国际政治经济新秩序”①。“相互协商”和“共同致力”显示了上合组织安全合作原则的内核。上合组织的根本性文件——《上海合作组织宪章》中明确规定，所有成员国一律平等，在相互理解及尊重每一个成员国意见的基础上寻求共识。②

地区间治理的基础条件（权力、利益和认同），都交叉存在于上合组织安全合作中，其中利益共享最为突出。利益共享能够在上合组织落实安全合作的法律文件、声明、倡议中体现出来。自上合组织成立以来，截至2018年12月已公开各类安全合作文件11份，其中公约3份、协定4份、声明3份、宣言1份（见表6－3）。

表6－3　上合组织安全合作的成果

序号	名称	签署时间	地点
1	《打击恐怖主义、分裂主义和极端主义上海公约》	2001年6月15日	圣彼得堡
2	《上海合作组织成员国元首关于国际信息安全的声明》	2006年6月15日	上海
3	《关于查明和切断在上海合作组织成员国境内参与恐怖主义、分裂主义和极端主义活动人员渗透渠道的协定》	2006年6月15日	上海
4	《上海合作组织成员国政府间合作打击非法贩运武器、弹药和爆炸物品的协定》	2008年8月28日	杜尚别
5	《上海合作组织反恐怖主义公约》	2009年6月16日	叶卡捷琳堡
6	《上海合作组织成员国政府间合作打击犯罪协定》	2010年6月11日	塔什干
7	《上海合作组织成员国元首关于构建持久和平、共同繁荣地区的宣言》	2012年6月7日	北京
8	《上海合作组织成员国元首关于应对毒品问题的声明》	2015年7月10日	乌法

① 《上海合作组织成立宣言》（2001年6月15日），上海合作组织秘书处，http://chn.sectsco.org/documents/。

② 《上海合作组织宪章》（2002年6月7日），上海合作组织秘书处，http://chn.sectsco.org/documents/。

续表

序号	名称	签署时间	地点
9	《上海合作组织成员国边防合作协定》	2015年7月10日	乌法
10	《上海合作组织成员国元首关于共同打击国际恐怖主义的声明》	2017年6月9日	阿斯塔纳
11	《上海合作组织反极端主义公约》	2017年6月9日	阿斯塔纳

资料来源：根据上海合作组织官网的资料整理。

通过上合组织安全合作的公约、协定、声明和宣言的内容，可以看出上合组织安全合作原则。

一　安全合作公约

作为开放性的国际多边法律文件，上合组织成员国签署的国际公约都与地区安全直接相关，其中最核心的是《打击恐怖主义、分裂主义和极端主义上海公约》。在这份21条的公约中，上合组织对恐怖主义、分裂主义和极端主义做了定义，为日后《上海合作组织反恐怖主义公约》和《上海合作组织反极端主义公约》的签署奠定了基础。为体现地区间治理的原则，上合组织安全合作的公约中做出了以下规定。

（1）协商一致。《打击恐怖主义、分裂主义和极端主义上海公约》第五条规定，各方经协商一致，可就打击本公约第一条第一款所指行为的事项进行磋商、交换意见、协调立场，包括在国际组织和国际论坛从事上述活动。《上海合作组织反恐怖主义公约》是2009年6月在上合组织叶卡捷琳堡元首峰会上签署的，公约的开头就写明，遵循《联合国宪章》及2002年6月7日签署的《上海合作组织宪章》的宗旨和原则，完善2001年6月15日签署的《打击恐怖主义、分裂主义和极端主义上海公约》和2005年5月7日签署的《上海合作组织成员国合作打击恐怖主义、分裂主义和极端主义构想》。[①]《上海合作组织宪章》（以下简称《宪章》）的

① 《上海合作组织反恐怖主义公约》（中文本），中华人民共和国全国人民代表大会网，2015年2月27日，http：//www. npc. gov. cn/wxzl/gongbao/2015 -02/27/content_ 1932688. htm。

宗旨和原则之一是，在防止和和平解决国际冲突中相互协助和在相互理解及尊重每一个成员国意见的基础上寻求共识。《上海合作组织反极端主义公约》强调，各方应当遵守主权平等、领土完整和互不干涉内政原则。在2018年6月召开的上合组织青岛峰会上，新成员国印度和巴基斯坦加入了《上海合作组织反极端主义公约》。

（2）利益共享。《打击恐怖主义、分裂主义和极端主义上海公约》第五条规定了10个合作领域：交流信息；执行关于进行快速侦察行动的请求；制定并采取协商一致的措施，以预防、查明和惩治本公约第一条第一款所指行为，并相互通报实施上述行动的结果；采取措施预防、查明和惩治在本国领土上针对其他各方实施的本公约第一条第一款所指行为；采取措施预防、查明和阻止向任何人员和组织提供用于实施本公约第一条第一款所指行为的资金、武器、弹药和其他协助；采取措施预防、查明、阻止、禁止并取缔训练从事本公约第一条第一款所指行为人员的活动；交换法律法规及其实施情况的材料；就预防、查明和惩治本公约第一条第一款所指行为交流经验；通过各种形式，培训、再培训各自专家并提高其专业素质；经各方相互协商，就其他合作形式达成协议，包括必要时，在惩治本公约第一条第一款所指行为及消除其后果方面提供实际帮助。如就此达成协议，缔结相应的议定书，该议定书构成本公约不可分割的一部分。①

（3）强调尊重国家主权的国际安全合作。遵循《联合国宪章》和《联合国全球反恐战略》是《打击恐怖主义、分裂主义和极端主义上海公约》（以下简称《上海公约》）、《上海合作组织反恐怖主义公约》和《上海合作组织反极端主义公约》的重要前提，遵循联合国文件体现出上合组织成员国参与全球问题治理的态度。为了推动全球治理恐怖主义，成员国签署了《上海合作组织反极端主义公约》，这是国际上政府间第一个专门针对极端主义的重要法律文件。尽管极端主义对世界各国产生了危害，但在不同文化背景下，上合组织能达成针对意识形态领域的国际文件是非

① 《打击恐怖主义、分裂主义和极端主义上海公约》，上海合作组织秘书处，http://chn.sectsco.org/documents/。

常不容易的，可以说《上海合作组织反极端主义公约》的签署为全球治理恐怖主义提供了“上合方案”。《上海合作组织反极端主义公约》之所以能够顺利通过，是因为公约中特别强调尊重国家主权与平等，并在相应的条约中予以体现。《上海合作组织反极端主义公约》既明确了签约各方在合作共同打击非法犯罪活动时的责任权利，也明确了司法管辖权出现争议时的解决办法。这是开展国际合作的基础。既有利于责任落实，又能够及时处置合作过程中出现的意见分歧，提高合作效率。[①]

二　安全合作协定

截至2018年12月，上合组织秘书处官网已公布了《上海合作组织成员国政府间合作打击非法贩运武器、弹药和爆炸物品的协定》、《上海合作组织成员国政府间合作打击犯罪协定》和《上海合作组织成员国边防合作协定》3个协定。在上述协定中，《上海合作组织成员国边防合作协定》属于防务合作，其余协定属于执法合作。上合组织框架下的执法合作和防务合作共同遵循的法律基础是《上海合作组织宪章》和《上海公约》，在此不再赘述，但执法合作和防务合作也有自己的特点。

首先，都以打击恐怖主义和跨国犯罪为目的，但合作内容各有侧重，相互补充。

（1）打击暴恐工具的非法贩运。《上海合作组织成员国政府间合作打击非法贩运武器、弹药和爆炸物品的协定》是基于采取有效措施打击非法贩运武器、弹药和爆炸物品的相互关切。合作内容共有5条，包括立法、分析、联合行动、协作机制、协同立场，具体内容如下：[②]

完善各方打击非法贩运武器合作的法律基础及协调各方国内立法；

① 邱进：《锐利的武器　有效的保障——写在〈上海合作组织反极端主义公约〉签署一周年之际》，《人民日报》2018年5月30日，新华网，http：//www. xinhuanet. com/world/2018－05/30/c_ 129882884. htm。

② 《上海合作组织成员国政府间合作打击非法贩运武器、弹药和爆炸物品的协定》，上海合作组织秘书处，http：//chn. sectsco. org/documents/。

分析非法贩运武器有关犯罪的现状和动态，以及打击结果；

制定协同一致的打击非法贩运武器的战略和联合行动措施；

协调和完善各方主管机关在打击非法贩运武器领域里的协作机制；

参加打击非法贩运武器的国际组织和国际会议时协同立场。

（2）遏制针对成员国公民（或政府）的个人及有组织犯罪，打击腐败、洗钱、制假和网络犯罪等。《上海合作组织成员国政府间合作打击犯罪协定》是在预防、制止、发现、侦破犯罪行为等方面开展合作。合作内容共有 15 条，具体内容如下：[①]

侵犯个人生命、健康、自由、荣誉和尊严的犯罪；

恐怖主义、分裂主义、极端主义活动；

侵财犯罪；

腐败犯罪；

经济犯罪，包括洗钱和恐怖融资；

制造和销售假币、文件、有价证券以及贷记卡、信用卡和其他支付凭证；

侵犯知识产权犯罪；

贩卖人口，特别是妇女和儿童；

非法制造、贩运和销售武器、弹药、爆炸物、爆炸装置、毒害性和放射性物质以及核材料等危险物质；

非法制造和贩运麻醉药品、精神药物及易制毒化学品；

走私；

交通工具上的犯罪；

信息技术领域犯罪；

非法移民犯罪；

其他领域犯罪。

（3）提高成员国边境地区的管控能力及合作水平。《上海合作组织成员国边防合作协定》的合作目的是：确保各方边境地区安全；提升各方

① 《上海合作组织成员国政府间合作打击犯罪协定》，上海合作组织秘书处，http：//chn. sectsco. org/documents/。

主管机关在保卫国界领域的能力；协调各方主管机关努力在边境地区预防、发现和制止违法行为；打击边境地区恐怖主义、极端主义和分裂主义，非法贩运武器、弹药、爆炸物和有毒物品及放射性材料，走私麻醉药品、精神药物及前体，以及非法移民和其他跨国犯罪活动；加强各方边防合作条约法律基础。合作只规定了方向，共有4条：计划和实施联合边防行动；情报交流；根据国际协定开展主管机关干部专业培训和进修；各方主管机关共同感兴趣且与各方国内法不抵触的其他活动。

其次，安全合作形式以交流信息、协调立场为主。无论是执法合作还是防务合作，合作形式大多集中在信息交流、联合行动、机制建设、协调立场等方面（见表6-4）。信息交流包括交换情报、工作会晤、工作经验交流、干部培训、联合科学研究等；联合行动包括联合侦察和预防措施、边境地区联合行动；机制建设包括边防部门领导人定期会晤、地区反恐怖机构理事会会议等；协调立场包括交流各方法律法规、出入各方国境的证件式样以及应对边境地区威胁的方法，交流有关维护国界管理制度，交换法律、法规文本。从目前安全合作形式来看，上合组织的安全合作形式虽然多样，但机制化水平还处在较低阶段，成员国都以交流和对话为主，还未能形成统一的行动，在打击恐怖主义、极端主义等跨国犯罪时，大多以单个成员国为主。

表6-4　上合组织安全合作形式

	信息交流	联合行动	机制建设	协调立场
《上海合作组织成员国政府间合作打击非法贩运武器、弹药和爆炸物品的协定》	有	有	有	有
《上海合作组织成员国政府间合作打击犯罪协定》	有	有	有	有
《上海合作组织成员国边防合作协定》	有	有	有	有

资料来源：根据所收集的资料整理。

最后，保持合作的兼容性，扩大多边安全合作的基础。与公约不同，安全合作协定开放性较低。为了不使协定约束成员国与他国开展合作，扩大多边安全合作基础，上合组织安全合作协定直接或间接地做了相关规定。《上海合作组织成员国政府间合作打击非法贩运武器、弹药和爆炸物品的协定》第 5 条规定，该协定不妨碍各方确定和发展其他的相互同意的合作方向和形式；关于争议，第 11 条规定，如解释或适用该协定时出现争议，各方通过协商和谈判解决；关于与其他国际法的关系，第 12 条规定，该协定不涉及各方根据其所参加的其他国际条约所享有的权利和承担的义务。《上海合作组织成员国政府间合作打击犯罪协定》规定，各方须通过协商和谈判的方式解决该协定解释或适用时所产生的争议问题；该协定不妨碍各方根据其所参加的其他国际条约所享有的权利和承担的义务。《上海合作组织成员国边防合作协定》规定，如解释或适用该协定条款时出现争议，由各方通过磋商和谈判解决；经各方同意，可以通过签署单独议定书的方式对该协定进行修改和补充。

三　安全合作宣言和声明

根据上合组织秘书处已公开的信息，除历届元首宣言中涉及的安全合作外，截至 2018 年 12 月，上合组织发布了《上海合作组织成员国元首关于构建持久和平、共同繁荣地区的宣言》、《上海合作组织成员国元首关于国际信息安全的声明》、《上海合作组织成员国元首关于应对毒品问题的声明》和《上海合作组织成员国元首关于共同打击国际恐怖主义的声明》。上述合作形式大多是成员国遇到共同的或单向的国际压力或特定的问题时，通过宣言和声明进行相互呼应和支持。例如，2012 年受世界经济在低谷徘徊、美国亚太再平衡战略的提出、欧亚濒海带乱局、欧洲导弹防御系统问题等影响，[①] 上合组织发表了《上海合作组织成员国元首关于构建持久和平、共同繁荣地区的宣言》。宣言提出，应在国际关系中推广互信、互利、平等、协作的新安全观，在世界上建立尊重所有国家利益的、不可分割的安全空间。个别国家或国家集团单方面不受任何限制地加强反导系统将对国际安全和战略稳定产生危害。有关问

① 林利民：《2012 年国际战略形势评析》，《现代国际关系》2012 年第 12 期；黄登学：《普京新任期俄罗斯外交探析》，《国际论坛》2013 年第 4 期。

题必须由所有相关国家通过政治外交努力来解决。成员国坚定地认为，实现自身安全不能以损害其他国家的安全为代价。如出现对该组织某一成员国或整个地区的和平、稳定与安全构成威胁的形势，成员国将根据该组织相关文件采取政治外交措施，及时妥善应对。[①]

《上海合作组织成员国元首关于国际信息安全的声明》属于针对特定问题的合作，在该声明中，上合组织成员国元首们对出现将信息通信技术用于以下目的的现实威胁表示担忧，即破坏平等和相互尊重、不干涉主权国家内政、和平解决争端、不使用武力、尊重人权等基本原则，从而严重损害个人、社会和国家安全。此外，民用领域和军事领域，均有可能出现将信息通信技术用于与维护国际安全相悖的犯罪、恐怖行动和军事政治目的的威胁，给某些国家和地区，乃至全世界带来严重的政治、经济后果，并引发各国社会的不稳定。元首们指出，各国在本国内为加强信息安全做了有益工作。同时认为，包括恐怖分子在内的犯罪分子及其团伙和组织，甚至某些国家，为达到其军事政治目的而将信息通信技术用于破坏性目的，由此造成的消极后果波及面十分广泛，不仅会影响到其他国家，有时甚至产生全球影响。将信息通信技术用于上述目的，可能造成与使用大规模杀伤性武器相当的世界性灾难。[②]

《上海合作组织成员国元首关于应对毒品问题的声明》和《上海合作组织成员国元首关于共同打击国际恐怖主义的声明》既属于上合组织安全合作的重点内容，也是上合组织针对特定问题向国际社会表达共同立场。《上海合作组织成员国元首关于应对毒品问题的声明》提出各国在责任共担原则基础上，共同努力采取具体措施解决国际毒品问题，以进一步消除全球毒品生产，建立应对新型合成毒品及其他新精神活性药物的有效法律体系，并加强吸毒人员康复领域合作，有效减

① 《上海合作组织成员国元首关于构建持久和平、共同繁荣地区的宣言》，上海合作组织秘书处，http：//chn. sectsco. org/documents/。

② 《上海合作组织成员国元首关于国际信息安全的声明》（2006 年 6 月 15 日），上海合作组织秘书处，http：//chn. sectsco. org/documents/。

少毒品需求。[1] 在《上海合作组织成员国元首关于共同打击国际恐怖主义的声明》中，重申将共同打击上合组织任一成员国认定的各类恐怖和极端组织和团伙；强调进一步加强国际反恐合作的重要性，共同打击破坏各国以及包括上合组织地区在内的各个地区稳定并导致局势紧张的全球恐怖主义；强调应采取综合措施打击恐怖主义和极端主义思想传播；对以外国武装恐怖分子身份参加国际恐怖组织活动并返回上合组织成员国境内的人员采取联合打击措施十分重要；进一步发展上合组织地区反恐怖机构框架内的合作并拓展各国在政治层面、特勤部门以及各部委之间打击恐怖主义领域的务实合作，将促进上合组织成员国境内的稳定；重申在其他多边机制框架内和通过双边渠道开展合作以有效打击国际恐怖主义的共同决心。[2]

第三节　安全合作机制：机构和交流机制

作为上合组织的首要职能，安全合作一直是重点发展的领域。合作的内容集中在执法和防务两个方面。除元首理事会、政府首脑（总理）理事会和国家协调员对话机制外，上合组织安全合作机制包含常设机构和交流机制。根据《上海合作组织宪章》，上合组织地区反恐怖机构（The Regional Anti-Terrorist Structure of Shanghai Cooperation Organization，RATS SCO）是上合组织框架内的常设机构。交流机制则由上合组织成员国安全会议秘书会议（以下简称安秘会）和上合组织成员国国防部长会议（以下简称防长会）构成。为了逐步推进安全合作，上合组织地区反恐机构每两年制定一个合作纲要，通过聚焦阶段性合作要点，来落实安全合作。截至2018年12月上合组织已经制定了6个纲要（见表6-5），2019年1月1日开始实施第6个纲要。十几年来，上合组织合作纲要都是以打击恐怖主义、分裂主义和极端主义为目标，坚持协商一致的原则，秉持共同、

① 《上海合作组织成员国元首关于应对毒品问题的声明》，上海合作组织秘书处，http：//chn. sectsco. org/documents/。

② 《上海合作组织成员国元首关于共同打击国际恐怖主义的声明》，上海合作组织秘书处，http：//chn. sectsco. org/documents/。

综合、合作、可持续安全观，推行综合施策、标本兼治的安全治理模式，在确保上合组织成员国所在地区安全和发展方面做出了重要的贡献，为共建上合组织命运共同体打下了良好的基础。

表 6-5 上合组织成员国打击恐怖主义、分裂主义和极端主义合作纲要

序号	合作纲要执行期	批准时间
1	2004~2006 年	2004 年 6 月上海合作组织塔什干峰会
2	2007~2009 年	2007 年 8 月上海合作组织比什凯克峰会
3	2010~2012 年	2010 年 6 月上海合作组织塔什干峰会
4	2013~2015 年	2013 年 9 月上海合作组织比什凯克峰会
5	2016~2018 年	2016 年 6 月上海合作组织塔什干峰会
6	2019~2021 年	2018 年 6 月上海合作组织青岛峰会

资料来源：根据所收集的资料整理。

一 安全合作常设机构：地区反恐怖机构

上合组织地区反恐怖机构是根据《打击恐怖主义、分裂主义和极端主义上海公约》、《上海合作组织宪章》及《上海合作组织成员国关于地区反恐怖机构的协定》于 2004 年 1 月 1 日开始运作的，其宗旨是维护地区和平，加强在打击恐怖主义、分裂主义和极端主义领域的合作。在 2003 年 5 月 29 日举行的莫斯科峰会上，上合组织决定将地区反恐怖机构常设于乌兹别克斯坦的塔什干。地区反恐怖机构的主要职能包括：与成员国和国际组织负责打击恐怖主义、分裂主义、极端主义的相关机构保持工作联系；举行反恐演习，以及在准备和举行打击恐怖主义、分裂主义、极端主义的缉捕和其他行动中进行协作；参与涉及打击恐怖主义、分裂主义、极端主义问题的国际法律文件草案的起草；收集并分析从成员国获取的信息，建立及补充反恐机构资料库；参与建立应对全球挑战与威胁的有效机制；举行学术会议、研讨会，协助就打击恐怖主义、分裂主义、极端主义问题交换信息。作为多边安全合作机构，需要在安全合作方面有共同

的目标，为此，上合组织地区反恐怖机构遵循的基础文件包括《联合国全球反恐战略》及其相关公约[①]、《上海合作组织成员国反恐怖主义公约》、《上海合作组织成员国反极端主义公约》、《上海合作组织成员国打击恐怖主义、分裂主义和极端主义合作纲要》。以上述文件为合作基础，上合组织地区反恐怖机构积极探索和开拓安全合作领域，维护地区稳定和安全。

上合组织地区反恐怖机构自成立以来，遇到很多重大的突发事件，诸如安集延事件、莫斯科地铁爆炸事件、别斯兰事件、巴尔达－巴尔卡尔事件、伏尔加格勒恐怖主义事件等。地区反恐怖机构积极努力推动成员国间的合作，在反恐融资、反恐信息技术、反恐演习、司法管辖权等方面取得了进展。司法管辖权和“犯罪行为”认定问题是上合组织安全合作需要突破的关键问题。例如，在上合组织成员国内部，因领土争议或飞地等原因，一国的“分裂主义”，在他国有可能被看成“民族解放运动”。因此，上合组织安全合作并非一帆风顺，几乎每个合作成果都经历了非常艰难的协商过程。

上合组织出台的安全合作文件见表6－6。

表6－6　上海合作组织出台的安全合作文件

时间	地区反恐怖机构合作成果
2012年3月	通过了《上海合作组织成员国主管机关协调合作打击上合组织成员国境内可能新生恐怖主义、分裂主义和极端主义活动》的决议；《上海合作组织成员国大型国际活动安保合作常设协调机制》
2013年3月	会议批准了上合组织成员国主管机关打击招募在本组织成员国境内服刑人员参加恐怖主义和极端主义组织活动的联合措施；批准了打击恐怖主义、分裂主义和极端主义措施、法律文件，打击恐怖主义、分裂主义和极端主义教学资料和专业书籍，以及用于恐怖主义活动及武装恐怖组织的爆炸装置（或爆炸物）、武器、弹药、有毒物品及其他物质的统一清单条例
2013年9月	通过了上合组织成员国边防合作协定草案，批准了组织和举行上合组织成员国主管机关边防部门边防联合行动程序条例、上合组织成员国查明和切断赴恐怖主义活跃地区参加恐怖活动的人员转移渠道的共同措施、上合组织成员国主管机关边防部门专家组2014年工作计划

① 联合国反恐怖主义办公室，http：//www.un.org/zh/counterterrorism/index.shtml。

续表

时间	地区反恐机构合作成果
2014 年 3 月	通过了《上合组织成员国维护地区安全和应对部分国际安全援助部队 2014 年从阿富汗撤军后威胁的联合措施》、《关于举行 2014 年上合组织成员国主管机关边防联合行动》的决议
2014 年 9 月	通过了《关于建立上合组织成员国主管机关协调联合打击威胁上合组织成员国安全的国际恐怖主义、分裂主义和极端主义组织违法活动的专家组》的决议；批准了《上海合作组织成员国主管机关和地区反恐怖机构执委会预防和阻止利用因特网进行恐怖主义、分裂主义和极端主义活动的联合专家工作组 2015 – 2016 年行动计划》和相关工作细则；通过了关于上合组织地区反恐怖机构执委会接入俄罗斯国际反恐资料库公开信息部分的决议；各方听取了中方关于近期中国新疆反恐形势的通报，决定加强该方面的合作
2015 年 4 月	通过了《上海合作组织地区反恐怖机构理事会提交元首理事会的 2014 年工作报告》和《上合组织成员国打击恐怖主义、分裂主义和极端主义 2016 –2018 年合作纲要（草案）》。会议就关于制定打击极端主义法律文件、关于举行打击利用互联网进行恐怖主义活动的联合推演、关于举行上合组织成员国和观察员国打击国际恐怖主义和极端主义第三次研讨会等问题达成了一致意见
2016 年 9 月	批准了防范恐怖主义行为联合措施和极端宗教意识形态在上合组织成员国境内传播的联合措施
2017 年 3 月	通过了《上海合作组织反极端主义公约》草案，赞成上合组织成员国主管机关应对具有极端主义倾向宗教流派破坏活动威胁和挑战的联合措施；会议批准了《关于上海合作组织成员国主管机关打击恐怖主义、分裂主义和极端主义组织招募成员的联合措施》和《上海合作组织地区反恐怖机构与负责打击恐怖主义、分裂主义和极端主义的国际组织提高合作效率的措施》；通过了《关于上海合作组织地区反恐怖机构与亚洲相互协作与信任措施会议秘书处合作议定书（草案）》和《上海合作组织地区反恐怖机构、独联体反恐中心和集体安全条约组织秘书处合作备忘录（草案）》
2018 年 10 月	会议就上合组织成员国主管机关加强打击恐怖主义、分裂主义和极端主义领域合作达成一致，其中包括加强极其重要设施、人群聚集地反恐安保，监控全球信息空间恐怖主义、分裂主义和极端主义威胁以及网络反恐安保。这是上合组织 8 国首次在安全合作上达成一致

资料来源：根据上海合作组织地区反恐怖机构官网的资料整理。

上合组织积极拓展反恐领域的国际合作。2011 年 9 月上合组织地区反恐怖机构理事会通过了关于地区反恐怖机构与上合组织对话伙伴国白俄罗斯共和国、东南亚国家联盟秘书处和欧亚反洗钱和反恐怖融资小组合作的文件草案。2012 年 6 月，上合组织地区反恐怖机构执委会（以下简称“执委会”）主任朱曼别科夫和高级专家阿乌纳索夫就落实中亚地区反恐合作进行了会谈磋商。该会谈的目的是在哈萨克斯坦外交部的支持下，绘制公共道路图以落实行动计划。各方还就建立联合国反恐活动专项小组框架内的反恐中心和联合国领导下的中亚反恐中心的问题交换了意见，并确定了其任务、结构、财政方式和目标。2013 年 9 月 20 日，在俄罗斯联邦雅罗斯拉夫市举行了上合组织地区反恐怖机构理事会第 23 次例行会议，会议批准了上合组织地区反恐怖机构与土耳其共和国国家警署合作议定书草案，研究了地区反恐怖机构与非洲联盟恐怖主义问题研究中心建立工作联系的可能性。2014 年 9 月 19 日，在杜尚别市（塔吉克斯坦共和国）举行了上合组织地区反恐怖机构理事会第 25 次例行会议，会议通过了上合组织地区反恐怖机构与蒙古国、伊朗伊斯兰共和国和阿富汗伊斯兰共和国主管部门合作的文件。2018 年 10 月，上合组织地区反恐怖机构理事会第 33 次例行会议通过了上合组织地区反恐怖机构与东盟警察组织秘书处合作谅解备忘录草案。

地区反恐怖机构负责人交接已制度化。根据《上海合作组织宪章》和元首理事会达成的共识，地区反恐怖机构负责人由各成员国公民轮流担任，每两年改选一次。目前已有来自乌兹别克斯坦、吉尔吉斯斯坦、哈萨克斯坦、中国、俄罗斯和塔吉克斯坦的公民担任过该机构的负责人。[①]

卡西莫夫·维亚切斯拉夫·杰米洛维奇 2004 年 1 月，上合组织成员国国家元首理事会通过决议，任命卡西莫夫·维亚切斯拉夫·杰米洛维奇（1947 年出生于乌兹别克斯坦的布哈拉州）为上合组织地区反恐怖机构执行委员会主任。卡西莫夫·维亚切斯拉夫·杰米洛维奇在乌兹别克斯

① MANAGEMENT, RATS SCO, http://ecrats.org/en/about/management/2775.

坦执法机关工作30余年，少将军衔，主管打击有组织犯罪、恐怖主义和极端主义的工作。

苏班诺夫·梅尔扎坎·乌苏尔坎诺维奇 根据上合组织成员国国家元首理事会决议，苏班诺夫自2007年1月1日起担任地区反恐怖机构执行委员会主任。苏班诺夫1944年10月15日出生于吉尔吉斯斯坦塔拉斯区塔什纠别乡。受过高等军事教育，1966年毕业于塔什干诸兵种军事指挥高等学校。曾任吉尔吉斯共和国国防委员会参谋长兼第一副主席、国防部部长、立法会国防委员会主席、边防总局局长，上将军衔，政治学副博士，教授，俄罗斯安全、国防和法制问题科学院院士。此外，苏班诺夫曾被授予"俄罗斯友谊勋章"、"在苏联武装力量中为祖国服役勋章"、"红星勋章"、"三等星勋章"（阿富汗民主共和国）、彼得大帝一级和二级勋章（俄罗斯安全、国防和法制问题科学院）。

朱曼别科夫·杰尼斯别克·穆哈麦德卡里莫维奇 根据上合组织成员国国家元首理事会决议，朱曼别科夫自2010年1月1日起担任地区反恐怖机构执行委员会主任。朱曼别科夫1945年11月11日出生于哈萨克斯坦，毕业于莫斯科技术学院，曾供职于阿拉木图粮食供应部。1972年从苏联国家安全委员会所属军事学院毕业后，朱曼别科夫开始从事国家安全方面的工作。1999~2002年，朱曼别科夫作为哈萨克斯坦国家安全委员会代表先后常驻乌兹别克斯坦和俄罗斯；2004~2009年，朱曼别科夫被任命为地区反恐怖机构执行委员会副主任，负责执行、后勤和情报分析工作。朱曼别科夫被哈萨克斯坦政府授予上将军衔，是哈萨克斯坦国家安全委员会荣誉主任和高级顾问。

张新枫 根据上合组织成员国元首理事会第12次会议决议，张新枫担任上合组织地区反恐怖机构执行委员会主任，任期自2013年1月1日至2015年12月31日。张新枫1952年出生，中国中共中央党校研究生学历，副总警监警衔。历任中国黑龙江省公安厅刑事侦查处副处长、处长，警卫处处长，省公安厅副厅长兼哈尔滨市公安局局长，1997年调任中华人民共和国公安部刑事侦查局局长，2003年任公安部部长助理，2005年任公安部副部长。

西索耶夫·叶甫盖尼·谢尔盖耶维奇　根据上合组织成员国元首理事会决议，西索耶夫担任上合组织地区反恐怖机构执行委员会主任，任期自2016年1月1日至2018年12月31日。西索耶夫1959年出生于俄罗斯托木斯克州，1982年毕业于托木斯克国立大学，1983年毕业于苏联国家安全委员会明斯克高级研修班，1983年起在苏联国家安全机构工作。从1983年开始西索耶夫在俄罗斯联邦安全总局托木斯克州分局担任各类职务，自2000年起，被任命为该局副局长。自2003年起，西索耶夫担任俄罗斯联邦安全总局克拉斯诺亚尔斯克边疆区分局第一副局长，自2005年起，担任俄罗斯联邦安全总局学院院长（新西伯利亚市）。自2009年起，西索耶夫担任俄罗斯联邦安全总局新西伯利亚州分局局长、俄罗斯联邦安全总局西伯利亚联邦区领导机构理事会主席。自2011年起，西索耶夫担任俄罗斯联邦安全总局监察局监察分局局长、安全总局监察局副局长，2013年起，担任俄罗斯联邦安全总局副主任暨国家反恐委员会部门主任，上将军衔。

吉约索夫·朱马宏·法伊约佐维奇　根据上合组织成员国元首理事会第18次会议决议，吉约索夫被任命为上合组织地区反恐怖机构执行委员会主任，任期自2019年1月1日至2021年12月31日。吉约索夫1966年10月28日出生，塔吉克斯坦共和国哈特隆州人，毕业于塔吉克斯坦共和国库洛布市国立师范大学俄罗斯语言及文学系（1993年）。1993年起担任哈特隆州第17中学教师；1995年起在塔吉克斯坦共和国国家安全机关任职；2010年起担任塔吉克斯坦共和国宗教和习俗仪式规范委员会第一副主席；2017年担任上合组织地区反恐怖机构执委会副主任，上校军衔。

二　安全合作机制：上海合作组织成员国安全会议秘书会议

上合组织成员国安全会议秘书会议（以下简称“上合安秘会”）2004

年6月建立，是协调上合组织安全合作的机制，该机制的主要任务是研究和分析上合组织成员国地区安全形势；确定上合组织安全合作方向；协调上合组织成员国在打击“三股势力”、贩毒、非法武器交易、跨国有组织犯罪等方面的合作。

上合安秘会主要是指例行会议，根据上合组织成员国达成的协议，上合安秘会在成员国间轮流举办。若有两个以上成员国提议和其他所有成员国同意，可举行非例行会议。上合安秘会由主办国安全会议秘书主持。上合组织成员国国家协调员、上合组织秘书长、上合组织地区反恐怖机构执委会主任可列席会议。截至2018年12月上合安秘会一共举办了13次（见表6-7）。

表6-7 历届上合组织安秘会（2004~2018年）

届别	时间	地点	会议内容
1	2004年6月4日	乌兹别克斯坦塔什干	讨论了成员国合作打击“三股势力”、禁毒、应对大规模杀伤性武器的危险以及其他威胁本地区和全球安全稳定的问题
2	2005年6月2日	哈萨克斯坦阿斯塔纳	成员国合作应对新挑战、新威胁，打击非法贩运武器、弹药、爆炸物以及反洗钱等问题
3	2007年5月25日	吉尔吉斯斯坦比什凯克	讨论了成员国对威胁本地区和平、安全与稳定的局势的联合反应措施和机制，2008年北京奥运会安保问题，以及国际信息安全等问题
4	2009年5月20日	俄罗斯莫斯科	讨论了世界金融危机对国际、地区安全的影响和应对举措，加强成员国同观察员国的反恐合作，建立突发事件应急机制等问题
5	2010年4月23日	乌兹别克斯坦塔什干	促进吉尔吉斯斯坦局势稳定、打击“三股势力”、打击毒品走私、上海世博会和广州亚运会安保合作、油气管道安保合作等问题
6	2011年4月29日	哈萨克斯坦阿斯塔纳	维护地区稳定、深化禁毒和信息安全合作、同国际和地区组织开展安全合作等问题

续表

届别	时间	地点	会议内容
7	2012 年 4 月 12 日	中国北京	维护上合组织及其周边地区安全;打击恐怖主义、分裂主义和极端主义、毒品走私、跨国有组织犯罪和网络犯罪;同其他国际组织和地区组织开展安全合作;完善上合组织应对威胁地区和平、安全和稳定事态的机制;拟提交 2012 年上合组织峰会的安全领域文件草案;上合组织地区反恐怖机构工作
8	2013 年 4 月 29 日	吉尔吉斯斯坦比什凯克	审议在周边形势变化背景下维护上合组织地区安全,共同打击“三股势力”、毒品走私、跨国有组织犯罪和网络犯罪等议题;听取了地区反恐怖机构领导关于开展工作的报告;各方还研究了关于在打击非法贩运毒品领域的合作问题
9	2014 年 4 月 17 日	塔吉克斯坦杜尚别	就维护上合组织成员国及周边地区安全,打击“三股势力”、毒品走私、跨国有组织犯罪,以及边防合作等话题交换了意见;各方交流了阿富汗当前形势,一致表示尊重阿富汗主权和领土完整,强调支持阿富汗人民和平解决冲突和重建国家的努力;各方还就与上合组织观察员国就应对新的地区安全威胁和挑战开展合作达成一致
10	2015 年 4 月 15 日	俄罗斯莫斯科	各方就执法安全合作进行了讨论,为乌法峰会做了积极准备
11	2016 年 4 月 13 日	乌兹别克斯坦塔什干	各方就上合组织所在地区的安全与稳定形势交换了意见,讨论了打击恐怖主义、分裂主义和极端主义,非法贩运武器和毒品及应对当今其他挑战与威胁继续开展合作、完善协作机制等问题
12	2017 年 4 月 5 日	哈萨克斯坦阿斯塔纳	各方就上合组织所在地区的安全与稳定形势交换了意见,讨论了上合组织扩员背景下成员国在打击恐怖主义、分裂主义和极端主义,非法贩运武器、毒品以及应对其他当今安全挑战与威胁方面深化合作、完善协作机制等问题

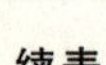

续表

届别	时间	地点	会议内容
13	2018年5月21日	中国北京	与会各方就当前地区安全形势深入交换意见，重点研究了新形势下共同打击“三股势力”、毒品贩运、跨国有组织犯罪以及保障国际信息安全等领域合作问题，并就进一步巩固政治互信、携手应对安全威胁和挑战达成广泛共识，为青岛峰会做了政治和安全准备

资料来源：根据上海合作组织官网的资料整理。

通常情况下，在上合安秘会举办期间，主办国国家元首要会见各代表团团长、上合组织秘书长和上合组织地区反恐怖机构执行委员会主任。从历届上合安秘会可以看出，合作打击恐怖主义、分裂主义和极端主义、非法贩运武器、毒品走私、跨国有组织犯罪及保障国际信息安全等问题是上合安秘会长期关注的问题，其中打击一切形式的恐怖主义是上合组织成员国最重要的任务之一。

在恐怖主义认定方面，上合安秘会同意以联合国为主导建立全球反恐统一战线，并强调国家及其主管机关在本国境内及专门国际合作框架内打击恐怖主义和极端主义问题上的核心作用。在这个意义上，受国家中心主义影响，上合安秘会的作用更多体现在协调和信息交流方面，其功能极为有限。为此，若上合安秘会在合作机制上不能形成统一的合力，或在成员国内就反恐司法管辖权不能达成一致，那么很难在维护上合组织成员国所在地区安全上有更大的作为。例如，在阿富汗问题上，在上合组织框架下建立了“上合—阿富汗联络组”副外长级磋商机制（2005年），但是在推进阿富汗和平重建进程上发挥的作用有限。当时负责上合组织事务的中国外交部部长助理张汉晖，强调各方应充分发挥“上合组织—阿富汗联络组”作用，践行“上海精神”，凝聚合作共识，采取有力措施，为阿富汗及本地区实现长治久安与发展繁荣贡献力量。[①] 从上述话语中可以看出，自成立

① 《外交部部长助理张汉晖主持召开“上海合作组织—阿富汗联络组”副外长级会议》，2018年5月30日，https：//www.fmprc.gov.cn/web/wjbxw_673019/t1563751.shtml。

13 年以来，上合组织在阿富汗问题上还处于“凝聚合作共识”的阶段。

为了推动地区安全合作，突破安全合作困境，在中国的主导下，上合组织成员国间形成了“小多边机制”。例如，阿富汗和解进程中，出现了中国—阿富汗—巴基斯坦三方外长（“3+1”）机制，在 2018 年 12 月 17 日举行的第二次中国—阿富汗—巴基斯坦三方外长会议后，中、阿、巴三国外长同意继续在共同关心的领域开展经济合作。中方愿帮助阿、巴在两国古拉姆口岸两侧修建出入境接待中心、饮用水设施，探讨在查曼口岸两侧修建冷库。中国支持阿、巴就包括奎达至坎大哈铁路、白沙瓦至喀布尔铁路等重要互联互通和能源项目加强沟通。三方宣布，不允许任何国家、组织或个人利用本国领土从事针对其他国家的恐怖主义活动。三方回顾了三国反恐合作情况，同意加强反恐协调与合作，不加区别地打击一切恐怖组织和恐怖分子。三方还同意加强在打击恐怖分子融资招募和培训等后勤能力、反恐能力建设、网络反恐、去极端化、切断毒品贸易和恐怖融资间联系等领域的合作。为此，三方签署了《中阿巴三方合作打击恐怖主义谅解备忘录》。[①]

三 安全合作系列机制：上海合作组织成员国国防部长会议

上合组织成员国国防部长会议（以下简称“上合防长会”）的职能是加强成员国在军事领域的合作，应对各种挑战和威胁，确保各国军队之间以及与其他强力部门之间在打击恐怖主义、分裂主义和极端主义中的协作。[②] 截至 2018 年 12 月，上合防长会已举行 15 次。第一次上合防长会晤是 2001 年 6 月 14 日在中国上海；第二次是 2002 年 5 月在俄罗斯莫斯科；2003 年 5 月在俄罗斯莫斯科举行了第三次上合防长会议，会议商定 2003 年秋季在中国和哈萨克斯坦举行反恐演习。[③] 在成立时间上，上合防长会

① 《第二次中国—阿富汗—巴基斯坦三方外长对话联合声明》，2018 年 12 月 17 日，https://www.mfa.gov.cn/ce/cejp/chn/zgxw/t1622629.htm。

② 戚振宏主编《上海合作组织回眸与前瞻（2001～2018）》，世界知识出版社，2018，第 43 页。

③ Jeanne Wilson, *Strategic Partners: Russian-Chinese Relations in the Post-Soviet Era*, Routledge, 2004, p. 53.

要早于上合地区反恐怖机构，更早于上合安秘会。若追根溯源，加强边境地区军事领域的信任是上合组织前身“上海五国”机制成立的直接原因。

与首次会议一致，上合防长会议是与上合组织元首理事会同步举行的，但要略早于元首理事会。上合组织元首理事会主办国也是上合防长会议主办国。与上合安秘会略有不同，除参与上合组织框架下打击恐怖主义、分裂主义和极端主义的行动外，防务安全合作是上合组织防长会议的主要内容。参加上合组织防长会议的有成员国国防部长、上合组织秘书长（或副秘书长）、上合组织地区反恐怖机构执行委员主任（或副主任），以及列席会议的主席国嘉宾。

上合防长会的议题基本上围绕防务安全合作展开，其他议题还涉及当前国际和地区安全形势、推动落实上海合作组织成员国国防部年度合作计划、对成员国海外军事行动和促进地区和平行动的支持、商定联合反恐军事演习、设立上合防长会框架下的合作机制（见表6-8）。2018年4月，在北京举行的上合组织防长会议上，成员国防长们宣布成立上合组织成员国国防部长会议专家工作组，并表示将支持工作组各项工作，不断完善上合组织军事领域合作。印度和巴基斯坦等新成员国出席了专家工作组第一次会议。①

表6-8　历次上合组织防长会（2003~2018年）

次别	时间	地点	会议成果
1	2001年6月	中国上海	第一次会晤发表《联合公报》
2	2002年5月	俄罗斯莫斯科	会晤各方讨论了加强六国军事相互协作问题，签署合作备忘录，同意保持和完善六国国防部部长和军队总参谋部代表的定期会晤机制，商定举行和平使命联合反恐演习
3	2003年5月	俄罗斯莫斯科	共同签署了关于举行上海合作组织成员国武装力量联合反恐演习的备忘录

① 《上海合作组织成员国国防部长会议联合公报》，2018年4月25日，新华网，http://www.xinhuanet.com/world/2018-04/25/c_1122739665.htm。

续表

次别	时间	地点	会议成果
4	2006 年 4 月	中国北京	强调进一步扩大上海合作组织成员国防务部门对话与交流的重要性，决定继续并强化上海合作组织成员国国防部部长、军队总参谋部代表和国防部负责国际军事合作部门领导定期会晤的机制。认为应当确定上海合作组织成员国防务部门合作的主要方向，在防务领域继续举办研讨班和以其他形式开展交流，就保障区域安全方面共同关心的问题交换意见
5	2007 年 6 月	吉尔吉斯斯坦比什凯克	会议分析了国际和地区安全形势，研究了上海合作组织成员国武装力量联合反恐军事演习的准备情况，讨论了上海合作组织成员国在防务安全领域进行合作的优先方向，签署了《上海合作组织成员国关于举行联合军事演习的协定》
6	2008 年 5 月	塔吉克斯坦杜尚别	签订《上海合作组织成员国国防部合作协定》，该协定旨在加强军事领域的信任措施，协调应对地区安全面临的新挑战、新威胁的行动。按照该协定，上海合作组织成员国防务部门将着手制订并落实在相关领域加强合作的具体计划，包括在打击恐怖主义、极端主义和分裂主义方面的合作
7	2009 年 4 月	俄罗斯莫斯科	批准了《上海合作组织成员国国防部 2010～2011 年合作计划》，该计划旨在落实 2008 年签订的《上海合作组织成员国国防部合作协定》，明确了 2010～2011 年各成员国国防部的主要合作项目。合作项目包括继续加强防务安全对话磋商，筹备举行“和平使命—2010”联合反恐演习，举办有关反恐、维和、军队建设与发展等问题的经验交流会，筹备上海合作组织成立 10 周年相关活动等
8	2011 年 3 月	哈萨克斯坦阿斯塔纳	成员国国防部（副）部长就地区安全形势面临的新挑战、新威胁，上海合作组织防务安全合作机制化、务实化发展等深入交换了意见，共同签署了《上海合作组织成员国国防部长会议联合公报》，批准了《上海合作组织成员国国防部 2012～2013 年合作计划》

续表

次别	时间	地点	会议成果
9	2012 年 4 月	中国北京	重申作为非军事政治联盟，上海合作组织防务安全领域合作的主要任务是，在《上海合作组织宪章》《打击恐怖主义、分裂主义和极端主义上海公约》《上海合作组织反恐怖主义公约》《上海合作组织成员国国防部合作协定》《上海合作组织成员国关于举行联合反恐军事演习的协定》的基础上，加强军事信任措施，共同打击恐怖主义及其他地区安全挑战与威胁；指出“上海精神”是成员国开展防务安全合作的最重要指南；进一步发展成员国防务安全部门之间的协作是防务安全合作的重要方面
10	2013 年 6 月	吉尔吉斯斯坦比什凯克	会议总结了 2012 年 4 月北京国防部长会议以来取得的成果，就成员国防务部门间未来合作发展、国际和地区安全形势等问题交换了意见，批准了《上海合作组织成员国国防部 2014 ~ 2015 年合作计划》，并签署了《上海合作组织成员国国防部长会议联合公报》
11	2014 年 4 月	塔吉克斯坦胡占德市	总结了 2013 年国防部长会议以来合作取得的成果，讨论了合作发展前景，就国际和地区安全问题交换了意见，签署了《上海合作组织成员国国防部长会议纪要》和《上海合作组织成员国国防部长会议联合公报》
12	2015 年 7 月	俄罗斯圣彼得堡	总结了 2014 年国防部长会议以来合作取得的成果，讨论了合作发展前景，就国际和地区安全问题交换了意见，签署了《上海合作组织成员国国防部长会议联合公报》等文件
13	2016 年 6 月	哈萨克斯坦阿斯塔纳	总结了 2015 年国防部长会议以来合作取得的成果，强调在当前国际恐怖主义威胁不断上升的情况下，上合组织各成员国防务部门和军队应进一步加强合作，共同维护地区安全与稳定。会议签署了《上海合作组织成员国国防部长会议联合公报》等文件
14	2017 年 6 月	哈萨克斯坦阿斯塔纳	就国际和区域安全的热点问题交流看法；指出上海合作组织成员国的首要任务是维护和加强该地区的和平、安全与稳定；讨论了上合组织成员国国防部之间进一步发展互动关系的前景；签署了《上海合作组织成员国国防部 2018 ~ 2019 年合作计划》；签署了军事部门在研究和保护历史文化遗产方面的合作议定书

续表

次别	时间	地点	会议成果
15	2018年4月	中国北京	进一步加强上合组织成员国在防务安全领域的务实合作;维护和加强地区和平、安全与稳定是上合组织成员国的优先任务;肯定防务安全合作作为上合组织健康发展基石发挥的特殊重要作用,强调继续高举"上海精神"旗帜;树立共同、综合、合作、可持续的安全观;支持推动构建人类命运共同体;进一步发展和完善合作,拓展新的合作领域,探索新的合作形式;强调落实《上海合作组织成员国国防部2018~2019年合作计划》的重要性;积极评价俄罗斯打击叙利亚境内"伊斯兰国""征服沙姆阵线"等恐怖组织主要力量的努力;支持日内瓦和谈、阿斯塔纳进程及为促进叙利亚问题政治解决创造良好条件的切实努力,指出索契叙利亚全国对话大会为推动叙政治进程做出重要贡献;各国防务部门将与本国职能部门进一步加强协作,共同打击上合组织责任区内的恐怖主义;继续举行"和平使命"联合反恐军事演习;指出应保持和进一步发展"和平号角"上合组织军乐节;成立上合组织成员国国防部长会议专家工作组;认为俄方在叙利亚打击国际恐怖组织的先进经验,对筹划"和平使命—2018"联合反恐军事演习等联合训练活动是有益的

资料来源：根据上海合作组织官网的资料整理。

安全是上合组织成员国优先合作方向，而上合组织防长会议则是落实安全合作的直接机制。十几年来，上合组织防长会议遵照上合组织宪章和各国元首共识，在互信互利、平等协商基础上，共同规划防务安全合作发展蓝图，在深化防务安全领域务实合作、创新合作模式、建立更加完善的安全合作体系、提高上合组织抵御现实威胁的能力、确保地区和平方面发挥着积极作用。

第四节 安全合作行动：和平使命演习

地区安全环境离不开上合组织成员国治理地区冲突的共识。在军事实力上，上合组织成员国差异显著。根据全球火力指数（Global Fire Index）统计，2018 年上合组织成员国全球军事实力排名从高到低依次为俄罗斯（全球 2）、中国（全球 3）、印度（全球 4）、巴基斯坦（全球 17）、乌兹别克斯坦（全球 39）、哈萨克斯坦（全球 50）、吉尔吉斯斯坦（全球 91）、塔吉克斯坦（全球 9 6）。[①] 但全球军事实力排名前 5 位的国家中，上合组织成员国就占了 3 位，在全球军事实力排名前 50 位的国家中，上合组织占 6 位。因此，从成员国军事实力上来看，上合组织是有能力应对地区冲突的。但是，上合组织应对地区冲突的能力与集体行动力密不可分，而集体行动力则来源于治理地区冲突的共识。增加共识需要加强互信和协调一致，为此，上合组织积极探索安全合作的模式，各类反恐演习就是安全合作的重要内容（见表 6－9）。在各类反恐演习中，以“和平使命”为名的联合反恐演习是上合组织安全合作的重要内容。

表 6－9　上海合作组织框架下反恐演习

序号	名称	地点	时间
1	“和平使命—2005”中俄军事演习	俄罗斯符拉迪沃斯托克和中国山东	2005 年 8 月
2	“东方反恐—2006”联合反恐演习	乌兹别克斯坦塔什干	2006 年 3 月
3	“伊塞克湖—反恐 2007”	吉尔吉斯斯坦伊塞克湖	2007 年 5 月
4	“和平使命—2007”联合反恐演习	俄罗斯车里雅宾斯克	2007 年 8 月
5	“伏尔加格勒—反恐—2008”联合反恐演习	俄罗斯伏尔加格勒	2008 年 9 月
7	“和平使命—2009”中俄联合反恐军事演习	俄罗斯哈巴罗夫斯克	2009 年 7 月
8	“和平使命—2010”联合反恐军事演习	哈萨克斯坦阿拉木图市和奥塔尔市	2010 年 9 月
9	“天山 2 号—2011”联合反恐演习	中国新疆喀什	2011 年 5 月
10	“和平使命—2012”联合反恐演习	塔吉克斯坦胡占德市	2012 年 6 月
11	“卡兹古尔特—反恐—2013”	哈萨克斯坦阿拉木图	2013 年 6 月
12	“东方—反恐—2014”	乌兹别克斯坦苏尔汉河	2014 年 1 月

① 2018 Military Strength Ranking，https：//www. globalfirepower. com/countries-listing. asp.

续表

序号	名称	地点	时间
13	“东方—2014”边防联合行动	俄罗斯哈巴罗夫斯克	2014 年 3 月
14	“和平使命—2014”联合反恐演习	中国锡林郭勒盟的朱日和训练基地	2014 年 8 月
15	“中亚—反恐—2015”联合反恐演习	吉尔吉斯斯坦	2015 年 9 月
16	“和平使命—2016”联合反恐军事演习	吉尔吉斯斯坦巴雷克奇市	2016 年 9 月
17	“合作—2016”联合反恐演习	塔吉克斯坦戈尔诺－巴达赫尚自治州	2016 年 10 月
18	“和平使命—2018”联合反恐演习	俄罗斯切巴尔库尔	2018 年 8 月

资料来源：根据百度新闻资料整理。

上合组织和平使命联合军事演习是从 2005 年开始的，每两年举行一次，该演习是应对各国共同面临的非传统安全威胁的演习，不针对任何国家。尽管强调不针对第三方国家，但特定的年份，和平使命演习常常会被一些国家学者解读为“向其他国家发出警告的标志”。在上合组织扩员之后，印度和巴基斯坦加入联合军事演习在一定程度上开始改变其他国家的看法。

从 2005 年开始至 2018 年，和平使命联合反恐军事演习已经举行了 8 次（见表 6－10），其中 2014 年和平使命演习规模最大，总兵力高达 7000 人。尽管“和平使命—2014”是以反恐为主题且不针对第三方，但是因乌克兰危机、钓鱼岛和南海问题、“伊斯兰国”的兴起，中俄两国主导的“和平使命—2014”还是受到了国际社会的广泛关注。有学者认为，“和平使命—2014”联合反恐演习表明，在北约做出暂停与俄罗斯进行军事合作和联系的决定后，莫斯科更加重视与北京的安全合作。①

① Richard Weitz, “Analyzing Peace Mission 2014: China and Russia Exercise with the Central Asian States,” 10/08/2014, https://sldinfo.com/2014/10/analyzing-peace-mission－2014－china-and-russia-exercise-with-the-central-asian-states/.

表 6－10　2005～2018 年“和平使命”联合军事演习

名称	参演兵力	演习内容	参演成员国
“和平使命—2005”	战斗机约 100 架、舰艇约 70 艘，中国出动了约 8200 名兵力，俄罗斯约 1200 名兵力	海上封锁作战、两栖登陆作战和强制隔离作战	中国、俄罗斯
“和平使命—2007”	哈方 1 个空降突击连，100 多人；中方 1 个陆军战斗群、1 个空军战斗群、1 个武警特战队、1 个综合保障群，共计约 1600 人；吉方 1 个特种作战分队，约 30 人；俄方 1 个营战术群、1 个特种支队、1 个伞兵连、1 个炮兵连、1 个轰炸（强击）中队、1 个战斗直升机中队、2 个运输直升机中队和 1000 人的内卫部队，共计约 2000 人；塔方 1 个空降突击连，约 100 人；乌兹别克斯坦派出军官参加导演部和联合战役指挥部的演练，不参加实兵演练	联合侦察、夺控要点、分区清剿、机动打援、立体追歼	哈萨克斯坦、中国、吉尔吉斯斯坦、俄罗斯、塔吉克斯坦
“和平使命—2009”	中俄两军各 1 个战区级指挥机关带 1 个方向指挥所同步受训，双方参加实兵演练兵力以陆、空军为主，各 1300 人；中方参演部队包括 1 个陆军战斗群和 1 个空军战斗群；俄方参演兵力包括 1 个陆军加强摩步营、1 个空降突击连和部分空军兵力	联合封控、立体突破、机动歼敌和纵深围剿	中国和俄罗斯
“和平使命—2010”	中国约 1000 人分陆军战斗群、空军战斗群及综合保障群；俄罗斯约 1000 人，230 辆坦克、自行火炮等战车和 10 架飞机；哈萨克斯坦约 1000 人；吉尔吉斯斯坦约 1000 人；塔吉克斯坦约 1000 人	军事反恐作战的指挥、协同、保障和行动方法	哈萨克斯坦、中国、吉尔吉斯斯坦、俄罗斯、塔吉克斯坦
“和平使命—2012”	哈萨克斯坦航空机动部队伞降突击旅分队，陆航兵和前线航空兵，米－24、米－17 直升机，2 架苏－27；中国 1 个摩步连、1 个炮兵班；吉尔吉斯斯坦 1 个山步连、1 个特种班；俄罗斯 1 个摩步营及 BTR－80 装甲运兵车；塔吉克斯坦 1 个伞降突击营和 1 个摩步营；各国空军部队共约 2000 人	空地立体打击、联合围歼清剿、纵深突入追歼和垂直截击残敌	哈萨克斯坦、中国、吉尔吉斯斯坦、俄罗斯、塔吉克斯坦
“和平使命—2014”	共计 7000 余人，主要包括陆军、空军和特战、空降、电子对抗，以及战略侦察、测绘导航、气象水文、电子频谱管控等各类部（分）队，动用各型装备 440 多台（套），包括预警机、战斗机、运输机、直升机、无人机，以及各类坦克、步战车、装甲车和火炮、防空导弹等新型武器装备	山地作战和城市反恐两个训练场的实兵联合战术协同和多兵种陆空一体联合军事行动	哈萨克斯坦、中国、吉尔吉斯斯坦、俄罗斯、塔吉克斯坦
“和平使命—2016”	参演兵力共计 1100 余人，动用战斗机、直升机以及坦克、步战车、自行火炮等各型武器装备 200 余台	山地条件下联合反恐行动的准备与实施	哈萨克斯坦、中国、吉尔吉斯斯坦、俄罗斯、塔吉克斯坦

续表

名称	参演兵力	演习内容	参演成员国
“和平使命—2018”	以陆军、空军以及新型作战力量为主，总兵力超过3000人。中方派出参演兵力700余人，包括1个陆军装甲坦克战斗群、1个空军战斗群和1个特种作战分队	以山地联合反恐怖行动为主要内容，结合俄罗斯在叙利亚反恐行动中的实战经验，检验参演各国联合筹划、联合指挥、联合打击、联合保障水平	中国、俄罗斯、哈萨克斯坦、塔吉克斯坦、吉尔吉斯斯坦、印度和巴基斯坦，乌兹别克斯坦派观察员出席

资料来源：根据百度新闻资料整理。

总之，上合组织框架下的安全合作行动，加强了上合组织成员国军事力量的相互交流，增强了互信，提高了在打击恐怖主义方面的协同作战能力，通过秉持共同、综合、合作、可持续安全观，推行综合施策、标本兼治的安全治理模式，维护了地区和平与稳定，把“互信、互利、平等、协商、尊重多样文明、谋求共同发展”的“上海精神”践行到安全合作中。

作为优先发展方向，安全合作从上合组织初创至今始终是组织发展的重要基石。但是，安全合作与国际体系、地区秩序和国家实力的变化密切相关，上合组织安全合作的每一次重大发展都与上述要素相关。这说明上合组织安全合作已深深地嵌入当前的国际政治舞台中，并且成为国际政治中的一支重要力量。从安全合作的未来发展来看，上合组织安全合作可能会面临更多的挑战，这是因为在原有安全问题在中长期内不能彻底解决的前提下，随着上合组织的扩员，更多的、不确定的、迫切需要解决的安全问题将会进入到上合组织安全合作的议程中来。因此，安全合作依然是上合组织发展的重中之重，在上合组织发展中的基石地位在中长期内都不会改变。

第七章

上海合作组织的经济合作

经济合作是上合组织四大支柱之一，也是各个成员国非常重视的合作领域，在成立之初便被纳入上合组织合作领域中。[①] 18 年来上合组织成员国签署了大量经济合作的原则性文件，为推动经济合作打下了良好的基础。本章将围绕上合组织成员国签署的多边经济合作文件进行分析和讨论。

第一节　指导性文件：《上海合作组织成员国多边经贸合作纲要》

《上海合作组织成员国多边经贸合作纲要》（以下简称《纲要》）的目的是在平等互利基础上建立经济关系，从而加强成员国之间的互信，保持上合组织的稳定发展。《纲要》是在 2001 年 9 月 14 日签署上合组织成员国政府间备忘录后启动的，经过酝酿和讨论，最终于 2003 年 9 月 23 日在北京举行的上合组织成员国政府首脑（总理）理事会第二次会议上签署，《上海合作组织宪章》和《上海合作组织成员国政府间关于区域经济合作的基本目标和方向及启动贸易和投资便利化进程的备忘录》（2002 年 5 月 28 日上海，上合组织经贸部长会议签署）则是《纲要》制定的基础。[②]

---

① 《上海合作组织成立宣言》，2001 年 6 月，http：//chn. sectsco. org/documents/。

② 《上海合作组织成员国多边经贸合作纲要》，http：//scochina. mfa. gov. cn/chn/zywj/t1492503. htm。

一　《纲要》的内容

《纲要》分为基本目标和任务、合作的优先方向、实施机制三大部分。

《纲要》提出的基本目标是旨在长期实施业已商定的一揽子举措，支持和鼓励上合组织成员国经贸合作，发展互利经济联系，使各国经济重点领域生产和投资合作取得进展，并在此基础上增加相互贸易额，以提高居民生活水平。根据上述目标框架，《纲要》又规划出短期、中期（2010 年前）和长期（2020 年前）目标。

《纲要》的任务是以协调立场、信息交流、确立标准、完善程序等内容为主，涉及科技合作、加入国际组织、建立良好的营商环境、提高政策透明度、金融合作、交通运输、通信、关税等领域。具体措施包括，协商共同立场，确定互利的经济和科技合作的途径；在世界贸易组织框架内相互协作，支持正在加入世贸组织过程中的成员国；根据各方本国法律，为保证经营主体生产活动的平等机会和保障而创造条件；制订经济合作的共同专项规划和投资项目，促进建立良好的投资环境；提高贸易和投资政策的透明度，就该领域法律法规进行信息交流；发展本地区各国银行间合作和金融信贷关系；就利用和进一步发展交通运输和通信领域现有基础设施进行合作；以公认的国际标准和规则为基础，在商品标准和合格评定方面开展合作；完善海关程序；在各方国际义务框架内逐步消除相互贸易中的关税和非关税壁垒。[①]

二　合作的优先方向

《纲要》将能源、交通运输、电信、农业、旅游、银行信贷、水利和环境保护，以及促进中小企业实体间的直接交流作为合作的主要方向。这基本反映出成员国间不同的合作预期。能源领域主要是指石油天然气的开发、加工、运输合作；交通主要是指合作提高上合组织中亚地区成员国的

① 《上海合作组织成员国多边经贸合作纲要》，http：//scochina. mfa. gov. cn/chn/zywj/t1492503. htm。

过境运输能力；电信是指信息技术和基础设施方面的合作；农业是指农业开发和农产品加工；金融合作从最初的增加居民存款到成立上合组织银联体。此外，技术创新合作的法律基础和机制、区域内自然保护和保持生态平衡、卫生、科学和新技术、教育、中小企业经营主体间的直接交流、成员国与国际组织的合作、成员国间货物或服务贸易中问题解决机制等领域也是优先合作方向。[①] 虽然《纲要》满足了各个成员国的合作预期，但是也不难看出，实现《纲要》的优先合作方向实际上有很大难度，尤其是金融和过境运输合作，这是国家主权影响较大的两个领域。

三　《纲要》的实施机制

《纲要》实施机制包括以下方面：在顶层设计方面，制订阶段性措施（《行动计划》）；在人力资源利用方面，组成联合专家组设计方案；在平台方面，通过国家机构和经营主体（在签订条约和合同的基础上）实施方案；在内容完善方面，成员国协商解决；在监督方面，通过上合组织秘书处向上合组织成员国政府首脑（总理）会议提交（以书面形式）相关报告。

四　《纲要》实施现状

根据上合组织成员国政府首脑（总理）报告，截至 2018 年 10 月《纲要》基本上还在落实“郑州声明”中的合作内容。一是受 2015 年 6 月上合组织乌法峰会启动扩员程序影响，新成员国印度和巴基斯坦两国较好地融入《纲要》中需要时间；二是随着上合组织成员国自身的发展，《纲要》中的计划需要进行调整或完善。根据“郑州声明”，当前纲要需要落实的内容包括以下七个方面。

（1）加强交通领域多边合作，建立国际运输走廊，实施各方均感兴趣、可提高互联互通能力和发挥过境运输潜力的共同基础设施项

① 《上海合作组织成员国多边经贸合作纲要》，http：//scochina. mfa. gov. cn/chn/zywj/t1492503. htm。

目，发展高铁等铁路交通，建立多式物流中心，采用先进和创新的交通技术。

（2）加快2014年9月12日在杜尚别签署的《上合组织成员国政府间国际道路运输便利化协定》生效，并起草关于在国际道路运输过程中实施签证、边防、海关、交通、动植物检验检疫等领域便利化的单独协定草案。采取切实措施落实2015年5月15日在乌法举行的上合组织成员国交通部长第七次会议框架下达成的共识。

（3）通过贸易结构多元化，提升商品和服务贸易的规模和质量，加强电子商务合作。

（4）促进建立区域内良好的投资环境。

（5）开展产能合作，在条件成熟的情况下在成员国建立产业园区或经济合作区；加强企业交流，共同利用先进技术，创造新的就业岗位。

（6）在信息技术、医疗、教育服务、电子商务、能源利用效率等高技术领域加强协作，构建紧密的贸易投资和科研联系，有效保障知识产权，加强预防、查明和阻断盗版产品合作。

（7）通过建立项目融资保障机制推动上合组织框架下的金融合作，共同防范和应对区域性金融风险，开展本币互换，保障金融市场稳定，发挥金融投资机制作用，为上合组织地区经济项目合作提供融资支持。

《纲要》的执行也越来越多地从讨论合作原则聚焦到具体合作项目上。在2017年11月30日举行的上合组织成员国政府首脑（总理）理事会第十六次会议上，各成员国代表团团长强调，应根据《上合组织成员国多边经贸合作纲要》集中力量实施具体合作项目，切实落实《〈上合组织至2025年发展战略〉2016～2020年行动计划》和《2017～2021年上合组织进一步推动项目合作的措施清单》。同时，各成员国代表团团长还强调，上合组织首要任务之一是提高民众福祉和生活水平，为此各国要继续落实2030年可持续发展目标，加强贸易、产能、能源、交通、投资、金融、农业、海关、电信等共同感兴趣领域的合作，支持推广创新技术，就制定与实施国家发展战略规划、促进经济增长、创造良好的投资营商环境交流经验。[①] 受中美贸易冲突影响，《纲要》加强了针对国际经济秩序的合作，在上合组织成员国第十七次经贸部长会议（2018 年 9 月 19 日，塔吉克斯坦杜尚别市）上，各代表团团长强调，应进一步就共同构建开放型世界经济深化合作，不断巩固开放、包容、透明、非歧视的多边贸易体制，反对任何形式的单边主义和贸易保护主义。因此指出，世界贸易组织是各国讨论国际贸易议题和制订权威、有效的多边贸易规则的重要平台。[②]

第二节　贸易便利化合作：简化海关程序和交通运输便利化

根据世界银行公布的 2018 年世界营商指数（DB）和2012～2018 年物流绩效指数（LPI），上合组织成员国的 DB 和 LPI 整体都不高。根据表 7－1，成员国 DB 指数排名（取平均值）为 84，在 190 个国家中处于中等水平，只有俄罗斯和哈萨克斯坦进入世界前 50 名，排名低于平均值的是印度、塔吉克斯坦和巴基斯坦；成员国物流绩效指数排名（取平均值）为 90，在所统计的全世界 160 个国家中处于偏下的水平，其中物流绩效指数最好的是中国和印度，位于全世界前 50 名，排名低于平均值的是巴基斯坦、乌兹别克斯坦、塔吉克斯坦和吉尔吉斯斯坦。[③] 因此，总的来看，上合组织成员国贸易便利化、交通基础设施等都需要建设或完善，这就是上合组织成员国愿意促进贸易便利化、推动国际道路运输便利化和加强交通基础设施合作的直接原因。

① 《上海合作组织成员国政府首脑（总理）关于区域经济合作的声明》，http：//chn.sectsco.org/documents/。

② 《上海合作组织成员国第十七次经贸部长会议新闻公报》，https：//mp.weixin.qq.com/s/iAWVJW3lBjgqdczV9tMKIg。

③ Doing Business 2018，http：//www.doingbusiness.org/content/dam/doingBusiness/media/Annual-Reports/English/DB2018 - Full-Report.pdf；AGGREGATED LPI 2012 - 2018，https：//lpi.worldbank.org/international/aggregated-ranking.

表 7-1 上合组织成员国的营商指数和物流绩效指数

国家	营商指数(2018 年)		物流绩效指数(2012~2018 年)	
	世界排名	得分	世界排名	得分
印度	100	60.76	42	3.22
哈萨克斯坦	36	75.4	77	2.77
中国	78	65.29	27	3.6
吉尔吉斯斯坦	77	65.7	132	2.38
巴基斯坦	147	51.65	95	2.64
俄罗斯	35	75.5	85	2.69
塔吉克斯坦	123	56.86	147	2.29
乌兹别克斯坦	74	66.33	117	2.5

资料来源：世界银行。

一 海关合作

贸易便利化与上合组织海关合作密切相关。在上合组织成员国元首理事会青岛峰会期间，成员国元首们发表《关于贸易便利化的联合声明》(2018 年 6 月 10 日)，声明中提出，“基于上合组织各成员国地理位置毗邻，积极评价在上合组织框架内已开展的贸易便利化工作，重申我们有意愿为了各国间贸易便利化而继续协作。简化海关程序，减少与货物进口、出口和过境相关的手续，提高透明度和加强包括海关在内的边境机构合作，加快货物的流动、放行和结关，可以促进上合组织各成员国间相互贸易便利化贸易额增长。考虑到共同努力支持和巩固以世界贸易组织规则为基础的多边贸易体制的重要性，为了推动本区域内的贸易便利化，我们认为有必要就探讨达成该目标的相关路径继续开展工作”。[①] 截至 2018 年 6 月上合组织青岛峰会，成员国海关已经签署了 6 份合作文件，涉及行政互

① 《上海合作组织成员国元首关于贸易便利化的联合声明》，http：//chn. sectsco. org/documents/。

助、能源监管、执法合作、边境知识产权保护、风险管理和海关关员技能培训等内容。[①] 根据历届上合组织成员国政府首脑（总理）理事会联合公报和成员国元首峰会公布的信息，上合组织成员国海关已达成了以下合作草案或协议（见表7－2）。

表7－2　上合组织成员国海关合作草案或协议

名称	时间	地点
《上海合作组织成员国政府关于海关合作与互助协定》	2007. 11. 02	塔什干
《海关能源监管信息交换议定书》	2008. 10. 30	阿斯塔纳
《上海合作组织成员国海关关于开展知识产权保护合作的备忘录》	2012. 12. 04	比什凯克
《上海合作组织成员国海关关于开展应用风险管理系统合作的备忘录》	2014. 12. 15	阿斯塔纳
《上海合作组织成员国海关执法合作议定书》	2014. 12. 15	阿斯塔纳
《2016～2021年上合组织成员国海关合作纲要》	2015. 12. 14	郑州
《上合组织成员国海关关于商品估价和审价信息交换的议定书》草案	2016. 11. 02	比什凯克
《上海合作组织成员国海关关于交换跨境运输消耗臭氧层物质信息合作的备忘录》	2018. 06. 10	青岛
《上海合作组织成员国海关关于利用莫斯科地区情报联络中心案件数据库执法平台渠道全天候联络站开展信息互助的规程》	2018. 06. 10	青岛

资料来源：根据所收集的资料整理。

实际上，在《上海合作组织成员国多边经贸合作纲要》被批准后，上合组织成员国海关合作就开始了，并在简化和协调成员国海关程序、单证一致化、相互承认海关文件等方面做了很多工作。但是，因上海合作组织成员国海关标准不一致，在货物通关过程中依然会遇到很多问题。例如，上合组织成员国在货物进出口方面普遍存在着通过海关估价、通关文件、通关手续上限制商品的进口，造成了出口商品滞关时间长、通关费用过高等问题。在扩员前，这些问题不仅存在于中国与俄罗斯、哈萨克斯

① 《积极参与上海合作组织海关合作　推动区域贸易安全与便利》，2018年6月11日，http：//www. customs. gov. cn/customs/302249/302425/1883805/index. html。

坦、吉尔吉斯斯坦、塔吉克斯坦、乌兹别克斯坦等原苏联加盟共和国之间，俄罗斯与中亚国家、中亚国家之间也存在通关问题。例如，2017年10月，因受两国关系影响，哈萨克斯坦升级了对吉尔吉斯斯坦边境的管理，致使出现货物通关不畅的问题。扩员后，印度和巴基斯坦的加入，对上合组织海关合作就有了更高的要求。根据相关研究，上合组织成员国贸易便利化水平差距较大，其中印度和中国贸易便利化程度高，俄罗斯和哈萨克斯坦次之，较低的是吉尔吉斯斯坦。①

除加强自身制度建设外，成员国还积极利用世界贸易组织（WTO）规则，推动上合组织地区贸易便利化。目前，除乌兹别克斯坦外，其余7个成员国都是世界贸易组织成员。在2017年2月世界贸易组织《贸易便利化协定》正式生效后，中国与欧亚经济联盟委员会签署了《中华人民共和国与欧亚经济联盟经贸合作协定》，协定范围涵盖了海关合作和贸易便利化，为上海合作组织成员国贸易便利化提供了良好的合作基础。中国商务部研究院的学者提出，若上合组织各成员国在目前基础上将进出口清关效率提高25%（将清关时间减少25%），那么上合组织地区的国内生产总值将增加440亿美元，总体福利将增加484.7亿美元，贸易总额将增加397.7亿美元。②

二　交通运输便利化

交通运输便利化是促进贸易便利化的要素之一。交通运输便利化包括基础设施及运输协定两个方面：基础设施具体包括铁路、公路、航线等交通网络，还包括运输枢纽和口岸；运输协定是运输便利化的核心。国家间通过签订运输协定，就各国互设办事处、规定运输线路、明确相互给予行车许可证的数量、车辆的尺寸、吨位、签证、安全、环境保护等问题予以约定，规范交通运输行为，使国家之间的交通运输按照规

① 左喜梅、郭辉、郇志坚：《贸易便利化水平对中国与上海合作组织主要国家的贸易影响分析》，《新金融》2018年第1期。

② 刘华芹、王开轩：《推进上合组织区域贸易便利化的路径选择》，《新经济导刊》2018年第8期。

范、有序、便利的方式运作。[①] 不过，上合组织成员国交通基础设施差距较大（见表7-3），运输标准也有较大差异。为此，互联互通是上合组织成员国交通基础设施合作的目标。

表7-3　上合组织成员国交通基础设施现状

国家	铁路（单位：公里）	公路（单位：公里）	航空（年运输旅客数量，单位：10万人）
印度	68525	4699024	98.9
哈萨克斯坦	16104	97418	5.08
中国	124000	4577300	436.1
吉尔吉斯斯坦	424	34000	0.62
巴基斯坦	11881	263942	8.46
俄罗斯	87157	1283387	76.8
塔吉克斯坦	680	27767	0.8
乌兹别克斯坦	4642	86496	2.48

说明：CIA部分数据与各国统计实际数据有出入，但为了统一计算方式，所以都选择了CIA数据。若需要新数据，还请参考成员国交通部门官方数据。

资料来源：CIA，The World Factbook，https：//www.cia.gov/library/publications/the-world-factbook/。

在中国提出“一带一路”倡议后，上合组织成员国交通基础设施合作有了较大发展。上合组织成员国交通部门于2014年9月12日在杜尚别签署了《上海合作组织成员国政府间国际道路运输便利化协定》（以下简称《国际道路运输便利化协定》），目的是便利国际道路运输；协调当事各方对于发展国际道路运输的努力；简化和协调当事各方与国际道路运输有关的文件、程序和要求。不过，该协议生效还需要上合组织成员国国内批准。但因上合组织扩员，《国际道路运输便利化协定》生效日期延迟到2018年6月上合组织成员国青岛峰会之后。

《国际道路运输便利化协定》由主体部分和三个附件组成，共有27

① 赵儒玉：《中国与中亚国家交通便利化》，《俄罗斯中亚东欧市场》2006年第6期，第22～24页。

条，核心内容是赋予各当事方道路运输承运人和车辆在许可证制度下，按商定的线路从事跨境和过境运输的权利，倡导各方协调和简化国际道路运输文件、程序和要求，并成立国际道路运输便利化联合委员会，协调处理合作中出现的问题。《国际道路运输便利化协定》规定非上合组织成员国也可申请加入，这将惠及其他周边国家，其开放性为整个中亚及周边地区国家开展国际道路运输合作提供了有效的法律基础和保障。上合组织成员国商定了六条连接中、哈、俄、塔、乌、吉六国的运输线路，计划所有线路将不晚于2020年前开通，这样便可初步形成上合组织成员国道路运输网络，从而为有关成员国之间开展跨境运输和过境道路运输打下基础，为内陆成员国利用出海口创造条件。在六条线路中，中国连云港—哈萨克斯坦—俄罗斯圣彼得堡的线路全长9400多公里，构成了连接亚欧大陆的主要道路运输通道。中方承诺的境内运输线路全长6669公里，长度居各国之首。[①]

尽管《国际道路运输便利化协定》能带来很多益处，但是历经4年还没有落实，上合组织成员国元首理事会《青岛宣言》（2018年6月）指出，有必要切实落实《国际道路运输便利化协定》。与此同时，上合组织开始制定《上合组织成员国公路发展规划》，这是目前急需推进的合作。在《国际道路运输便利化协定》正式生效前，上合组织成员国交通基础设施建设也有了长足发展。例如，中欧班列和中亚班列已投入运行；西欧—中国西部公路哈萨克斯坦段已完工；阿克托别—马卡特道路修复项目启动；安格连—帕普铁路卡姆奇克隧道；艾尼—彭基肯特高速公路和瓦亚铁路项目；霍尔果斯—东大门经济特区到里海阿克套港；达特卡—克明项目库雷克港走廊（规划中）；双西铁路；塔什干—安集延—奥什—伊尔克什坦—喀什（中吉乌公路）；中巴经济走廊完成了35个道路项目，共长2813公里，价值4980亿卢比，还有25个高速公路项目正在建设当中，

① 《〈上海合作组织成员国政府间国际道路运输便利化协定〉正式签署 上合组织六国将逐步形成国际道路运输网络》，中国交通报社，2014年9月17日，中华人民共和国交通运输部网站，http：//www. mot. gov. cn/jiaotongyaowen/201510/t20151014_ 1899396. html。

有21个大型道路项目正在规划。[1] 一度因国家间关系恶化而中断的交通也恢复，塔什干至阿拉木图（2018年1月）、塔什干至比什凯克火车开通（2018年5月）；《塔吉克斯坦和乌兹别克斯坦政府间国际公路交通协议》被塔吉克斯坦议会批准；《吉尔吉斯斯坦和乌兹别克斯坦关于修改补充国际公路运输协定的议定书》签订；等等。

第三节 农业合作：粮食安全为先

自上合组织启动农业合作以来，在探讨制定农业科技交流与合作、保障区域粮食安全、加强重大动植物疫病防控、创新合作方式、鼓励和支持农业科研机构和企业建立直接的合作关系等方面都取得了不少成果。通过成员国间合作，上合组织把粮食安全合作作为农业合作的重点领域，并在农业部长会议上通过《上海合作组织粮食安全合作纲要》，经过上合组织成员国政府首脑（总理）理事会第十七次会议审议批准后，极大地推进了上合组织成员国的农业合作。本节以粮食安全合作为切入点，介绍上合组织农业合作。

一 上海合作组织农业合作现状

《上海合作组织成员国多边经贸合作纲要》规定，农业合作是上合组织的优先合作内容。经过成员国协商后，《上海合作组织成员国政府间农业合作协定》于2010年6月10日在乌兹别克斯坦塔什干签署。同年10月，在北京举行了上合组织首次农业部长会议，正式启动了上合组织农业合作。[2] 根据《上海合作组织成员国政府间农业合作协定》（以下简称

---

① 韩璐：《深化上海合作组织经济合作：机遇、障碍与努力方向》，《国际问题研究》2018年第3期；《巴基斯坦总理称所有中巴经济走廊项目进展超预期》，中国驻巴基斯坦经商参处，2018年6月1日，http：//pk. mofcom. gov. cn/article/jmxw/201806/20180602751058. shtml。

② 《上海合作组织成员国政府首脑（总理）理事会会议联合公报》，2010年11月25日，http：//chn. sectsco. org/documents/。

《农业合作协定》）达成的条款，上合组织农业合作围绕以下领域进行：种植业、畜牧业、养蜂业、兽医、育种和良种繁育、土壤改良和农业灌溉、农产品加工与贸易、农业机械制造、农业科研、其他经各方协商同意后增加的合作内容。为了实现上述合作内容，《农业合作协定》选择了以下13种具体的合作方式。

（1）交换农业科研和创新成果；

（2）交换农业先进技术和现代工艺；

（3）制定和实施共同的农业投资项目；

（4）参加由各方举办的农业新技术展览和交易会；

（5）研究并推广农业创新工艺；

（6）交换成员国关于农产品、农业加工品生物质量和安全的法律、标准的信息；

（7）举办农业国际科学会议、研讨会和圆桌会议；

（8）开展农业研究、科学考察，交换专家、学者和技术人员；

（9）交换种子、苗木和动物育种材料；

（10）植物保护和检疫，研究和推广植物保护生化方法方面的科研成果；

（11）调查和防治跨境动植物疾病及特别危险的检疫性有害生物；

（12）支持农业企业与相应的农业经营机构建立直接的经济联系；

（13）培训与提高农业管理人员技能。

经协商同意，各方还可以采取不违反上合组织成员国本国法律的其他合作方式。为协调合作事宜，《农业合作协定》规定成立上合组织成员国农业工作组。[①] 在上合组织首届农业部长会议上，成员国交流了各自农业生产及政策信息，[②] 截至2018年10月，上合组织农业部长会议总共召开了四次，对上合组织成员国农业合作发挥了非常大的作用（见表

① 《上海合作组织成员国政府间农业合作协定》，http：//chn. sectsco. org/documents/。

② 侯丽军：《上海合作组织首届农业部长会召开》，http：//jiuban. moa. gov. cn/zwllm/zwdt/201010/t20101027_ 1688307. htm。

7－4）。从上合组织第三次农业部长会议开始，除上合组织6个正式成员国外，土耳其、白俄罗斯、斯里兰卡等4个观察员国和对话伙伴国的农业部长（或部长代表）开始参加上合组织农业部长会议，上合组织农业合作的范围扩大，而第四次农业部长会议是上合组织扩员后举行的农业部长会议，中国代表团提出的巩固农业合作机制、加强能力建设合作、强化粮食安全合作和促进投资贸易合作等合作建议，得到与会各方的积极响应。①

表7－4　历届上合组织农业部长会议合作成果

序号	时间	地点	合作成果	状态
1	2010.10.26	北京	《上海合作组织农业部长会议纪要》	签署
			《上海合作组织成员国常设农业工作组工作条例》	审议通过
			《上海合作组织农业部长会议新闻公报》	发布
2	2012.11.30	阿斯塔纳	《上海合作组织农业部长会议纪要》	签署
			《〈上海合作组织政府间农业合作协定〉2013～2014年农业合作计划》	审议通过
3	2014.10.9	莫斯科	《上海合作组织农业部长会议纪要》	签署
			《〈上海合作组织政府间农业合作协定〉2015～2016年农业合作计划》	审议通过
4	2018.9.17	比什凯克	《上海合作组织粮食安全合作纲要》	讨论通过

资料来源：根据上海合作组织官网的资料整理。

从粮食安全合作出发，上合组织农业合作将会找到更多的合作领域，它不仅能提高成员国粮食安全水平，也能使上合组织经济合作更多地转向成员国共同关心的具体问题。

① 中华人民共和国农业农村部新闻办公室：《上海合作组织第四次农业部长会在吉尔吉斯斯坦召开》，2018年9月20日，http://www.moa.gov.cn/xw/zwdt/201809/t20180920_6157690.htm。

二 上海合作组织的粮食安全合作

尽管上合组织在2001年成立之初就提出了农业合作的目标，但直到9年后上合组织的农业合作才有了具体的行动，其中粮食安全是最主要的合作领域。目前，国内外有关“粮食安全”的概念都以联合国粮食及农业组织（FAO）的概念为准。“粮食安全”在FAO的概念中有四个含义，一是粮食的可用度，即通过国内生产和进口（包括援助）可以获得足够数量的、质量适当的粮食；二是粮食的摄入，即个人享有足够的资源获取粮食来满足其日常营养需要的权利；三是粮食利用率，即通过适当的饮食、清洁的水、卫生和保健已达到能满足人们生理上营养需求均衡；四是粮食的稳定性，即在任何时候，全体居民、家庭或个人都能获得足够的粮食，包括发生突发性事件（如经济或气候危机）以及周期性事件（如季节性粮食减产）期间。[①] 在此基础上，粮食安全可以简单地理解为，国家粮食安全（因变量）与该国的粮食供给与获取、营养的均衡摄入（自变量）密切相关。由于世界各国或各地区在地理与气候条件、生产力水平、农业的社会经济效益等问题上各不相同，因此，相同或不同地区国家的粮食安全既有同一性，又有差异性。[②] 为了较为准确地理解上合组织农业合作，我们引入了联合国粮食及农业组织的食品价格指数（FAO Food Price Index，FFPI）[③]，通过该指数可以分析出粮食的供给与获取，从而可以大致判断上合组织成员国的粮食安全水平，即FFPI越高，上合组织成员国的粮食安全水平越低。根据FAO的统计，在2007年粮食危机时，FFPI为135.5，2018年FFPI为141.6。2007~2018年，除2009年FFPI低于2007年和2015年FFPI接近2007年外，其他年份FFPI都高于2007年（见图7-1）。扩员后上合组织

---

① An Introduction to the Basic Concepts of Food Security，http：//www. fao. org/docrep/013/al936e/al936e00. pdf.

② 肖斌：《中亚国家的粮食安全指数及评估》，《俄罗斯东欧中亚研究》2013年第1期。

③ The FAO，Food Price Index（FFPI） is a measure of the monthly change in international prices of a basket of food commodities. It consists of the average of five commodity group price indices，weighted with the average export shares of each of the groups for 2002 - 2004，http：//www. fao. org/worldfoodsituation/foodpricesindex/en/。

人口总量大约占全球总人口的40%，粮食安全始终是上合组织成员国政府面临的重要问题。

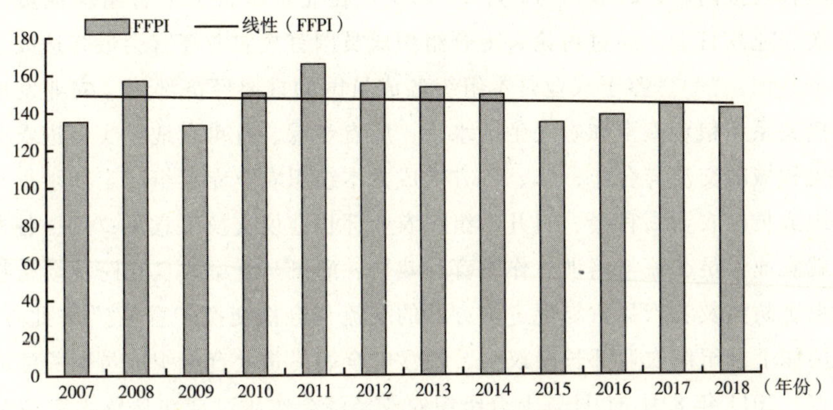

图7-1　2007~2018年FFPI变化情况

资料来源：根据联合国粮食及农业组织官网的数据绘制。

作为上合组织成员国的两个粮食生产大国俄罗斯和哈萨克斯坦，粮食生产并不稳定。根据FAO的报告，2018年俄罗斯和哈萨克斯坦小麦产量约为7000万吨和1370万吨，与2017年相比俄罗斯小麦产量下降18%，哈萨克斯坦小麦产量下降7%。与2017年相比，2018年俄罗斯和哈萨克斯坦谷物出口也有不同程度下降，俄罗斯的降幅更大。[①] 俄罗斯和哈萨克斯坦是世界小麦主产区，它们小麦产量下降势必会影响到FFPI，那么粮食供应及获取能力差的上合组织成员国，粮食安全水平将会持续下降。实际上，上合组织成员国粮食产量起伏较大是长期问题。一是成员国大多处在气候风险较高的区域，受温室效应影响大；二是各成员国因人口增加而对食品的需求增多；三是成员国农业基础设施、技术、信息等不足或缺乏。因此，粮食安全风险将长期存在于上合组织成员国中。

① GIEWS Country Brief，http：//www. fao. org/giews/countrybrief/country/RUS/pdf/RUS. pdf.

在上合组织首届农业部长会议召开前，为落实2007年11月2日在乌兹别克斯坦首都塔什干举行上合组织成员国第六次政府首脑（总理）会议联合公报内容，2007年11月27～29日在北京举行了上合组织成员国首次农业高官会。经过讨论，上合组织成员国首次农业高官会最终达成了以下共识："一、鉴于农业是本组织各成员国的重要经济部门，农业发展直接关系到粮食安全和农民生活水平，应有步骤、有重点地务实促进农业优先领域的交流与合作；二、各方就成立本组织农业专家组、定期举行本组织成员国农业高官会、召开本组织农业部长会议交换了意见；三、各方还就农业人员交流与培训、作物育种栽培、灌溉与土壤改良、跨境动植物病虫害防控及农产品贸易促进等方面的交流与合作交换了意见。"[①] 此外，在历届上合组织农业部长会议中，粮食安全始终是上合组织成员国关注的焦点。2011年8月31日，上合组织农业经济合作研讨会在乌鲁木齐成功召开，会议以深化上合组织各成员国间的农业投资贸易合作为主题，旨在通过各国农业部门和外向型农业企业面对面的交流，搭建各方相互了解投资贸易政策和交流合作信息的平台。围绕本次会议主题，各成员国代表详细交流了本国农业领域吸引投资及贸易促进相关的法律法规、鼓励政策和合作意向，进一步强调了加强区域农业投资贸易合作的巨大潜力，并表达了共同深化农业国际交流与合作的良好愿望。[②] 同年9月1日，上合组织成员国都派团参加首届中国－亚欧博览会"农业合作发展论坛"，论坛围绕粮食安全和国际农业合作、参与经济全球化与实现农业优势互补、改善农业贸易环境推动贸易便利化、加强农业技术交流促进合作共赢、扩大农业企业合作增加农业投入等主题进行了交流和讨论。[③]

此后，"粮食安全"已成为上合组织农业合作的关键词。主题为"加

① 《上合组织成员国农业高官会举行　达成系列共识》，中华人民共和国中央人民政府，2007年11月28日，http：//www.gov.cn/gzdt/2007－11/28/content_819436.htm。

② 《上海合作组织农业经济合作研讨会在乌鲁木齐成功召开》，中华人民共和国中央人民政府，2011年9月1日，http：//www.gov.cn/gzdt/2011－09/01/content_1938422.htm。

③ 《首届中国－亚欧博览会"农业合作发展论坛"在新疆乌鲁木齐市成功召开》，中华人民共和国农业部，2011年9月2日，http：//jiuban.moa.gov.cn/zwllm/zwdt/201109/t20110902_2196985.htm。

强农业产业化合作，共同保障粮食安全”的上合组织粮食安全研讨会于2013年9月在中国新疆乌鲁木齐召开，会议明确提出为了加强粮食安全合作，上合组织将推动以下几个方面的工作：“一是推动建立上合组织粮食安全合作框架，加强粮食安全政策交流与立场协调，建设农业示范推广基地，改善成员国粮食生产条件，提高粮食综合生产水平。二是推动成员国农业信息共享，加强粮农信息交流，推进粮农信息系统建设，加强动植物疫病防控信息共享和经验交流。三是推动农业科技交流与合作，鼓励和支持开展人力资源培训合作，加强在农业和农产品加工领域开展科研合作和技术推广。四是推动企业参与合作，鼓励和支持企业开展良种繁育、农产品产后处理加工和农业生产科技服务等领域的合作。”[①] 在吉尔吉斯斯坦首都比什凯克举行的上合组织元首峰会上，中国领导人倡议上合组织“建立粮食安全合作机制。在农业生产、农产品贸易、食品安全等领域加强合作，确保粮食安全”[②]。随后，上合组织各国在《上海合作组织成员国元首比什凯克宣言》中对“粮食市场不稳”表示了高度关注。[③] 2015年11月11日，上合组织粮食安全论坛在宁夏回族自治区银川市举行，论坛主题为“推进农业科技创新，提高粮食安全水平”。成员国代表重点分享了各自在促进农业科技进步、推动农业和农村可持续发展方面的经验，探讨了加强农业科技创新合作的重点领域和方式。[④] 2016年9月21日，上合组织粮食安全合作研讨会在新疆乌鲁木齐举行，会议围绕“创新农业发展方式，共同保障粮食安全”的主题，讨论了近年来上合组织成员国开展粮食安全合作所取得的成效以及面临的挑战，并在此基础上

---

① 《上海合作组织粮食安全研讨会成功举行》，载《农业工程技术（农产品加工业）》2013年第9期。

② 《习近平：弘扬“上海精神”　促进共同发展——在上海合作组织成员国元首理事会第十三次会议上的讲话》（2013年9月13日，比什凯克），中华人民共和国外交部，http://www.fmprc.gov.cn/mfa_chn/ziliao_611306/zyjh_611308/t1076570.shtml。

③ 《上海合作组织成员国元首比什凯克宣言》，中华人民共和国外交部，http://www.fmprc.gov.cn/mfa_chn/ziliao_611306/1179_611310/t1076667.shtml。

④ 中华人民共和国农业部新闻办公室：《上海合作组织粮食安全论坛在宁夏银川召开》，2015年11月11日，http://www.moa.gov.cn/xw/qg/201511/t20151111_4897677.htm。

分享了成员国创新农业发展方式、保障粮食安全的经验和做法，探讨了今后深化上合组织粮食安全合作的方向。[①] 2018 年 9 月 17～20 日，上合组织第四次农业部长会议讨论通过了《上海合作组织粮食安全合作纲要》，同意将其提交上合组织政府首脑理事会第十七次会议审议批准。

三 上合组织成员国的粮食供给能力

国家粮食安全水平是由国家的粮食供给能力决定的。粮食供给能力大致可以分为国家的粮食生产能力和粮食获取能力。粮食生产能力主要是指国家在一定时期、地区、经济技术条件下，由各生产要素综合投入所形成的，可以稳定地达到一定产量的粮食产出能力。粮食获取能力大致包含两方面，一是市场交易，二是营养的均衡摄入。除国家自行生产和援助外，市场交易是粮食主要获取途径，而市场交易则取决于人们的购买力。[②] 此外，根据联合国粮食及农业组织的定义，粮食就是指谷物，包括麦类、粗粮和稻谷类三大类。根据上合组织成员国粮食消费习惯以及可比性，笔者以小麦和稻谷作为分析上合组织成员国粮食供给能力的主要参考指标。

（一）上合组织成员国的粮食生产能力

粮食生产能力是由各生产要素综合投入所形成的。由于与农业相关的生产要素非常多，为了便于说明上合组织成员国粮食供给能力，我们选择与粮食安全相关的部分生产要素来分析，包括农业对 GDP 的贡献率、农业人口比重、农业用地、小麦谷物产量等指标来考察上合组织成员国的生产要素。

1. 农业对 GDP 的贡献率

根据世界银行统计（见表 7－5），在上合组织成员国中，2017 年，农业对 GDP 贡献率在 10% 以上的国家从高到低依次是巴基斯坦、塔吉克斯坦、乌兹别克斯坦、印度、吉尔吉斯斯坦，但是与 2000 年相比，乌兹别克

① 中华人民共和国农业部新闻办公室：《上海合作组织粮食安全合作研讨会举行》，2016 年 9 月 22 日，http：//www. moa. gov. cn/xw/zwdt/201609/t20160922_ 5282135. htm。

② 肖斌：《中亚国家的粮食安全指数及评估》，《俄罗斯东欧中亚研究》2013 年第 1 期。

斯坦、吉尔吉斯斯坦农业比重有大幅度的下降。农业对 GDP 贡献率最低的上合组织成员国是俄罗斯和哈萨克斯坦，而这两国都是重要的小麦生产国和出口国。

表 7－5　上合组织成员国农业占国内生产总值的比重

单位：%

成员国名	2000 年	2017 年
印度	21.85	15.5
哈萨克斯坦	8.1	4.4
中国	14.67	7.9
吉尔吉斯斯坦	34.18	12.3
巴基斯坦	24.13	22.9
俄罗斯	5.75	4
塔吉克斯坦	25.12	20.37（2016 年）
乌兹别克斯坦	30.05	17.3

资料来源：根据联合国粮食及农业组织官网的数据整理。

2. 农业人口比重

农业人口比重也对一国的对内对外农业政策有较大的影响，本项分为从事农业的女性占全国女性人口的比例，从事农业的男性占全国男性人口的比例。当前，农业人口比重较大的上合组织成员国依次是巴基斯坦、塔吉克斯坦、印度、吉尔吉斯斯坦、乌兹别克斯坦，女性和男性农业人口比例都在 20% 以上，中国女性农业人口的比例为 20%，男性农业人口的比例为 15%，比例最低的是俄罗斯。与 2000 年相比，除巴基斯坦和塔吉克斯坦外，上合组织成员国从事农业的人口都有较大幅度的下降，其中俄罗斯、中国、印度、哈萨克斯坦、吉尔吉斯斯坦、乌兹别克斯坦都下降了约 50%，随着这些国家社会经济的发展，从事农业的人口还会有一定程度的下降（见表 7－6）。

表 7－6　上合组织成员国农村人口比重

单位：%

成员国名	2000 年		2017 年	
	女性	男性	女性	男性
印度	74.1	54	56	38
哈萨克斯坦	34	38	17	19
中国	47	41	20	15
吉尔吉斯斯坦	50	49.4	28	26
巴基斯坦	72.9	44.5	73	33
俄罗斯	11.7	17.1	5	8
塔吉克斯坦	78.1	47.8	69	41
乌兹别克斯坦	46.1	35.2	26	19

资料来源：根据联合国粮食及农业组织官网的数据整理。

3. 农业用地

农业用地比重可以反映一国粮食生产的基础水平。农业用地分为农业土地资源和永久性耕地。除印度、巴基斯坦、乌兹别克斯坦、吉尔吉斯斯坦外，上合组织其余成员国的农业土地资源从 2000 年到 2015 年都有不同程度的增加。哈萨克斯坦农业用地占国土面积的比重最高，其次是乌兹别克斯坦和印度，俄罗斯比重最低（见表 7－7）。从农业土地资源绝对值来看，中国农业土地资源最多。尽管俄罗斯和哈萨克斯坦农业土地资源绝对值低于中国，但是因其从事农业人口的比例低，加上俄罗斯和哈萨克斯坦是世界主要小麦产区和出口国，因此俄罗斯和哈萨克斯坦土地资源效益较高，粮食安全处于较高水平。

表 7－7　上合组织成员国农业用地占国土面积的比例

单位：%

成员国名	2000 年	2015 年
印度	68.86	60.4
哈萨克斯坦	79.78	80.4
中国	55.6	56.2
吉尔吉斯斯坦	55.8	55
巴基斯坦	47.6	47
俄罗斯	13.25	13.3
塔吉克斯坦	32.67	34.2
乌兹别克斯坦	64.2	62.9

资料来源：根据联合国粮食及农业组织官网的数据整理。

除俄罗斯和哈萨克斯坦外，其余上合组织成员国永久性耕地比例都有不同程度的增加（见表 7－8），特别是印度和中国两个人口大国，永久性耕地面积增加最多。不过，从高质量发展的角度来看，永久性耕地在可允许的范围内增加和减少，并不意味着粮食安全水平必然降低，还需要结合其他指标，例如，耕地效益的高低、现代化农田水利基础设施的完善等。

表 7－8　上合组织成员国永久性耕地占全国土地资源的比例

单位：%

成员国名	2000 年	2015 年	2017 年土地资源（平方公里）
印度	3.09	4.4	2973190
哈萨克斯坦	0.05	0.048	2699700
中国	1.17	1.7	9388211
吉尔吉斯斯坦	0.35	0.4	191800
巴基斯坦	0.85	1.1	770880
俄罗斯	0.11	0.1	16376870
塔吉克斯坦	0.73	1	138786
乌兹别克斯坦	0.822	0.9	425400

资料来源：根据联合国粮食及农业组织官网的数据整理。

4. 小麦稻谷产量

上合组织成员国小麦和稻谷产量能够反映各个成员国的粮食自给能力，自给能力高，则粮食安全水平高。除吉尔吉斯斯坦和哈萨克斯坦外，上合组织成员国小麦和稻谷产量在2016年都有较大幅度的增长（见表7－9），这说明，上合组织成员国的粮食自给能力有了显著的提高，粮食安全水平有所提高。

表7－9　上合组织成员国小麦和稻谷产量

单位：万吨

成员国名	2000年		2007年		2016年	
	小麦	稻谷	小麦	稻谷	小麦	稻谷
印度	7636.8	1274.6	7580.6	1445.7	9350	1587.5
哈萨克斯坦	907.3	21.43	1646.6	29.43	1498.5	44.78
中国	9963.6	1898.1	10929.8	1873.9	13169.6	2110.9
吉尔吉斯斯坦	103.9	1.89	70.8	1.72	66.1	3.48
巴基斯坦	2107.8	72	2329.4	83.4	2600.5	108
俄罗斯	3446	5.8	4936.7	7	7329.4	10.8
塔吉克斯坦	40.6	8.2	64.9	5.2	91.7	9.6
乌兹别克斯坦	368.4	17.3	619	19.78	694	21.2

资料来源：根据联合国粮食及农业组织官网的数据整理。

（二）上合组织成员国的粮食获取能力

1. 市场交易能力

除国家自主生产和国际援助外，市场交易是粮食主要获取途径，而市场交易则取决于人们的购买力。为此，笔者以上合组织成员国小麦和稻谷进口能力、国家总储备来讨论购买力。根据表7－10的数据，我们可以看出，在上合组织成员国中，小麦进口在10万吨以上的成员国（从高到低）依次为中国、印度、乌兹别克斯坦、塔吉克斯坦、俄罗斯、吉尔吉斯斯坦，稻谷进口在万吨以上的成员国（从高到低）为中国、俄罗斯、塔吉克斯坦和巴基斯坦。

表 7－10 上合组织成员国小麦和稻谷进口量

单位：万吨

成员国名	2000 年		2007 年		2016 年	
	小麦	稻谷	小麦	稻谷	小麦	稻谷
印度	0.4223	1.3	267.7	0.0145	191	0.0995
哈萨克斯坦	0.1517	0.2371	0.1734	1.36	2.99	0.9298
中国	204.8	57.8	143.3	97.1	472.4	440.5
吉尔吉斯斯坦	22.3	0.02668	41.68	3.13	18.49	0.1745
巴基斯坦	104.8	0.0718	13.59	0.3323	0.0041	1.2
俄罗斯	263.1	35.1	46.54	23.2	57.99	21
塔吉克斯坦	32.1	0.4103	28.39	0.7176	101.9	3.22
乌兹别克斯坦	57.68	1.42	14.48	0.1165	168.6	0.1565

资料来源：根据联合国粮食及农业组织官网的数据整理。

国家总储备也能证明上合组织成员国的粮食获取能力。如果粮食安全压力不断上升且需要国家干预时，国家有可能动用国家储备来减轻粮食安全的压力。根据表 7－11，可以看出在既有数据统计的上合组织成员国中，国家总储备最高的是中国，其次为俄罗斯、印度、哈萨克斯坦，最弱的是塔吉克斯坦。

表 7－11 上合组织成员国国家总储备

单位：10 亿美元，按现价美元计算

国家	2000 年	2007 年	2017 年
印度	41	276	412.6
中国	171.7	1546	3235.6
哈萨克斯坦	2.1	17.6	30.7
吉尔吉斯斯坦	0.26	1.2	2.1
巴基斯坦	2.08	15.7	18.4
俄罗斯	27.6	478.8	432.7
塔吉克斯坦	0.094	0.0852	1.2
乌兹别克斯坦	N/A	N/A	N/A

注：包括黄金，世界银行数据中无乌兹别克斯坦的总储备数据。

资料来源：根据世界银行的数据整理。

2. 全球饥饿指数

全球饥饿指数（Global Hunger Index，GHI）① 由位于美国华盛顿的非政府组织国际粮食政策研究所（International Food Policy Research Institute，IFPRI）于每年10月14日发布，是反映当年各发展中国家中相对于总人口的营养不足率、未满5岁儿童的低体重率、死亡率等的综合指数。因认同其研究方法，全球饥饿指数得到了绝大多数国家政府、国际组织、研究机构和研究人员的认可。为了分析考察上合组织成员国粮食获取能力中的营养均衡问题，我们引入了全球饥饿指数作为分析指标。

根据表7-12，除巴基斯坦、印度和塔吉克斯坦外，上合组织成员国的全球饥饿指数总体上表现较好，营养均衡向合理的方向发展。但是我们

表7-12　上合组织成员国的全球饥饿指数

	2000年	2010年	2018年
印度	38.8	32.2	31.1
中国	15.8	10	7.6
哈萨克斯坦	11.3	8.8	5.5
吉尔吉斯斯坦	18.8	12.4	9.3
俄罗斯	10.1	7.0	6.1
巴基斯坦	38.3	36	32.6
塔吉克斯坦	41.8	15.8	28.7(2017年)
乌兹别克斯坦	23.7	15.6	12.1

注：全球饥饿指数2018年报告中没有塔吉克斯坦数据，用2017年报告中的数据作为参考。Global Hunger Index 2017 - The Inequalities of Hunger，http：//www.globalhungerindex.org/pdf/en/2017.pdf；Global Hunger Index 2010 - The Challenge of Hunger：Focus on the Crisis of Child Undernutrition；http：//www.globalhungerindex.org/pdf/en/2011.pdf。

资料来源："Global Hunger Index-forced Migration and Hunger 2018"，http：//www.globalhungerindex.org/pdf/en/2018.pdf。

① 全球饥饿指数以百分制来衡量，0表示"不存在饥饿"，100为最差，亦即分数越高，该国的营养状况越差。≤9.9表示"低"，即营养摄入基本均衡；10~19.9表示"适度"，即营养摄入较均衡；20~34.9表示"严重"，即营养摄入不均；35~49.9表示"惊人"，即营养摄入非常不均衡；≥50表示"非常惊人"，即营养摄入十分不均衡，http：//www.globalhungerindex.org/about/。

需要看到，新成员国印度和巴基斯坦两国处于“非常令人担忧的状态”，即营养摄入十分不均衡，而老成员国塔吉克斯坦则处于“惊人状态”，即营养摄入非常不均衡。

通过比较上述数据，我们可以大致得出这样的结论，上合组织成员国粮食获取能力差异明显，粮食获取能力较高的成员国依次为俄罗斯、中国、哈萨克斯坦、印度，中等水平的为巴基斯坦、乌兹别克斯坦、吉尔吉斯斯坦，低水平的成员国是塔吉克斯坦。

（三）上合组织成员国粮食安全政策

一般情况下，各国的客观农业条件决定了上合组织成员国提高粮食安全水平的行为，而由于农业政策能在一定程度上反映出成员国解决粮食安全问题的行为偏好。为此，我们重点分析上合组织成员国农业政策中与粮食安全相关的内容。

1. 印度

印度是上合组织新成员国，是传统的农业大国，其农业史可以追溯到2500多年前的印度河文明时期，是全世界小麦的主要生产国。自独立以来，印度农业对国内生产总值的贡献率逐步下降，并在粮食安全方面取得了非常大的进步，人口增加了2倍多，粮食产量增加了4倍多。在20世纪60年代前，印度维持粮食安全还依靠进口和援助，为了改变这一局面，印度农业政策以实现粮食自给自足为目标，催生了农业的绿色革命，即采用优质抗病小麦、普及农业知识、提高生产力等。到2000年印度的优质小麦品种可以在每公顷土地上收获6吨小麦。20世纪70～80年代，印度小麦生产成功的经验推广到稻谷生产，但因其灌溉设施较差，效果不如小麦生产理想。20世纪80年代，印度农业政策向“符合需求模式的生产方式”转变，农业政策重点转向油籽、水果、蔬菜，以及乳业、渔业和畜牧业等领域。从2006年开始，印度农业政策开始实施第二次绿色革命，这次绿色革命的主题是有机农业，目前印度有65万名有机产品生产者、400万公顷认证的生产有机农产品的土地（在全世界仅次于芬兰和赞比亚）、世界上最大的水牛及牛群所产生的生物质能等，为印度实施第二次绿色革命创造了良好的条件。①

2. 中国

中国2008年出台了《国家粮食安全中长期规划纲要（2008～2020年）》，提出了6项目标，即提高粮食生产能力、利用非粮食资源、加强粮油国际合作、完善粮食流通体系、完善粮食储备体系、完善粮食加工体系。② 为了加强国际粮油合作，中国选择以双边为基础、多边为重点的对外农业合作原则，积极加强国际农业合作。作为世界上人口最多的国家，中国政府非常重视农业发展，每年都会针对农业发展出台指导性文件，其中粮食安全几乎是历年来指导性文件的关键词。2018年的指导性文件指出，乡村振兴、产业兴旺是重点。必须坚持质量兴农、绿色兴农，以农业供给侧结构性改革为主线，加快构建现代农业产业体系、生产体系、经营体系，提高农业创新力、竞争力和全要素生产率，加快实现由农业大国向农业强国转变。深入实施藏粮于地、藏粮于技战略，严守耕地红线，确保国家粮食安全，把中国人的饭碗牢牢端在自己手中。全面落实永久基本农田特殊保护制度，加快划定和建设粮食生产功能区、重要农产品生产保护区，完善支持政策。大规模推进农村土地整治和高标准农田建设，稳步提升耕地质量，强化监督考核和地方政府责任。加强农田水利建设，提高抗旱防洪除涝能力。实施国家农业节水行动，加快灌区续建配套与现代化改造，推进小型农田水利设施达标提质，建设一批重大高效节水灌溉工程。加快建设国家农业科技创新体系，加强面向全行业的科技创新基地建设。深化农业科技成果转化和推广应用改革。加快发展现代农作物、畜禽、水产、林木种植业，提升自主创新能力。高标准建设国家南繁育种基地。推

① 杨少亮：《印度农业政策演变及趋势研究》，《世界农业》2013年第6期。"Brief History of Wheat Improvement in India," Directorate of Wheat Research, ICAR India, 2011; M. L. Dantwala, "Agricultural Policy In India Since Independence"; http: //ageconsearch. umn. edu/bitstream/182350/2/IAAE-CONF - 051. pdf; Indian Agricultural Research Institute, "Agriculture Policy: Vision 2020," http: //planningcommission. nic. in/reports/genrep/bkpap2020/24_ bg2020. pdf.

② 《国家粮食安全中长期规划纲要（2008～2020年）》，http: //www. gov. cn/jrzg/2008 - 11/13/content_ 1148414. htm。

进我国农机装备产业转型升级，加强科研机构、设备制造企业联合攻关，进一步提高大宗农作物机械国产化水平，加快研发经济作物、养殖业、丘陵山区农林机械，发展高端农机装备制造。优化农业从业者结构，加快建设知识型、技能型、创新型农业经营者队伍。大力发展数字农业，实施智慧农业林业水利工程，推进物联网试验示范和遥感技术应用。[①]

3. 俄罗斯

作为小麦生产大国，气候变化对俄罗斯的小麦产量有较大的影响，俄罗斯学者曾撰文指出，全球气候变化对俄罗斯农业有明显影响。一是农作物种植可向俄罗斯高纬度和中纬度的地区发展，但由于这些地区土壤肥力有限，收益率不高。而俄罗斯南部传统的农业区可能会因干燥而出现长时期的干旱天气，出现水资源短缺、杂草生长较多、害虫扩散较快等问题。[②] 因此，从长期来看，俄罗斯也存在着粮食安全问题。关于国家农业政策，俄罗斯于2006年12月29日出台了《俄罗斯联邦农业发展法》，该项法律规定，国家农业政策是以稳定农业和农村地区发展为目的的国家社会经济政策的一部分。农村地区的稳定发展是指社会经济的稳定发展、农产品产量的提高、农业生产率的提高、农村居民的充分就业、生活水平的提高、土地的合理使用。[③] 按照法律规定和农业发展现状，俄罗斯于2012年颁布了《农业发展计划（2013～2020)》，俄罗斯计划在2013～2020年安排760亿美元发展农业和粮食市场，而畜牧业将是俄罗斯农业的优先发展方向。同时，俄罗斯也强调提高粮食生产能力是保证该国粮食安全的重要步骤，计划在2020年前将谷物产量提高到1.15亿吨。[④] 通过《农业发

---

① 中华人民共和国农业农村部：《中共中央、国务院关于实施乡村振兴战略的意见》，2018年1月2日，http://www.moa.gov.cn/ztzl/yhwj2018/zyyhwj/201802/t20180205_6136442.htm。

② Sergey Kiselev, Roman Romashkin, Gerald C. Nelson, Daniel Mason D'Croz, and Amanda Palazzo, *Russia's Food Security and Climate Change: Looking into the Future*, http://www.economics-ejournal.org/economics/discussionpapers/2013-16.

③ 中华人民共和国驻俄罗斯联邦大使馆经济商务参赞处：《俄罗斯联邦农业发展法》，2014年6月30日，http://ru.mofcom.gov.cn/article/ddgk/201406/20140600644658.shtml

④ "Russian Federation Agriculture Development Program 2013-2020"，美国农业部对外农业服务中心网站。

展计划（2013～2020）》，俄罗斯农业发展取得了较大进步。俄罗斯总理在2017年4月表示，俄罗斯完成了国家粮食安全计划中八项任务中的五项，粮食、土豆、糖、植物油和肉类都实现了自给。梅德韦杰夫表示，俄罗斯在落实国家农业发展计划每个目标的过程中都进展迅速，特别是近期在巩固国家食品安全方面成效明显。[①]

4. 哈萨克斯坦

哈萨克斯坦是世界上优质小麦重要的生产和出口国，年平均产量为1380万吨左右，自2007年以来平均每年出口800多万吨小麦。哈萨克斯坦于2013年2月颁布了《农业领域发展计划2013～2020》，畜牧业是哈萨克斯坦优先发展的领域之一，并计划采取政府补贴的方式鼓励从国外引进优质种牛。此外，该计划还将投入205亿美元提高哈萨克斯坦农产品的市场竞争力。该计划的作用之一就是确保国家粮食安全。[②]《哈萨克斯坦－2050战略》明确提出全球粮食安全危机是21世纪10项全球性挑战之一。为了解决粮食不足问题，哈萨克斯坦粮食生产需要进行改革。重点方向包括：对农业进行大规模现代化改造；依靠新技术的运用，增加农作物种植面积并提高产量；转变农耕文化，借助新的科技和管理成果重振畜牧养殖传统；出台相关法律和经济刺激政策，组建大中型农业生产企业，充分利用现代农业技术。[③] 在2018年1月公布的题为“第四次工业革命背景下新的发展机遇”的总统国情咨文中，哈萨克斯坦共和国总统纳扎尔巴耶夫提出，农业政策应侧重于从根本上提高劳动生产率，促进加工农产品出口的增长；要从根本上将整个农业综合体重新锁定到此项任务的执行上来；需要优先关注的是农业科学的发展；要对农业合作予以全面支持；农业的集约化应从产品的质量和环保性入手；要对土

① 中华人民共和国驻俄罗斯联邦大使馆经济商务参赞处：《俄总理称俄罗斯粮食和肉类已完全实现自给》，2017年4月10日，http://ru.mofcom.gov.cn/article/jmxw/201704/20170402554731.shtml。

② “Kazakhstan Outlines Continued Strategy and Support for Cattle Sector”，“Agricultural Development Program 2013－2020”，美国农业部对外农业服务中心网站。

③ 哈萨克斯坦共和国驻华大使馆：《哈萨克斯坦－2050战略》，http://www.mfa.gov.kz/zh/beijing/content-view/ha-sa-ke-si-tan－2050。

地利用回报率高的用户加以激励，对效率低的用户采取措施；5 年内将农业综合体的劳动生产率和农产品加工出口量至少提高2.5 倍。①

5. 吉尔吉斯斯坦

吉尔吉斯斯坦是上合组织中粮食安全压力较大的国家，造成粮食安全水平低的直接原因是：除气候因素外，70% 以上的耕地依靠灌溉，而农业基础设施短缺、老化；人口逐年递减，但人均耕地有限且土壤肥力较低；农业技术和病虫害防治能力不足。在《2013 ~ 2017 年国家可持续发展战略》（2013 年 1 月批准）中，吉尔吉斯斯坦提出发展有机农业是该战略的优先领域，② 推动本国农业部门生产出更多高品质的食品，以及改善农村人口不合理的膳食习惯，从而提高国家的粮食安全水平。③ 尽管粮食安全水平有了一定的提高，但是吉尔吉斯斯坦并没有从根本上解决粮食安全问题。为了解决粮食安全问题，2017 年 11 月，吉尔吉斯斯坦议会批准的《吉尔吉斯斯坦国家战略计划（2018 ~ 2022 年）》中指出，吉尔吉斯斯坦粮食安全所面临的挑战依然严重，诸如慢性营养不良、微量营养素缺乏、粮食获取能力弱、就业机会有限、自然灾害频繁等问题。为此，吉尔吉斯斯坦希望在粮食安全方面实现以下目标：一是所有学龄儿童都能获得安全、充足和营养丰富的食物；二是提高粮食安全水平较低的地区农户（尤其是妇女）抵御粮食危机的能力；三是优化受气候变化影响较大地区的粮食安全体系；四是到 2030 年前加强中央和地方政府解决粮食安全问题和营养管理的能力。④

6. 巴基斯坦

巴基斯坦是上合组织新成员国，其农业史与印度处于同期，源于印度

① 哈萨克斯坦共和国驻华大使馆：《总统国情咨文——第四次工业革命背景下新的发展机遇》，http：//www.mfa.gov.kz/zh/beijing/content-view/zong-tong-guo-qing-zi-wen-di-si-ci-gong-ye-ge-ming-bei-jing-xia-xin-de-fa-zhan-ji-yu。

② Asker Sultanov，“Kyrgyzstan Develops Organic Agriculture，” http：//centralasiaonline.com/en_GB/articles/caii/newsbriefs/2013/11/04/newsbrief - 06.

③ “Food Security seminar in Kyrgyzstan，” 联合国粮食及农业组织网站，http：//www.fao.org/fileadmin/templates/SEC/docs/stories/Story15_ KR_ en.pdf。

④ “Kyrgyz Republic Country Strategic Plan （2018 - 2022），” http：//www1.wfp.org/operations/kg01 - kyrgyz-republic-country-strategic-plan - 2018 - 2022.

河文明。巴基斯坦农业以种植业为主，小麦、水稻、棉花和甘蔗占其农业总产值的30%以上，[①] 出口农产品也是巴基斯坦外汇收入的主要来源。作为典型的农业国家，巴基斯坦也面临粮食安全问题，而造成粮食安全水平低的直接原因是：粮食供给和获取能力不能满足人口增加的需要。根据亚洲开发银行的预测，到2025年巴基斯坦人口将达到2.21亿人，巴基斯坦需将粮食产量提高40%～50%才能满足人口增加和经济发展的需要。[②] 基于自身的农业禀赋和未来需求，巴基斯坦农业政策将重点关注以下领域：一是为应对气候变化，优先解决水资源分配和提高水资源治理能力，具体措施包括利用各种平台（包括上合组织）协商解决与印度的水资源分配矛盾、建设和完善灌溉系统、利用生物技术提高作物产量、广泛应用节水技术等；二是加强农业的科学管理，提高农业技术装备水平，具体措施包括以绿色农业为前提、重视对农业的科技投入、推动农业系统现代化、提高农业生产的市场化；三是发展畜牧业，具体包括改善饲养环境、提高畜牧业生产能力、建立现代畜牧业。根据联合国分支机构世界粮食计划署（成立于1961年）的报告，截至2018年1月，巴基斯坦还有18%的人口营养不足。[③] 从目前农业的发展来看，若能保持部落地区不发生大的政治动荡，巴基斯坦粮食安全基本上能控制在合理的水平，但是巴基斯坦政府必须要把解决贫困问题、增加就业机会和提高受教育水平、增强应对气候变化的能力等作为农业政策的优先领域。否则，巴基斯坦很难提高自身的粮食安全水平。

7. 塔吉克斯坦

塔吉克斯坦土地面积较少，农业用地供给受到约束，农作物播种面积增加受到限制，加上农村人口比重过高、农业机械设备陈旧落后、毁损严重，化肥及农药供给严重依赖进口，致使塔吉克斯坦是上合组织成

---

① 王春波、赵静、田明华：《巴基斯坦经济增长的影响因素分析——基于1997～2016年数据分析》，《南亚研究季刊》2018年第2期。

② 吴园、雷洋：《巴基斯坦农业发展现状及前景评估》，《世界农业》2018年第1期。

③ "Pakistan Food Security Bulletin," January, 2018, http://vam.wfp.org.pk/Publication/Pakistan_Food_Security_Bulletin_January_2018.pdf.

员国中粮食安全压力最大的国家。在世界卫生组织的帮助下，塔吉克斯坦卫生部制订了《塔吉克斯坦共和国营养和粮食安全战略行动计划（2013 ~2020 年）》，核心目标是提高该国粮食安全水平。此外，塔吉克斯坦农业部也制订了《塔吉克斯坦共和国农业领域改革计划（2012 ~2020 年）》，希望通过农业改革提高粮食生产能力，提高国家粮食安全水平。[①] 在 2016 年发布的《塔吉克斯坦共和国国家发展战略 2030》中，粮食安全被列入十大目标中，确保粮食安全和人民能够获得高品质的营养。具体措施包括：推动农业和水供应改革；保持农业部门产值的稳定增长；在保护生态环境的前提下，推动农产品的多样化；进一步开放国内种子和肥料市场；建立粮食安全的监督和风险管理体系；增强多部门在农业领域的协调能力和意识；发展可持续的土地和水资源管理体系；改善灌溉和排水系统，确保水资源的充足供应；完善经济体制；发展农产品市场、消除农业壁垒；重视发挥农民用水协会在维护农田水利设施中的作用；利用新技术开垦和恢复盐碱地、湿地等作为新的可耕地。[②]

8. 乌兹别克斯坦

农业对乌兹别克斯坦经济的发展依然发挥着较为重要的作用。2017 年乌兹别克斯坦农业对经济的贡献率为 17%，在劳动人口中从事农业的男性占 19%、女性占 26%，农业土地占全国土地的 62%。[③] 尽管近几年乌兹别克斯坦经济发展较快，但依然属于低收入缺粮国。[④] 作为“双内陆国”，乌兹别克斯坦发展农业的条件并不十分有利，近年来受气候变化的影响较大，因缺少足够的灌溉水，乌兹别克斯坦部分棉田开始改种蔬菜、

① “Program for Reforming the Agriculture Sector of the Republic of Tajikistan for 2012 - 2020,” 塔吉克斯坦共和国农业部网站，http://moa.tj/wp-content/Program_ Taj_ Rus_ Eng_ ready.pdf。

② “National Development Strategy of the Republic of Tajikistan for the Period up to 2030,” Dushanbe - 2016, http://nafaka.tj/images/zakoni/new/strategiya_ 2030_ en.pdf.

③ 世界银行，https://data.worldbank.org/indicator/SL.AGR.EMPL.MA.ZS? view = chart。

④ “2018 - The State of Food Security and Nutrition in the World (SOFI): Building Climate Resilience for Food Security and Nutrition,” https://www.wfp.org/content/2018 - state-food-security-and-nutrition-world-sofi-report.

水果等作物。为了提高粮食生产能力，2013 年乌兹别克斯坦大力发展农业机械租赁，计划将租赁规模提高 20%；[①] 投入 6240 万美元实施 530 个禽类养殖项目；[②] 2017 年 2 月公布的《乌兹别克斯坦发展战略 2017 ~ 2021》指出，乌兹别克斯坦要朝着农业的现代化和集约化发展，具体措施包括：深化结构改革，实现农业生产快速发展，确保粮食安全，扩大生态友好型的产品生产，实现农业部门出口潜力大幅增加；进一步优化播种面积，减少棉花和谷类作物的种植面积，种植蔬菜、牧草和油籽作物，建造新的、密集式的花园和葡萄园；为鼓励农场发展创造有利条件，特别是那些从事农产品生产和加工、配制、储存、营销、建筑工程和提供服务的、多种经营的农场；投资新建、改造现代化加工厂，配备现代化高端设备，提高农产品的加工水平，包括制成品、半制成品以及包装产品；进一步扩大农产品储存、运输和销售基础设施，提供农化产品、金融和其他最新市场服务；进一步发展土地开垦和灌溉设施网络，广泛引进集约农业的生产方法，特别是现代节约用水的农业技术，使用高性能农业机械；开展研发工作，引进具有高产能、抗病虫害并适应当地土壤、气候和环境条件的新作物品种和动物品种；采取系统措施，减轻气候变化和咸海干旱对农业发展和人民生计的负面影响。[③]

第四节　金融合作：外部压力下的共识

金融合作是上合组织经济合作的领域之一，合作内容包括金融市场、银行、信息、货币、融资和证券、金融监管等。由于国际金融合作是把“双刃剑”，加之上合组织成员国社会经济发展水平差距巨大，

① 中国驻乌兹别克斯坦共和国大使馆经济商务参赞处，http：//uz. mofcom. gov. cn/article/jmxw/201301/20130100008009. shtml。

② 中国驻乌兹别克斯坦共和国大使馆经济商务参赞处，http：//uz. mofcom. gov. cn/article/jmxw/201307/20130700209211. shtml。

③ “Uzbekistan’s Development Strategy for 2017 - 2021 has been Adopted Following Public Consultation,” Feb. 8th 2017, http：//tashkenttimes. uz/national/541 - uzbekistan-s-development-strategy-for - 2017 - 2021 - has-been-adopted-following - .

上合组织成员国金融合作发展总体上处于稳中有进、双边合作好于多边合作、投资合作好于货币金融合作的状态。不过，纵观10多年的发展，除组织成立之初的合作外，上合组织成员国金融合作每次重大发展都源于组织内部成员面临较高程度的外部危机和压力。例如，受全球性金融危机的影响，上合组织成员国从2007年开始重视加强金融合作，不断加强多边金融合作机制建设。同样的情况出现在2008年俄格冲突和2014年乌克兰危机时，可以说，上合组织金融合作的发展与外部压力密不可分，并贯穿于上合组织的金融合作中。但是，外部压力反应式合作存在着很多问题，因为外部压力通常不是共同面对的问题，而且还有一定的时效性，当外部压力减轻后，金融合作就面临动力不足的问题。很难想象，在上合组织《元首宣言》和《政府首脑（总理）联合声明》多次强调的情况下，从2009年就开始协商的上合组织开发银行和上合组织专门账户的讨论，至今尚未达成一致共识，这在政府间国际组织的发展史上也属于耗时比较长的协商案例。若上合组织以目前的制度化水平发展，那么上合组织金融合作在中长期内不太可能向完全实现资本自由流通、建立上海合作组织中央银行等高度一体化的方向发展。

一 金融合作的初步发展

自上合组织成立之初，金融合作就被确定为合作内容。《上海合作组织宪章》（2002年6月7日在俄罗斯圣彼得堡签署）的“宗旨和任务”规定，鼓励开展政治、经贸、国防、执法、环保、文化、科技、教育、能源、交通、金融信贷及其他共同感兴趣领域的有效区域合作。[①] 为了落实《上海合作组织宪章》，上合组织成员国政府首脑（总理）会晤批准了《上海合作组织成员国多边经贸合作纲要》（2003年9月，以下简称《纲要》）。《纲要》的基本目标规定“中期内（2010年前）发展本地区各国银行间合作和金融信贷关系”；“银行信贷领域”则被《纲要》列为合作

① 《上海合作组织宪章》，上海合作组织秘书处，http：//chn. sectsco. org/documents/。

的优先方向。[1]

由于上合组织成员国金融市场开放水平差异较大，为了能够落实《纲要》实施计划，逐步为商品、资本、服务和技术的自由流动提供条件，上合组织成员国金融合作先从完善制度化建设入手。上合组织成员国政府首脑（总理）理事会比什凯克会议（2004 年 9 月 23 日）确定要致力于制定法律文件、协调相关立法。同年 9 月，在上合组织成员国经贸部长第 3 次会议上，各成员国一致同意在各国工商会和（或）相应机构基础上建立上合组织实业家委员会，随后上合组织成员国政府首脑（总理）理事会比什凯克会议通过专门决议，批准成立专家工作组，研究实业家委员会的建立原则和运行方式，并于 2005 年 10 月上合组织成员国首脑（总理）理事会莫斯科会议期间召开了实业家委员会首次理事会会议。[2] 在上合组织实业家委员会首次理事会会议上，各方代表签署了《上海合作组织银行间合作（联合体）协议》,[3] 根据该协议组建了上合组织银行联合体，该银行联合体由哈萨克斯坦开发银行、中国国家开发银行、吉尔吉斯斯坦结算储蓄银行、俄罗斯开发和对外经济活动银行、塔吉克斯坦国家储蓄银行和乌兹别克斯坦对外经济银行组成，旨在支持上合组织区域经济合作，为上合组织地区合作项目提供金融支持和服务。上合组织银行联合体的成立对促进上合组织成员国实业界和金融界更加积极地参与落实中亚地区的大型联合投资项目具有积极意义。

尽管达成了《纲要》，但这仅仅是原则性文件，落实《纲要》还要搭建具体的合作平台。通过各方多次协商，在上合组织成员国首脑（总理）理事会莫斯科会议上（2005 年 10 月），6 国总理批准了《〈上海合

① 《上海合作组织成员国多边经贸合作纲要》，中华人民共和国外交部，http：//scochina. mfa. gov. cn/chn/zywj/t1492503. htm。

② 《上海合作组织实业家委员会》，2015 年 10 月 29 日，上海合作组织秘书处，http：//www. scobc. cn/intro/newsdetail_ 15. html。

③ 《上海合作组织成员国政府首脑（总理）理事会会议联合公报》，2005 年 10 月 26 日，上海合作组织秘书处，http：//chn. sectsco. org/documents/。

作组织成员国多边经贸合作纲要〉落实措施计划》，这项计划涵盖经济贸易投资，海关程序，技术规程、标准和评定程序，金融、税收和创新，交通，能源，农业，科学和新技术，信息、电信和高技术，利用自然和环境保护，卫生、教育和旅游等12大类、127个项目的合作，其中涉及金融、税收和创新领域的合作有5项(见表7－13)。

表7－13　《〈上海合作组织成员国多边经贸合作纲要〉落实措施计划》中的金融合作

措施	参加国	执行期	执行单位
就扩大金融服务规模和范围举行双边磋商	上合组织成员国	经常	哈萨克斯坦金融市场及金融机构调节和监察署，乌兹别克斯坦财政部、乌兹别克斯坦国家进出口保险公司，上合组织其他成员国相关部门
拟订上海合作组织成员国授权机构间在监督金融机构活动方面合作与信息交流的协议	上合组织成员国	2004～2006年	哈萨克斯坦金融市场及金融机构调节和监察署，乌兹别克斯坦财政部、乌兹别克斯坦国家进出口保险公司、乌兹别克斯坦国家税务委员会，上合组织其他成员国相关部门
就金融监管问题共同开展调研、举行研讨会，以及定期交换信息	上合组织成员国	长期	哈萨克斯坦金融市场及金融机构调节和监察署，乌兹别克斯坦财政部、乌兹别克斯坦中央银行、乌兹别克斯坦国家税务委员会，上合组织其他成员国相关部门
就创新和风险活动、开发机制活动评估、部门所属企业的财务经营活动分析、投资和创新项目管理、技术的国际转让、出口保险、国际标准等问题举行培训性研讨会和会议	上合组织成员国	经常	哈萨克斯坦相关部门，乌兹别克斯坦对外经济联络署、乌兹别克斯坦国有资产委员会、乌兹别克斯坦财政部、乌兹别克斯坦国家进出口保险公司，上合组织其他成员国相关部门
拟订和签署交换有价证券市场状况方面信息的合作协议	上合组织成员国	2005年	吉尔吉斯斯坦政府下属国家证券市场委员会，塔吉克斯坦财政部，乌兹别克斯坦国有资产委员会有价证券市场运行协调与监督中心，上合组织其他成员国相关部门

资料来源：根据上海合作组织官网的数据整理。

经过一年的共同努力，《〈纲要〉落实措施计划》取得了初步进展。2006年6月，在上海举行上合组织成员国元首理事会期间，上合组织银联体成员签署6个项目合作协议，总金额超过7.415亿美元。此外，上合组织银联体积极参与了上合组织框架内多项大型基础设施项目的建设，其中中哈合作修建的马伊纳克水电站将满足哈萨克斯坦南部地区经济发展的电力需求。时任上合组织银联体首任主席、中国国家开发银行行长陈元说，上合组织已确定要在20年内实现商品、服务、资金和技术的自由流动。为此，银联体应深化合作，提高金融机构的服务水平，构建适合上合组织各成员国发展特点的融资方式，为推动上合组织区域内的经济合作贡献力量。[①] 此后，针对各方金融合作中遇到的问题，上合组织成员国加强投资项目的协作。在上合组织成员国首脑（总理）理事会塔什干会议（2007年11月）上，金融合作又取得了2项成果，签署了《上海合作组织银行联合体与实业家委员会合作协议》、制订了《上海合作组织银行联合体成员行投资项目筛选、评估和实施协作条例》。上述两项合作成果，不仅有助于实现上合组织经济发展的任务，也能对加强投资领域的工作发挥重要作用。

二　国际金融危机后的合作

尽管上合组织成员国金融合作取得一些成果，但是与《纲要》预期相比，受金融市场发展程度、银行规模和信用评估、贸易清算支付体系等因素的影响，上合组织框架下的金融合作进展缓慢。就在上合组织金融合作出现向慢车道发展的时候，2007年4月美国次贷危机爆发并引发了全球性金融危机，全球股市开始大跌，澳大利亚、法国、中国、日本、欧洲国家都受到不同程度的影响，金融危机影响到全球。国际金融危机对上合组织成员国也造成了不同程度的影响（见表7-14），甚至引发了吉尔吉

① 《上合组织银联体将为成员国经贸合作提供金融支持》，2006年6月14日，中华人民共和国中央人民政府网，http：//www.gov.cn/jrzg/2006-06/14/content_310252.htm。

斯斯坦政治暴力性的社会运动，结果是巴基耶夫政府倒台、奥什发生族群暴力冲突。①

表 7－14　国际金融危机对上合组织成员国的影响

单位：%

国家	2007 年		2008 年		2009 年		2010 年	
	GDP 增长率	失业率	GDP 增长率	失业率	GDP 增长率	失业率	GDP 增长率	失业率
中国	14.2	3.8	9.7	4.4	9.4	4.3	10.6	4.2
哈萨克斯坦	8.9	7.3	3.3	6.6	1.2	6.6	7.3	5.8
吉尔吉斯斯坦	8.5	8.2	8.4	8.4	2.8	8.6	－0.4	8.5
俄罗斯	8.5	6.1	5.2	6.3	－7.8	8.4	4.5	7.4
塔吉克斯坦	7.8	11.2	7.9	11.1	3.8	11.5	6.5	11.7
乌兹别克斯坦	9.9	8.2	9	8.2	8.1	8.2	8.5	8.2

资料来源：根据世界银行的数据整理。

在国际金融危机发生期间，2008 年 8 月 8 日至 18 日俄罗斯与格鲁吉亚为了争夺南奥塞梯控制权而爆发了战争，又称俄格冲突。在上合组织成员国元首理事会杜尚别峰会（2008 年 8 月）后公布的《杜尚别宣言》中，上合组织专门就俄格冲突明确了自己的立场，“本组织成员国对不久前围绕南奥塞梯问题引发的紧张局势深表担忧，呼吁有关各方通过对话和平解决现有问题，致力于劝和促谈。本组织成员国欢迎 2008 年 8 月 12 日在莫斯科就解决南奥塞梯冲突通过六点原则，并支持俄罗斯在促进该地区和平与合作中发挥积极作用”。②

面对国际金融危机所造成的经济下行压力，上合组织成员国金融合作在 2009 年出现了突破性进展。一是发布了《上海合作组织成员国财

① 张晓慧、肖斌：《吉尔吉斯斯坦社会运动中的政治暴力：基于案例的比较分析》，《俄罗斯研究》2017 年第 3 期。

② 《上海合作组织成员国元首杜尚别宣言》，上海合作组织秘书处，http：//chn. sectsco. org/documents/。

长和央行行长联合声明》，一致强调，保持建设性对话、开展区域财金合作，将促进各国经济增长、深化成员国经贸关系、巩固其在世界经济中的地位；二是批准了《上海合作组织成员国关于加强多边经济合作、应对全球金融经济危机、保障经济持续发展的共同倡议》，倡议中有关金融合作的内容有：建议上合组织实业家委员会和银联体更加关注优先领域的多边合作项目、建议上合组织银行联合体促进银行和金融领域的合作、加快商谈《上海合作组织专门账户组建和运作基本原则》；三是责成尽快完成《上海合作组织专门账户组建和运作基本原则》商谈。[①]在随后的两年里（2010～2011 年），上合组织成员国金融合作的重点是加强企业和金融界合作、建立上合组织专门账户和开发银行、建立上合组织框架内的有效项目合作融资机制，并在 2011 年 11 月圣彼得堡举行的上合组织成员国政府首脑（总理）理事会会议上签署了《上合组织银联体中期发展战略（2012～2016 年）》。但这份由上合组织成员国政府首脑（总理）签署的文件内容没有公开。因此，外界根本没法判断其执行效果。

随着国际金融危机造成的负面影响减少、上合组织成员国经济逐步复苏，上合组织金融合作又驶入了慢车道。上合组织不得不敦促各方加强合作，《上海合作组织第二次财长和央行行长会议联合声明》指出，“各方强调应加强对话，扩大财金合作，以促进各国经济发展，深化区域经贸联系，并提升本地区在世界经济中的作用。各方讨论了组建上合组织发展基金（专门账户）和上合组织开发银行的问题。根据 2011 年 11 月 7 日上合组织成员国政府首脑理事会联合公报，基于相互理解，就研究建立上合组织发展基金（专门账户）及上合组织开发银行有关问题开展工作。各方责成在专家层面继续在上述领域开展工作，并向下次上合组织总理会议报告。各方商定，将继续积极开展双边及多边金融务实合作，并扩大成员国间双边本币结算，推动扩大合作，进一步促进区

① 《上海合作组织成员国财长和央行行长联合声明》《上海合作组织成员国关于加强多边经济合作、应对全球金融经济危机、保障经济持续发展的共同倡议》《上海合作组织成员国政府首脑（总理）理事会会议联合公报》，上海合作组织秘书处，http：//chn. sectsco. org/documents/。

域贸易和投资发展，提高应对外来不利冲击和抵御风险的能力。”①

由于“丝绸之路经济带”倡议是2013年9月提出的，11月召开的上合组织成员国政府首脑（总理）理事会没有直接响应这一倡议，2012～2013年度上合组织金融合作聚焦在以下几个领域：其一，进一步落实《〈上海合作组织成员国多边经贸合作纲要〉落实措施计划》和《2012～2016年上海合作组织进一步推动项目合作的措施清单》；其二，扩大在金融、银行、投资领域的互利合作；其三，完善投资项目融资保障机制，同上合组织成员国实业界和金融机构建立直接联系；其四，强调有必要加强对话、扩大财金合作以促进上合组织所有成员国社会经济发展，深化地区经贸和投资合作，提高本地区在世界经济中的地位；其五，通过了《关于成立上海合作组织开发银行和上合组织发展基金（专门账户）下一步工作的决议》。②

三 乌克兰危机后的上合组织金融合作

因乌克兰危机，西方国家从2014年3月开始制裁俄罗斯，俄罗斯被西方国家空前孤立。在经济领域，受国际能源价格下跌、制裁和资本外逃影响，俄罗斯经济陷入衰退，GDP增长率从2014年的1.78%，跌到2015年的0.74%。③ 2015年12月10日出版的《莫斯科时报》（*The Moscow Times*）报道，2015年前9个月，有230万俄罗斯人陷入贫困，贫困率上升至14.1%，而2014年同期仅为12.6%。④ 受乌克兰危机和中国推动“丝绸之路经济带”倡议的影响，从2014年开始上合组织加快金融合作的步伐。上合组织成员国政府首脑（总理）理事会对中国关于建设“丝绸之路经济带”的倡议表示欢迎，认为上合组织成员国就此进行协商与

① 《上海合作组织第二次财长和央行行长会议联合声明》，上海合作组织秘书处，http：//chn. sectsco. org/documents/。

② 《上海合作组织成员国政府首脑（总理）理事会第十二次会议联合公报》，2012年11月，上海合作组织秘书处，http：//chn. sectsco. org/documents/。

③ World Bank Data，https：//data. worldbank. org/indicator/NY. GDP. MKTP. KD. ZG？view = chart.

④ “Over 2 Million More Russians Fall below Poverty Line，” Dec. 10，2015，https：//themoscowtimes. com/articles/over－2－million-more-russians-fall-below-poverty-line－51186.

合作具有重要意义。在金融合作方面，上合组织成员国政府首脑（总理）理事会强调应尽快建立上合组织框架内项目融资保障机制，以促进经济增长，扩大成员国间经贸联系；欢迎中方关于利用中华人民共和国组建的投资机制为上合组织区域内经济项目融资的建议；强调切实落实2014年9月10日至11日杜尚别上合组织银联体理事会通过的《关于加强金融合作、促进区域发展措施计划》和上合组织实业家委员会理事会会议、上合组织商务论坛达成的共识。[①] 经过一年的酝酿，上合组织金融合作在2015年取得了不少重大成果，具体包括以下几个方面。

其一，项目融资和货币合作取得了进展。在《上海合作组织成员国政府首脑（总理）关于区域经济合作的声明》（2015年12月）中，各方一致同意，通过建立项目融资保障机制推动上合组织框架下金融合作，共同防范和应对区域性金融风险，开展本币互换（见表7－15）[②]，保障金融市场稳定，发挥金融投资机制作用，为上合组织地区经济项目合作提供融资支持。[③]

表7－15　中国与部分上合组织成员国双边本币互换协议金额

时间	国家	互换金额
2014年10月13日	俄罗斯联邦中央银行	1500亿元人民币/8150亿卢布
2014年12月14日	哈萨克斯坦国家银行	70亿元人民币/2000亿哈萨克斯坦坚戈
2015年9月3日	塔吉克斯坦中央银行	30亿元人民币/30亿索摩尼
2017年11月22日	俄罗斯联邦中央银行续签	500亿元人民币/13250亿卢布
2018年5月23日	巴基斯坦中央银行续签	200亿元人民币/3510亿巴基斯坦卢比
2018年5月28日	哈萨克斯坦中央银行续签	70亿元人民币/3500亿哈萨克斯坦坚戈

资料来源：根据中国人民银行官网的数据整理。

① 《上海合作组织成员国政府首脑（总理）理事会第十三次会议联合公报》，2014年12月，上海合作组织秘书处，http：//chn. sectsco. org/documents/。

② 《2018年人民币国际化报告》（中英文版），http：//www. pbc. gov. cn/huobizhengceersi/214481/214511/214695/3635170/index. html? from = timeline&isappinstalled = 0。

③ 《上海合作组织成员国政府首脑（总理）关于区域经济合作的声明》，2015年12月，上海合作组织秘书处，http：//chn. sectsco. org/documents/。

其二，将多边、多样的金融合作机制写入上合组织发展战略中。在批准的《上海合作组织至2025年发展战略》（2015年7月）中，上合组织计划，为落实领导人业已达成的共识，为上合组织项目融资提供保障，成员国将继续就建立上合组织开发银行和上合组织发展基金（专门账户）开展工作。成员国支持上合组织实业家委员会和银联体积极参与上合组织地区经贸合作项目的遴选和落实，首先是在经济创新领域。成员国欢迎观察员国、对话伙伴政府机构和实业界参与项目合作。成员国将加强金融领域合作，交流经验和信息，努力为发展上合组织金融服务市场、吸引投资、完善支付结算及其他金融业务创造有利条件。[①]

其三，启动了扩员程序，上合组织金融合作开始扩大，支持中国关于建设“丝绸之路经济带”的倡议。在《上海合作组织成员国元首乌法宣言》中重申，成员国将就成立上合组织开发银行和发展基金（专门账户）继续工作，以促进本地区贸易和投资联系。成员国支持中华人民共和国关于建设“丝绸之路经济带”的倡议，认为上合组织成员国相关主管部门开展相互磋商和信息交流具有重要意义。[②] 在《上海合作组织成员国政府首脑（总理）理事会第十四次会议联合公报》中，总理们强调进一步扩大在经贸、金融、投资、交通、电信、海关、农业、能源等领域合作，提高投资和贸易便利化水平，以创新驱动促进经济发展、以共建高新技术产业推进工业部门现代化，保障上合组织成员国经济社会可持续发展，提高成员国人民的生活水平；应加强成员国在宏观经济和财政政策领域的合作，为贸易和投资合作创造便利条件。总理们认为，充分发挥银行间合作潜力和利用上合组织地区现有及正在新建的金融机制十分重要；总理们指出，继续就建立上合组织开发银行和上合组织发展基金（专门账户）开展工作对促进地区经贸和投资合作十分重要，责成成员国主管部门负责人在拟于2016年在吉尔吉斯斯坦举行的上合组织成员

① 《上海合作组织至2025年发展战略》，2015年7月，上海合作组织秘书处，http://chn.sectsco.org/documents/。

② 《上海合作组织成员国元首乌法宣言》，2015年7月，上海合作组织秘书处，http://chn.sectsco.org/documents/。

国财政部部长和央行行长第三次会议上研究该问题；总理们肯定了银联体成立十年来在与上合组织观察员国和对话伙伴金融机构建立联系方面取得的成绩。[①]

2017年是上合组织的扩员年，上合组织金融合作缓慢的进展已影响到经济合作的深入发展。上合组织成员国元首理事会和政府首脑（总理）理事会，同时要求各方加快金融合作步伐。《上海合作组织成员国元首阿斯塔纳宣言》重点强调了上合组织开发银行和发展基金（专门账户）问题，指出为保障上合组织合作项目融资，成员国元首认为应加快执行上合组织成员国政府首脑（总理）理事会2016年关于继续在专家层面就建立上合组织开发银行和发展基金（专门账户）问题举行磋商的决议。成员国强调，将发展国家与私人伙伴关系机制，利用上合组织实业家委员会和银行联合体潜力，继续落实金融、基础设施及投资领域合作项目。[②]

《上海合作组织成员国政府首脑（总理）理事会第十六次会议联合公报》为上合组织金融合作的发展制订了更全面和具体的目标。第一，各代表团团长强调，为解决对上合组织所有成员国发展造成重大影响的全球经济问题，采取协调行动十分重要。在金融和原材料市场不稳定、外汇价格持续波动、贸易保护主义抬头的背景下，应进一步完善国际货币和金融体系。支持二十国集团为落实国际货币基金组织份额及治理改革共识，以及在2019年春季会议、不晚于2019年年会前完成国际货币基金组织第15次份额总检查创造良好条件所做的努力。第二，各代表团团长认为应继续推动金融机构和金融服务网络化布局，加强金融监管交流。强调要充分发挥银行间合作潜力，并利用上合组织地区现有及在建的融资机制。将在专家层面继续磋商，就建立上合组织开发银行和发展基金（专门账户）制定共同方案，不断推进投资等优先领域经济合作。第三，各代表团团长指出，应在贸易往来和投资活动中增加使用本币，以减少交易费用和时间，

① 《上海合作组织成员国政府首脑（总理）理事会第十四次会议联合公报》，2015年12月，上海合作组织秘书处，http：//chn. sectsco. org/documents/。

② 《上海合作组织成员国元首阿斯塔纳宣言》（2017年6月），上海合作组织秘书处，http：//chn. sectsco. org/documents/。

提升成员国货币在国际资本市场上的地位。第四，各代表团团长强调，上合组织实业家委员会和银联体应更积极地参与全面经济合作，对通过《上合组织银联体 2017～2021 年中期发展战略》予以肯定，指出应邀请观察员国和对话伙伴有关政府组织和实业界参与上述机构的工作。[①] 中国是上合组织金融合作最积极的推动国。为了响应上合组织元首峰会，2017 年 6 月 8 日，丝路基金与上合组织银联体签署了关于伙伴关系基础的备忘录。根据备忘录，丝路基金将与上合组织银联体成员共同推进上合组织地区开展多元化投资，构建各方长期高效的互利合作模式。[②] 作为上合组织银联体的成员行，截至 2017 年底，在上合组织银联体框架下，中国国家开发银行与成员国的项目合作已发放贷款超过 800 亿美元和 1140 亿元人民币，项目包括中俄原油贸易、中亚天然气管线、塔吉克斯坦国家储蓄银行农业项目等。[③]

青岛峰会是上合组织扩员后的第一次峰会，金融领域务实合作和金融监管成为上合组织成员国元首理事会关注的内容。《青岛宣言》（2018 年 6 月）指出，成员国支持进一步深化金融领域务实合作，研究扩大本币在贸易和投资中的前景。成员国指出，加强金融监管交流，在宏观审慎管理和金融机构监管等方面进行合作，为金融机构和金融服务网络化布局提供便利的准入安排和公平监管环境具有现实意义。成员国将加强在上合组织银联体、亚洲基础设施投资银行、新开发银行、丝路基金、中国—欧亚经济合作基金等本地区现有多边银行和金融机构框架下的合作，为上合组织合作项目提供融资保障。成员国将继续研究建立上合组织开发银行和发展基金（专门账户）问题的共同立场。[④] 金融领域的务实合作、本币结算、

---

① 《上海合作组织成员国政府首脑（总理）理事会第十六次会议联合公报》，2017 年 12 月，上海合作组织秘书处，http：//chn. sectsco. org/documents/。

② 《丝路基金与上海合作组织银联体签署关于伙伴关系基础的备忘录》，2017 年 6 月 9 日，http：//www. silkroadfund. com. cn/cnweb/19930/19938/35420/index. html。

③ 俄罗斯卫星通讯社：《上合组织银联体已成为该组织重要金融合作平台》，2018 年 1 月 22 日，http：//sputniknews. cn/economics/201801221024534672/。

④ 《上海合作组织成员国元首理事会青岛宣言》，2018 年 6 月 10 日，上海合作组织秘书处，http：//chn. sectsco. org/documents/。

深化实业界和银行联合体协作则是《上海合作组织成员国政府首脑（总理）理事会第十七次会议联合公报》关注的内容，各代表团团长支持加强金融领域务实合作，为发展贸易和投资合作创造良好条件。成员国将继续探寻关于建立上合组织项目融资保障机制的共同立场，包括研究建立上合组织开发银行和发展基金（专门账户）的问题。各代表团团长支持在相互贸易中进一步扩大使用本币结算。各代表团团长指出，上合组织实业家委员会和银行联合体在深化成员国实业界和金融界协作，发挥观察员国和对话伙伴的潜力，发展本组织务实、贸易和投资合作方面发挥着重要作用。此外，新成员国巴基斯坦哈比银行加入上合组织银行联合体，这标志着上合组织银行联合体扩员进程也被激活。[①] 为了推动金融合作，在青岛峰会上，中国领导人公开表示要继续支持上合组织金融合作，计划在上合组织银行联合体框架内设立 300 亿元人民币等值专项贷款。[②]

第五节　经济合作新动力：地方合作

地方合作是指上合组织成员国国内地方政府、企业、社会组织之间的经济和文化交流活动。与中央政府合作不同，地方合作不涉及外交和安全领域，而且地方合作项目必须符合成员国法律规定。

一　上海合作组织地方合作处于初始阶段

上合组织地方合作起源于成员国间双边地方合作，如中国东北地区与俄罗斯远东地区、中国新疆与“两廊一桥”国家地方合作、长江 - 伏尔加河流域合作、孟中印缅经济走廊等。在地方合作不断发展的前提下，上合组织框架下的地方合作便应运而生。

早在 2005 年 11 月举行的首届欧亚经济论坛会上，欧亚国家地方政府

---

① 《上海合作组织成员国政府首脑（总理）理事会第十七次会议联合公报》，2018 年 11 月 12 日，上海合作组织秘书处，http：//chn. sectsco. org/documents/。

② 《中方将在上合组织银行联合体框架内设立 300 亿元等值专项贷款》，2018 年 6 月 10 日，http：//www. xinhuanet. com/world/2018 -06/10/c_ 1122963812. htm。

的代表举行了圆桌会议，具体讨论地方政府合作事宜。因上合组织秘书处是主办方之一，中国学者认为，这次会议标志着在上合组织框架内首次在正式场合提出地方合作问题。同时，中国学者提出上合组织框架下的地方合作可以从以下几个方面发展：在中国东北和俄罗斯远东地区以重工业为主导建立全面的地方合作；在中国西北地区和上合组织成员国中的中亚国家建立以旅游为特色的地方合作；把中国上海建成上合组织地方合作的金融中心；提高粤港澳经济区在上合组织中的影响力；在科技文化领域建立稳定和长期的地方合作。① 因上述倡议缺少从需求侧的考虑，并脱离了上合组织发展的实际水平，所以上合组织地方合作发展得十分缓慢。12年后，地方合作才首次进入上合组织政府间合作议程。《上海合作组织成员国元首阿斯塔纳宣言》（2017 年 6 月 9 日）中写道，成员国支持开展地方合作，欢迎建立“上合组织地方领导人论坛”的倡议，并建议在此方面继续开展工作。同年 9 月 21 日，上合组织成员国地方领导人圆桌会在“欧亚经济论坛（2017 年）”举办期间召开，上合组织副秘书长诺斯罗夫致辞，中国陕西省副省长魏增军和西安市市长上官吉庆、哈萨克斯坦共和国江布尔州州长卡科列科巴耶夫，俄罗斯联邦车里雅宾斯克州政府驻中国代表普鲁茨基赫，亚美尼亚共和国久姆里市市长巴拉萨尼扬等地方政府代表参加了会议。② 但这并不属于上合组织框架下的地方领导人论坛，而是借助地方经济论坛举行的一次会议。2017 年 11 月 30 日至 12 月 1 日在俄罗斯索契举行了上合组织成员国政府首脑（总理）理事会第十六次会议，会后发布的联合公报表示，各代表团团长探讨了关于发展上合组织成员国地方合作的问题，欢迎建立上合组织地方领导人论坛的倡议并建议继续就此开展工作。③

---

① 崔暨：《积极推动上海合作组织　建立地方合作机制》，《当代世界》2006 年第 5 期。

② 《上合组织成员国地方领导人圆桌会在西安召开》，2017 年 9 月 21 日，http：//scochina.mfa.gov.cn/chn/zfzxg/t1502226.htm。

③ 《上海合作组织成员国元首阿斯塔纳宣言》和《上海合作组织成员国政府首脑（总理）理事会第十六次会议联合公报》，上海合作组织秘书处，http：//chn.sectsco.org/documents/。

尽管地方合作需要共同利益做基础，但出于国际法主体的考虑，上合组织框架下的地方合作离不开成员国中央（联邦）政府的支持。2018 年 6 月在中国青岛举行的上合组织成员国元首理事会上，地方合作有了进一步的发展。元首宣言提出，成员国欢迎建立上合组织地方领导人论坛，开展地区间合作，注意到关于 2018 年在俄罗斯联邦车里雅宾斯克市举办论坛首次会议的建议。[①] 在 2018 年 10 月 11 日至 12 日举行的上合组织成员国政府首脑（总理）理事会第十七次会议上，成员国政府首脑（总理）在发展地方合作上同意：（1）落实设立上合组织地方领导人论坛的倡议具有重要意义，欢迎 2018 年 12 月 4 日至 6 日在车里雅宾斯克市举行上合组织成员国地方领导人首次会晤；（2）支持制定《上合组织成员国地方合作发展纲要》的建议，主张尽快商定并通过该文件。[②]

受上合组织青岛峰会和自身发展需要的影响，中国山东青岛市政府于 2017 年通过山东省政府致函支持青岛欧亚经贸园区创建上合组织地方经贸合作示范区，经过地方政府与中央主管部委多次协商沟通、审核，2018 年 5 月商务部正式复函山东省人民政府办公厅和青岛市人民政府办公厅，表示支持中国山东青岛创建全国首个“中国—上合组织地方经贸合作示范区”，该示范区按照“物流先导、跨境发展、贸易引领、产能合作”发展模式，积极探索与上合组织国家经贸合作模式创新，形成可复制可推广的上合组织地方经贸合作经验做法，全力打造面向上合组织国家的对外开放新高地。[③] 在随后举行的上合组织青岛峰会期间，中国领导人表示，中国政府支持在青岛建设中国—上合组织地方经贸合作示范区。[④] 在青岛峰会结

---

① 《上海合作组织成员国元首理事会青岛宣言》，2018 年 6 月 10 日，上海合作组织秘书处，http：//chn. sectsco. org/documents/。

② 《上海合作组织成员国政府首脑（总理）理事会第十七次会议联合公报》，2018 年 10 月 11 日至 12 日，上海合作组织秘书处，http：//chn. sectsco. org/documents/。

③ 王媛：《中国—上合组织地方经贸合作示范区将落户青岛》，2018 年 6 月 11 日，半岛网 - 半岛都市报，http：//news. bandao. cn/news_ html/201806/20180611/news_ 20180611_ 2837062. shtml。

④ 习近平：《弘扬“上海精神” 构建命运共同体——在上海合作组织成员国元首理事会第十八次会议上的讲话》，2018 年 6 月 10 日，http：//paper. people. com. cn/rmrb/html/2018 - 06/11/nw. D110000renmrb_ 20180611_ 1 - 03. htm。

束3个月后，中国—上合组织地方经贸合作示范区发展迅速，根据新华社的报道，9月28日位于山东青岛的中国—上合组织地方经贸合作示范区首批26个项目（总投资437亿元）动工建设，标志着示范区建设正式启动，项目涉及高端装备制造、人工智能、智能制造和电力装备、智能家居定制、电商与现代物流等。[①] 不过，中国—上合组织地方经贸合作示范区并不隶属上合组织框架下的合作，这是中国主导的以促进上合组织成员国地方合作为目的的经济合作区。

二　地方合作的作用

地方合作是上合组织正在尝试的合作形式，预期对促进上合组织发展具有积极作用。具体表现为以下几个方面。

第一，能够适应地区需要，加强成员国边境地区经济往来。历史上，上合组织成员国间陆地联系相互交错（见表7－16），成员国间联系就非常密切。在相当长的历史时期内，古代中国曾在中亚和东北亚地区扮演着多元文明共存下的经济中心角色。当商业资本主义和新大陆殖民主义兴起后，[②] 不可避免地被帝国主义国家征服，中亚成为沙皇俄国的一部分。[③] 但在沙皇俄国时期，中国与周边国家边境往来并未终止。在苏联时期，因冷战和中苏关系恶化，中国与周边国家在边境地区的经济活动几乎终止。冷战结束后，上合组织所处边境地区经济活动出现了“无序的、井喷式的”反弹，经过二十多年的发展，边境地区经济活动才逐步走向了规范式的发展。目前，中国与上合组织成员国边境通道基本打通。在中国东北地区，建有5个中俄海关监管结果互认试

① 《中国—上合组织地方经贸合作示范区正式启动建设》，http：//www.xinhuanet.com/fortune/2018－09/28/c_ 1123498597.htm。

② 〔美〕斯塔夫里阿诺斯：《全球分裂：第三世界的历史进程》（上、下），王红生等译，北京大学出版社，2017。

③ 〔美〕尼古拉·梁赞诺夫斯基、马克·斯坦伯格：《俄罗斯史》（第8版），杨烨、卿文辉、王毅主译，上海人民出版社，2013。

点，并运行良好[①]；在中国西北地区，中哈“关铁通”项目测试成功。

在上合组织地方合作中，中国是核心动力，这是由中国在该地区空间经济中的地位决定的。根据表7-16，我们可以发现，在上合组织8个正式成员国中，中国是与其他成员国陆地接壤最多的国家，7个成员国中有6个成员国与中国有陆地接壤，其次是哈萨克斯坦、塔吉克斯坦和吉尔吉斯斯坦，再次是乌兹别克斯坦和巴基斯坦，接壤最少的是俄罗斯与印度。可见，中国在上合组织地方合作中的地位十分突出。

表7-16　上海合作组织成员国间的陆地联系

	IN	KZ	CN	KY	PA	RU	TA	UZ
IN			★		★			
KZ			★	★		★		★
CN	★	★		★	★	★	★	
KY		★	★				★	★
PA	★		★				★	
RU		★	★					
TA			★	★	★			★
UZ		★		★			★	

注：★代表有陆地接壤；IN=印度；KZ=哈萨克斯坦；CN=中国；KY=吉尔吉斯斯坦；PA=巴基斯坦；RU=俄罗斯；TA=塔吉克斯坦；UZ=乌兹别克斯坦。

资料来源：笔者根据地图自制。

第二，弥补现有经济合作的不足。经济合作是推动上合组织发展的支柱之一，但是上合组织框架下的经济合作依然存在着很多问题，其中贸易便利化水平低、发展利益分歧、合作领域和层次不均衡等比较突出。[②] 寻

① “监管结果互认”是指两国海关在预先信息交换的前提下，进口国口岸海关对特定商品认可对方监管结果，免予重复查验并直接放行。这意味着经中国海关（俄罗斯海关）查验的出口货物，俄罗斯海关（中国海关）一般不予查验，直接放行予以通关便利，真正实现跨国无障碍转运的“绿色通道”。参见中国海关官网，http：//www.customs.gov.cn/customs/302249/302425/635414/index.html。

② 韩璐：《深化上海合作组织经济合作：机遇、障碍与努力方向》，《国际问题研究》2018年第3期。

找新的合作途径始终是上合组织努力的方向，而因受贸易便利化和发展利益分歧较小，地方合作便成为上合组织众多合作形式中的一种。目前中俄地方合作全面展开，中国的内蒙古自治区、辽宁省、吉林省、黑龙江省、江苏省、浙江省、山东省、四川省、广东省等 9 个省份与俄罗斯滨海边疆区、哈巴罗夫斯克边疆区、阿穆尔州、犹太自治州、后贝加尔边疆区、鞑靼斯坦共和国、下诺夫哥罗德州、伊尔库茨克州、莫斯科州、斯维尔德洛夫斯克州、雅罗斯拉夫尔州、图拉州、车臣共和国等 13 个联邦主体都有不同水平的合作。[①] 中俄地方合作机制包括区域性和非区域性的，区域性地方合作机制有中国东北地区和俄罗斯远东及贝加尔地区政府间合作委员会、中国长江中上游和俄罗斯伏尔加河沿岸联邦区地方合作理事会两大区域性合作机制。非区域性的主要是中俄友好、和平与发展委员会地方合作理事会，在此框架下中俄缔结了 140 对友好省州和城市关系。目前，中国计划筹建总额 1000 亿元人民币的中俄地区合作发展投资基金，中国山东青岛计划在莫斯科核心地区投资 300 亿卢布建设俄中地方合作园，与中俄地方合作园（青岛）形成联动。[②] 此外，中国与其他上合组织成员国也有较好的地方合作[③]（见表 7－17）。

表 7－17　中国与上合组织成员国间的地方合作

国家	合作基础	合作内容
印度	孟中印缅经济走廊倡议	推动中印两大市场紧密连接
哈萨克斯坦	中华人民共和国和哈萨克斯坦共和国联合声明	推动建立友好城市，拓展合作区域和领域
吉尔吉斯斯坦	关于中吉两国毗邻地区合作规划纲要（2015～2020 年）	利用毗邻地区的比较优势，拓宽合作领域，提升合作水平，扩大毗邻地区双边贸易和相互投资规模
巴基斯坦	中巴经济走廊	农业示范项目、“安全城市”项目、加强互联互通，促进两国共同发展

① 《习近平和俄罗斯总统普京共同出席中俄地方领导人对话会》，2018 年 9 月 11 日，http：//www.gov.cn/xinwen/2018－09/11/content_5321156.htm。

② 《地方合作为中俄关系发展注入新动力》，2018 年 9 月 18 日，http：//www.xinhuanet.com/world/2018－09/18/c_1123447430.htm。

③ 《首届中国－哈萨克斯坦地方合作论坛在广西南宁举办》，2017 年 9 月 11 日，http：//www.mofcom.gov.cn/article/ae/ai/201709/20170902642028.shtml；肖斌：《哈萨克斯坦在中哈产能合作中的政治反应：基于 IPE 的分析》，《欧亚经济》2018 年第 4 期。

续表

国家	合作基础	合作内容
塔吉克斯坦	中塔合作规划纲要	扩大和深化安全、基础设施建设、投资、经贸、能源资源、农业、金融、人文、生态环保等领域的合作
乌兹别克斯坦	中华人民共和国和乌兹别克斯坦共和国联合声明	友好城市、优化贸易结构、扩大合作规模、对接基础设施、促进互联互通

资料来源：根据相关资料整理。

中国是上合组织地方合作的主要推动力，在中国的积极推动下，上合组织成员国间的地方合作都取得了较大的成绩。例如，在中国政府和中国企业的帮助下，塔吉克斯坦实现了国家路网、电网的统一。中国已成为塔最大投资来源国和最主要贸易伙伴之一，2017 年双边贸易额较建交之初增长 300 多倍，在塔的中资企业达 400 多家，合作领域涉及基础设施、能源电力、通信交通、矿产开发、建筑建材、农业和农产品加工等塔经济发展各优先领域。中塔许多合作项目对提升塔工业化水平、实现从农工业国向工农业国转变的发展目标发挥了重要作用。①

第三，有助于推动上合组织形成命运共同体。上合组织成员国地处世界两大经济中心（西欧和东亚）边缘，在融入国际经济体系的过程中，往往被市场和资本忽视、边缘化，与发达经济体相比，经济发展通常表现为速度快、质量低。与此同时，成员国间发展差距明显，根据表 7 - 18，我们可以看出，2018 年上合组织成员国全球竞争力（平均）在全球 140 个国家中为 70，最高为 28，最低为 107。为此上合组织需要考虑因发展差距较大而带来的合作不对称问题。

① 《中国与塔吉克斯坦政府签署〈中塔合作规划纲要〉》，中国发改委；http：//xbkfs. ndrc. gov. cn/gzdt/201709/t20170901_ 859864. html；岳斌（中华人民共和国驻塔吉克斯坦共和国大使）：《中塔全面战略伙伴关系扬帆正当时》，2018 年 10 月 11 日，新华网，http：//www.,xinhuanet. com/world/2018 - 10/11/c_ 129969332. htm。

表 7-18　上合组织成员国全球竞争力排名

	2010~2011 年	2014~2015 年	2016~2017 年	2018 年
印度	51	71	39	58
哈萨克斯坦	72	50	53	59
中国	27	28	28	28
吉尔吉斯斯坦	121	108	111	97
巴基斯坦	123	129	122	107
俄罗斯	63	53	43	43
塔吉克斯坦	116	91	77	102
乌兹别克斯坦	N/A	N/A	N/A	N/A
平均排名	81.8	75.7	67.5	70.5

注：N/A = 没有数据。

资料来源：根据世界经济论坛全球竞争力报告整理。

从上合组织成员国国情来看，地方合作大都处于远离本国经济中心的地方，尤其是沿边地区（边境地区）。通过地方合作，上合组织经济合作更加平衡有序，更加契合成员国迫切需要解决的问题。此外，沿边地区也是部分上合组织成员国间经常出现领土争议的地方。例如，塔吉克斯坦与乌兹别克斯坦在撒马尔罕和布哈拉归属问题上存在分歧；塔吉克斯坦和吉尔吉斯斯坦两国之间还存在着不少争议地区；吉尔吉斯斯坦与乌兹别克斯坦尚有近 25% 的边境地区需要划分，尤以奥什州的归属最为关键。可见，通过地方合作还可以加强相互之间的沟通，实现和平发展，从而推动上合组织命运共同体建设。

三　地方合作的发展方向：基于中国学者的观点

尽管上合组织成员国间地方合作日益紧密，但在上合组织多边框架下的地方合作才刚刚起步。因此，对于上合组织地方合作发展方向，我们可能需要从当前双边合作中吸取相关经验。中国作为上合组织地方合作的核心推动力，其学者的观点具有一定的典型性。

首先，地方合作需要上海合作组织成员国元首的高度认可。有学者认为，成员国元首访问对方国家时，通过访问地方可以了解当地社会经济发展情况，在参观地方合作项目时，直接对地方合作项目起了推动作用。此外，成员国元首在互访时，代表团经常会有本国地方领导人陪同，为推动地方合作起到了积极作用。[①] 诸如，中俄地方合作开展得有声有色，与中俄两国元首重视密不可分。2018 年 9 月 11 日中俄两国领导人在出席中俄地方领导人对话会时，中国国家主席习近平指出，地方合作在中俄关系中扮演着重要角色。国家合作要依托地方、落脚地方、造福地方。地方合作越密切，两国互利合作基础就越牢固。习近平主席就发展地方合作提出四点建议：一要发挥地方政府作用，加强统筹协调，切实优化政策环境，鼓励更多地方结好，为两国企业相互投资营造更优质的营商环境、更便利的合作条件。二要创新合作思路，拓展合作地域，善用合作平台，发展好现有机制，深入探讨推进区域合作新方式。三要深挖互补优势，突出地方特色，实现合作精准对接，整合优质资源，激发合作内生动力，化优势为收获，打造合作亮点。四要密切人文交流，强化合作的主流民意和社会基础，推动两国地方文化、旅游、教育、媒体等领域交流机制化、常态化，增进彼此好感和认同感。俄罗斯总统普京表示，地方合作是俄中全面战略协作伙伴关系重要组成部分，两国地方开展了密切的经贸和人文交流合作。俄罗斯政府欢迎中国企业来俄罗斯投资兴业，愿继续为加强两国地方合作提供良好条件和环境。新形势下，俄中双方要以地方合作交流年为契机，提升互联互通水平，推进贸易和投资自由化便利化，增进民间友好，推动两国地方合作取得更多惠及两国人民的成果。[②] 在 2018 年 9 月举行的第四届东方经济论坛期间，中俄两国元首签署了《中俄在俄罗斯远东地区合作发展规划（2018～2024 年）》（以下简称《规划》），并在中俄总理第 23 次定期会晤期间正式批准，该《规划》是中国商务部和俄罗斯远

---

① 田永祥：《充分利用中俄地方合作的积极因素》，《西伯利亚研究》2018 年第 4 期。

② 《习近平和俄罗斯总统普京共同出席中俄地方领导人对话会》，2018 年 9 月 11 日，http：//www.xinhuanet.com/politics/leaders/2018－09/11/c_1123415050.htm。

东发展部编制的文件。①

其次，地方合作模式以轴带—网络式为主。上合组织地方合作属于跨国次区域性经济合作，根据中国学者的研究，跨国次区域经济合作模式可分为轴带式和网络式合作模式。轴带式合作模式是指以重点城市作为经济增长极，以交通线为经济发展轴，促进产业布局集中于增长极和发展轴两侧，加速要素资源跨国跨区域流动和交换，逐渐成长为极具潜力的交通经济带，从而实现由点带轴、由轴带面的区域经济合作模式。网络式合作模式是轴带式合作发展的结果，随着增长极之间联系紧密而建立更多路径的联系通道，这些通道纵横交错形成交通网络，有利于进一步深化区域经济的辐射与扩散效应，由此形成跨国区域空间网络经济结构。② 根据上合组织成员国实际情况，轴带—网络合作模式的目标是在推动上合组织地方合作中，既要沿轴发展，也要沿网发展，因为轴网并举才能调动成员国地方政府的积极性、吸引更多的民间资本介入，让地方合作的发展建立在需求侧上。轴是指以“互联互通”为主轴、中心节点城市为重点，网是指建立成员国双边、小多边（3~4国）、多边（4国以上）区域合作。

再次，金融支持地方合作。推进上合组织地方合作是一项系统工程，金融支持则是落实地方合作的直接动力。但是，任何合作都需要有前提条件，而金融支持上合组织地方合作需要满足以下前提条件：一是要符合上合组织经济合作的目标，即促进区域经济共同且协调发展，提高人民生活水平；维护和发展地区的和平、安全和稳定；通过经济合作发展人民间的友好关系。二是要符合上合组织成员国特定优势原则，即充分考虑成员国的行业优势、规模优势、区位优势、组织优势。三是充分理解地方合作属于合作博弈，合作方都有追求利益最大化的动机，即在地方合作中，双方都会为自身利益最大化而讨价还价，但最终目标是为了谋求合作，并预期

① 《中俄在俄罗斯远东地区合作发展规划（2018~2024年）》，http://images.mofcom.gov.cn/www/201811/20181115164728217.pdf。

② 刘彦君：《“一带一路”战略下中俄区域经济合作研究》，东北财经大学博士学位论文，2016年5月，第54页。

能产生双方都愿意接受的合作剩余。[①] 为此，金融支持上合组织地方合作需优先选择广义的信贷支持方案，即综合利用成员国国内外股权、债权、基金、信贷、信保及本外币多种融资方式和多币种组合，为地方合作提供有效的整体融资体系；金融支持上合组织地方合作需优先考虑成员国间“互联互通”项目以及有发展潜力的经济特区和工业园区项目；金融支持上合组织地方合作需优先支持“绿色经济”企业和农业项目；金融支持上合组织地方合作需要向人文交流项目提供更多的支持。

经济合作是上合组织四大支柱之一。成立以来，上合组织经济合作取得了较大发展。从上合组织经济合作的发展来看，只有巩固及扩大贸易合作，投资、金融、技术等领域的合作才可能获得更大的发展。为此，上合组织经济合作优先工作是，加强海关合作、促进贸易便利化是落实《上海合作组织成员国多边经贸合作纲要》的关键；交通运输便利化是上合组织成员国贸易便利化的基础。通过多年的合作，上合组织成员国在交通基础设施方面取得了相当丰硕的成果，但是在运输协定方面，还亟待上合组织成员国合作推进。在农业合作方面，上合组织成员国围绕粮食安全合作开展了多边合作，从而为上合组织成员国开展多边经济合作打下了良好的基础。自成立以来，上合组织金融合作的确取得了很大成果，在推进上合组织成员国经济合作方面发挥了非常大的作用。但是，我们也要看到，上合组织金融合作的动力主要来自外部压力，内部自发的合作意愿还不够。当外部压力减小时，上合组织金融合作发展得比较缓慢，但是我们也需要看到，上合组织成员国迫切发展的意愿较高，上合组织金融合作发展潜力巨大。此外，上合组织成员国地方合作正在发展中，而地方合作将是上合组织经济合作的新动力。

① 肖斌：《金融支持中哈产能合作：基于聚集效应的思考》，《欧亚经济》2017 年第 2 期。

第八章

上海合作组织的人文合作

在上合组织所处的欧亚地区，人文交流历史悠久，东西方文明在此交汇融合。作为政府间国际组织，上合组织的发展是系统工程，需要多个领域共同协作发展，其中就包括人文合作。目前，上合组织人文合作涉及的内容广泛，包括文化、旅游、卫生、教育、体育、科技、媒体、青年交流、文物保护等，在促进上合组织成员国相互信任和睦邻友好方面发挥着积极作用。

第一节　人文合作机制：多边合作协议、会议机制和对话合作机制

人文合作是上合组织发展较快的领域，合作广度不断扩大，参与合作的主体包括官方和非官方两个层面。但是，由于文化边界普遍存在于上合组织成员国之间，因此，人文合作机制主体依然是以上合组织成员国为主。人文合作机制主要由多边协议、政府间人文合作会议机制（以下简称政府间会议机制）、非官方对话合作机制组成。在多边协议方面，除《上海合作组织宪章》外，上合组织还签署了具体的合作协议（包括协定、条约、纲要、声明、构想）等。政府间会议机制是指部门领导人会议和部门工作组会议。但是，根据《上海合作组织宪章》，上合组织元首理事会、政府首脑（总理）理事会在人文合作上有关于优先领域、基本方向、具体发展领域的决定权。因此，在实际运行中，人文合作定期会议还应包括上合组织元首理事会和政府首脑（总理）理事会。

除上述两个机制外，上合组织还在很多领域设立了对话性质的人文合作机制（以下简称“对话合作机制”），包括上合组织论坛、国家行政学院论坛、中国上合组织睦邻友好合作委员会等，对话合作机制对推动上合组织发展具有非常积极的作用。俄罗斯总统普京曾评价上合组织论坛是一个独特的非政府专家机制；[①] 时任中国外交部部长杨洁篪则评价说，上合组织论坛通过组织各种形式的交流、研讨和互访活动，充分沟通信息、建言献策，为政府部门提供了有益建议和决策依据，有力地促进了上合组织的发展。[②]

一　多边合作协议

截至 2018 年 12 月，上合组织已签署了以下人文合作协议：《上海合作组织成员国政府间教育合作协定》（2006 年）、《上海合作组织成员国政府间文化合作协定》（2007 年）、《上海合作组织地区防治传染病联合声明》（2009 年）、《上海合作组织成员国政府间科技合作协定》（2013 年）、《上海合作组织成员国旅游合作发展纲要》（2016 年）、《上海合作组织成员国元首关于在上海合作组织地区共同应对流行病威胁的声明》（2018 年），上述文件与《上海合作组织宪章》及其他相关条约一起成为指导人文合作的基本文件。

（1）《上海合作组织成员国政府间教育合作协定》是较早签署的人文合作文件。合作宗旨和原则是，重视加强上合组织成员国间在教育领域的合作，考虑到在教育领域传统的密切而富有成效的联系，为在平等、独立并保持各方国家教育体系完整的原则上进一步巩固和发展互利合作。具体的合作内容包括：交流教育改革经验和信息、交流学生和科研教学工作者、交换教育法规、鼓励本国教育机构和组织学生相互参加学科竞赛和联

① 《上海合作组织——成功开展国际合作的新模式——俄罗斯总统普京为上海合作组织 2006 年峰会撰文》，2006 年 6 月 14 日，http://world.people.com.cn/GB/1030/4470306.html。

② 《杨洁篪在上海合作组织论坛第三次会议上的讲话》，https://mgimo.ru/about/structure/ucheb-nauch/imi/civa/docs/sco-chinese-version/。

合活动、交换教育项目、学历证书相互认证、学生社团合作等。[①]

（2）《上海合作组织成员国政府间文化合作协定》是人文合作最主要的文件，根据该协定，上合组织成员国依照国际法准则和各自国家法律，在音乐、舞台艺术、造型艺术、电影、档案、图书馆和博物馆事业、文化遗产保护、民间工艺、实用装饰艺术、业余文娱事业和杂技艺术等领域，以及其他创作活动方面进行合作。具体的合作内容包括培训、举办文化活动、防止文物非法出入境、修复文物和文化遗产、举行国际电影节、举办民间创作艺术节、交换档案、举办图书博览会等。[②]

（3）《上海合作组织地区防治传染病联合声明》和《上海合作组织成员国元首关于在上海合作组织地区共同应对流行病威胁的声明》是卫生健康领域的合作。前者属于人文合作的基本文件。受多种因素影响，在上合组织地区存在暴发包括流行性感冒、鼠疫、严重急性呼吸道综合征（SARS）、出血热、霍乱及其他严重传染性疾病的可能性。为降低上述卫生健康问题对上合组织地区经济、社会和人道主义形势的负面影响，上合组织成员国一致同意选择双边和多边平台相互协作的形式，共同应对上合组织地区的流行病威胁。具体合作内容包括：开发实验室网络潜力；传染病信息的收集和处理；及时透明地交换传染病暴发信息；在传染病研究方面加强科研和交流，包括实施双边和多边联合科研计划并对学术界予以支持；加强卫生及其他部门间的卫生应急合作。[③]

（4）《上海合作组织成员国政府间科技合作协定》是上合组织人文合作内容之一，签署该协定的目的是致力于在平等和互相尊重的基础上扩大合作，发展和加强上合组织成员国之间的友好关系。具体合作内容包括：

---

① 《国务院关于决定核准〈上海合作组织成员国政府间教育合作协定〉的批复》（国函〔2007〕98号），http：//www. gov. cn/zhengce/content/2008－03/28/content_ 6892. htm。

② 《上海合作组织成员国政府间文化合作协定》，上海合作组织秘书处，http：//chn. sectsco. org/documents/。

③ 《上海合作组织地区防治传染病联合声明》《上海合作组织成员国元首关于在上海合作组织地区共同应对流行病威胁的声明》，上海合作组织秘书处，http：//chn. sectsco. org/documents/。

环境保护和自然资源的合理利用；生命科学；农业科学；纳米和新材料；信息和通信技术；能源和节能；地球科学，包括地震学和地理学；共同商定的其他合作领域。在双边和多边基础上，上合组织成员国科技合作的形式包括：组织科学技术研究；制订和实施联合科技计划和项目；在上合组织框架下组织和参加科学会议、研讨会和其他活动；围绕各个科学领域开展创新技术的研究和应用；交流科技信息；交流专家和学者；各方共同商定的其他可能形式。①

（5）《上海合作组织成员国旅游合作发展纲要》不仅有助于扩大人文合作，而且有助于推动上合组织民间交流和中小型服务企业发展。合作的主要方向：努力扩大和发展平等、互利的双边和多边旅游合作，在现行的文化、历史和经济联系的基础上形成共同旅游空间，加强旅游交流，增加上合组织成员国在该领域的收入，创造新的就业机会，提高居民的生活质量；采取必要措施共同提升旅游服务质量，在保护旅游者合法权益和保障旅游安全方面开展合作；促进旅游企业和相关行业的合作，吸引投资建立和完善上合组织成员国旅游基础设施。具体合作形式包括：通过参加国际旅游展览会、洽谈会和国家旅游部门支持举办的其他活动，联合推广旅游产品；促进旅游主管部门和业界之间的合作；为上合组织成员国公民旅游往来创造便利条件；交换旅游资源信息资料，使用专业旅游信息中心的电子和印刷媒体，在上合组织区域创造良好的旅游信息环境；举办旅游论坛、研讨会、圆桌会议，交流经验，形成组织旅游活动的共同观点，吸引投资，建立和完善旅游基础设施；支持旅游企业关于开通和推动新的旅游线路的倡议；在旅游科研和技术领域开展工作；在保障旅游活动安全、完善旅游保险体系方面进行合作。②

为了推动促进成员国间相互交流，上合组织可能会出台更多的协议来推动人文合作发展。在保护和尊重成员国文化多样性的前提下，促进文化

① 《上海合作组织成员国政府间科技合作协定》，上海合作组织秘书处，http://chn.sectsco.org/documents/。

② 《上海合作组织成员国旅游合作发展纲要》，上海合作组织秘书处，http://chn.sectsco.org/documents/。

知识传播、保护遗产、开展非商业文化、发展文化产业和资本、开展区域旅游、促进卫生健康等将是上合组织人文合作的发展方向。

二　政府间会议机制

政府间人文合作会议是上合组织人文合作机制的重要一环。根据《上海合作组织宪章》和已签署的合作协议，针对具体的合作领域，设立专家工作组，专家工作组每年至少召开一次会议，或根据需要，在两个或两个以上成员国的倡议下召开会议，总结该协定实施情况，并制定实施建议。专家工作组是为该领域部长会议做前期准备的合作机制，通过专家工作组形成合作意向，再经部长会议（每年或每两年）形成合作草案，在元首理事会或政府首脑（总理）理事会上最终达成合作协议。此外，上合组织人文合作还有部门领导人会议，部门领导人会议每两年召开一次，例如，紧急救灾领域的合作就是以部门领导人会议为主。目前，在人文合作领域已形成以下主要会议机制（见图 8－1）。

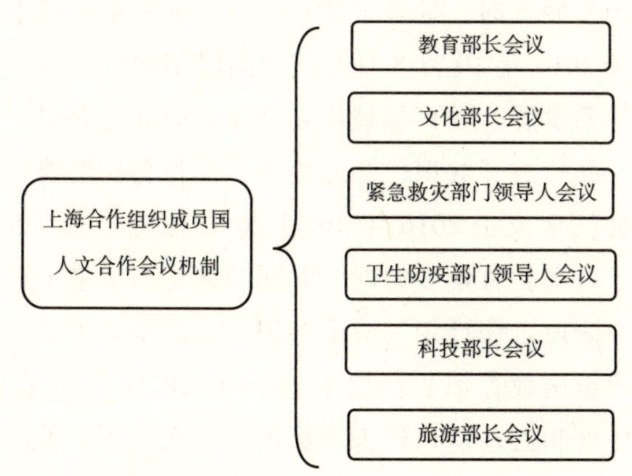

图 8－1　上海合作组织政府间主要人文合作会议机制

资料来源：根据《上海合作组织宪章》及相关文件制作。

（1）上合组织成员国教育部长会议。首届上合组织成员国教育部长会议是 2006 年 10 月 19 日在北京启动的，会上重点研究落实《上海合作组织成员国政府间教育合作协定》的具体措施。会议决定成立成员国常设教育专家工作组，批准了专家工作组工作条例，并责成专家工作组继续就制定成员国政府间学历证书及学制互认协定文本草案开展工作；第二届上合组织成员国教育部长会议于 2008 年 10 月 22 日在哈萨克斯坦阿斯塔纳召开，会议总结了《上合组织成员国政府间教育合作协定》落实情况，通过了《上海合作组织教育部长宣言》，讨论了组建上合组织网络大学的构想，并对未来几年上合组织各成员国间教育领域合作做出了规划；第三届上合组织成员国教育部长会议于 2010 年 9 月 23 日在俄罗斯新西伯利亚市举行，会议重点就上合组织大学的实施进程、教育质量监控和保障等问题进行了深入研讨，各国教育部长共同签署了部长会议纪要和关于进一步共同行动成立上合组织大学的纪要，发表了部长会议联合公报，审议并通过了《上海合作组织成员国政府间教育合作协定 2011～2012 年实施活动清单》和教育专家工作组提交的年度报告；2012 年 10 月 11 日，第四届上合组织成员国教育部长会议在吉尔吉斯斯坦比什凯克举行，会议讨论了上合组织大学的发展方向，签署了部长会议纪要；第五届上合组织成员国教育部长会议于 2014 年 10 月 8 日在俄罗斯巴尔瑙市举行，会议重点就成员国国家教育体系发展、教育领域优先合作方向和上合组织大学建设等问题进行了讨论，并达成了共识，会后签署了部长会议纪要；第六届上合组织成员国教育部长会议于 2016 年 10 月 20 日在塔吉克斯坦杜尚别举行，会议相互通报了各国教育发展情况，共同回顾了两年来上合组织教育合作进展，并就下一阶段合作计划达成了共识，会后签署了部长会议纪要；第七届上合组织成员国教育部长会议于 2018 年 10 月 17 日在哈萨克斯坦阿斯塔纳举行，印度和巴基斯坦作为成员国第一次出席了本次会议，会议审议通过了《2019～2020 年上海合作组织大学发展路线图》等一系列文件，会后签署了部长会议纪要。①

（2）上合组织成员国文化部长会议。上合组织首个人文合作部长级

① 根据中华人民共和国教育部信息整理，http：//www.moe.gov.cn/jyb_ xwfb/gzdt_ gzdt/moe_ 1485/201610/t20161020_ 285771.html。

机制是成员国文化部长会议，至2018年5月17日已举行15次。首次上合组织文化部长会议于2002年4月11日在中国北京举行，会后发表了《上海合作组织文化部长联合声明》，声明指出成员国之间有传统的友好睦邻关系，文化资源丰富，便于开展多种形式的多边或双边文化交流；上合组织框架内的政治、安全、外交和经济等领域的密切合作为开展文化交流奠定了坚实的基础，这些是成员国开展文化合作得天独厚的条件；第二次上合组织文化部长会议于2005年7月在哈萨克斯坦举行，同年举行了首届上合组织文化艺术节，并决定落实上合组织成员国《2005～2006年多边文化合作计划》。经过磋商沟通，《上海合作组织成员国政府间文化合作协定》在2007年的8月举行的文化部长会议上签署。在2018年5月举行的上合组织成员国文化部长第十五次会议和首届上合组织文化艺术专家研讨会上，包括新成员国印度和巴基斯坦在内的8个上合组织成员国文化部代表参加了会议，会议就如何加强和深化上合组织文化合作等问题展开探讨交流，签署了《上海合作组织成员国文化部长第十五次会晤纪要》，通过了《上海合作组织成员国政府间文化合作协定2018～2020年执行计划》和《上海合作组织成员国文化部长第十五次会晤新闻声明》。

（3）上合组织成员国紧急救灾部门领导人会议。首次上合组织成员国紧急救灾部门领导人会议于2002年4月29日在俄罗斯圣彼得堡召开，会议商讨了成员国在紧急救灾领域的合作，并决定建立专家会议。2003年4月，上合组织在北京举行救灾部门专家级会议，对《上海合作组织成员国政府间救灾互助协定》草案进行磋商，在2005年10月莫斯科举行的上合组织成员国政府首脑（总理）第四次理事会上，与会成员国代表签署了《上海合作组织成员国政府间救灾互助协定》。上合组织成员国紧急救灾部门领导人第二次会议于2006年11月在北京召开，会议通过《上海合作组织成员国2007～2008年救灾合作行动方案》，为上合组织成员国在救灾联络、信息交流、边境区域救灾、人员研修和技术交流等方面开展活动奠定行动基础。上合组织成员国紧急救灾部门领导人第三次会议于2007年9月在吉尔吉斯斯坦比什凯克举行，研究落实救灾合作协定，深化救灾领域合作等问题，成员国还商定将建立上合组织救灾中心。第四次上合组织成员国紧急救灾部门领导人会议于 2009 年 6 月 5 日在哈萨克斯坦阿斯塔纳举行，会议批准了《上海合作组织框架内实施救灾互助合作 2009 ~ 2020 年活动计划》。在 2011 年 9 月 27 日于塔吉克斯坦杜尚别举行的上合组织成员国紧急救灾部门领导人会议上，与会成员国紧急救灾部门领导人一致认为应继续合作，以共同应对自然和技术灾害威胁，通过救灾技术交流等方式，提高应急反应能力；第七次上合组织成员国紧急救灾部门领导人会议于 2013 年 9 月 10 日在俄罗斯圣彼得堡举行，会议讨论通过了《〈上海合作组织成员国政府间救灾互助协定〉实施行动计划（2014 ~ 2015 年）》，并签署了会议纪要；第八次上合组织成员国紧急救灾部门领导人会议于 2015 年 11 月 11 日在中国四川成都召开，会议讨论通过了《2016 ~ 2017 年落实〈上合组织成员国政府间救灾互助协定〉行动计划》；第九次上合组织成员国紧急救灾部门领导人于 2017 年 8 月 24 日在吉尔吉斯斯坦乔尔蓬·阿塔市举行会议，新成员印度和巴基斯坦参加了本次会议，会议讨论通过了《2018 ~ 2019 年落实〈上合组织成员国政府间救灾互助协定〉行动计划》，并共同签署了《第九次上合组织成员国紧急救灾部门领导人会议纪要》。

（4）上合组织成员国卫生防疫部门领导人会议。首次上合组织成员国卫生部长会议于 2008 年 11 月在北京举行，① 随后在 2011 年 6 月签署了《上海合作组织成员国政府间卫生合作协定》。2015 年 7 月在俄罗斯莫斯科召开了第二次会议，会议的主题是“保障居民健康安全”，三个分议题分别是医药卫生体制改革、基本药物、打击医药产品造假行为，会议对此进行了深入探讨，会后签署了联合声明和会议纪要。与此同时，上合组织成员国还举行了卫生防疫部门领导人会议，该会议是由俄罗斯提议召开的，并于 2008 年、2011 年、2013 年、2015 年在俄罗斯莫斯科召开四次，第五次是 2017 年 10 月在俄罗斯索契召开。在第三次上合组织成员国卫生防疫部门领导人会议上，与会成员国卫生防疫部门代表就本地区卫生防疫

① 《上海合作组织成员国首次卫生部门高官会在京召开》，http：//www. gov. cn/gzdt/2008 - 06/27/content_ 1029741. htm。

领域所面临的威胁与挑战，包括主要传染性疾病的预防和控制、大型活动期间卫生防疫保障、食品质量安全与风险评估等议题进行了讨论，与会代表积极评价成员国相关部门在抗击传染性疾病领域所做出的努力和取得的成果，并表示将共同努力提高本组织在卫生防疫保障和预防传染性疾病大规模流行方面的能力，会议审议并通过了联合声明和由中方提出的《上海合作组织成员国传染病疫情通报方案》；在第四次上合组织成员国卫生防疫部门领导人会议上，成员国卫生防疫部门代表回顾了近年来本地区在传染病联防联控等方面开展的工作和所取得的成绩，深入探讨了未来各国在应对传染病跨境传播所面临的挑战与机遇，与会代表积极评价成员国相关部门在抗击传染性疾病领域所做出的努力和取得的成果，并表示将加强合作提高应对传染性疾病大规模流行方面的能力，会议审议并通过了联合声明和由俄方起草的《关于加强上海合作组织成员国应对传染病扩散的挑战与威胁能力的建议》。在第五次上合组织成员国卫生防疫部门领导人会议上，成员国卫生防疫部门代表讨论了防治传染病、提高人民健康及免受流行病威胁的问题，会议强调了通过区域和国际合作抵御传染病的重要性。上合组织成员国卫生防疫部门领导人会议正在制订《上合组织成员国卫生领域合作主要活动计划（2019～2021年）》。

（5）上合组织成员国科技部长会议。首届上合组织成员国科技部长会议于2010年5月11日在北京举行，会议决定建立上合组织科技部长定期会晤机制，并将设立上合组织成员国常设科技合作工作组；会议同意开展联合科学研究；联合组织举行培训班、研讨会、展览；共同培养人才、建立创新机构、实验室和科学中心，以及通过各方协商的其他方式开展多边科技合作。在合作过程中，遵循优势互补、合理分工、注重实效、兼顾各方利益的原则；会议商定，将在自然资源的保护和合理利用、能源和节能减排、生命系统技术（包括农业技术）、纳米和新材料、信息和通信系统等科技领域优先开展合作。2013年9月11日，上合组织成员国第二届科技部长会议在哈萨克斯坦首都阿斯塔纳举行，会议商定，应通过开展科学研究、组织和举办研讨会、会议和展览等形式开展多边科技合作；会议审议并通过了《上海合作组织成员国政府间科技合作协定》草案。上合组织成员国第三届科技部长会议2016年9月4日在吉尔吉斯斯坦伊塞克湖州举行，会议讨论了推动相关部门、团体和企业在信息通信领域开展合作，包括就推广和运用国家管理自动化技术交流经验；会议还通过了《〈上合组织成员国政府间科技合作协定〉落实措施计划（2016～2020年）》草案和《上合组织科技伙伴计划》。2018年4月18日，上合组织成员国第四届科技部长会议在俄罗斯首都莫斯科召开，新成员国印度和巴基斯坦参加了本次会议，会议商定进一步深化和密切上合组织框架下科技合作；各方就会议议题交换意见后满意地指出，第三届科技部长会议的共识得到有效落实；讨论了《〈上海合作组织成员国政府间科技合作协定〉落实措施计划（2016～2020）》以及《2017～2021年上海合作组织进一步推动项目合作的措施清单》中科技领域合作部分；会议还就上合组织成员国多边科技合作项目资助与协调机制问题交换意见，同时各方将着力在各成员国共同感兴趣的优先领域发展科技合作：自然保护技术、能效和节能、农业领域创新技术（包括粮食行业和粮食安全、生物技术和生物工程）、纳米及信息技术领域创新技术；各方表示，在遵守各成员国法律的前提下，有必要在科技合作领域开展专家和科学家交流，简化专家和科学团队共享科学基础设施（包括在上合组织成员国境内的大科学装置）的程序；会议各方商定于2020年召开上合组织成员国第五届科技部长会议。

（6）上合组织成员国旅游部长会议。首届上合组织成员国旅游部长会议于2018年5月在中国武汉举行，新成员印度和巴基斯坦参加了本次会议，成员国代表介绍了该国旅游业发展，就进一步挖掘合作潜力，拓宽合作领域，深化务实合作交换了意见；成员国代表审议并通过了《2019～2020年落实〈上海合作组织成员国旅游合作发展纲要〉联合行动计划》草案，并决定将按照规定程序，将该成果文件提交上合组织青岛峰会期间签署；鉴于进一步落实《上合组织成员国旅游合作发展纲要》（2016年6月24日，塔什干）的重要性，成员国代表建议上合组织秘书处按照规定程序研究与联合国世界旅游组织建立正式关系。首届上合组织成员国旅游部长会议前身是2015年3月25日在俄罗斯莫斯科举行的上合组织成员国旅游部门领导人会议，会议签署了《上海合作组织成员国旅游部门领导人会议纪要》。

除上述会议机制外，上合组织新设立了成员国铁路部门领导人会议（2018 年 9 月 19 日，乌兹别克斯坦塔什干），会议决定建立相关工作组织，并责成主管部门继续研究制定《上海合作组织成员国政府间建立和运行交通运输一体化管理系统协定》和上海合作组织铁路合作构想草案。

三　对话合作机制

上海合作组织论坛。上合组织论坛于 2006 年 5 月 22 日在俄罗斯莫斯科国立莫斯科国际关系学院成立，该论坛属于多边、社会性的专家咨询机制，目的在于促进本组织活动并提供学术支持，开展本组织成员国科研和政策研究中心之间的相互协作，共同研究本组织框架内的迫切问题，阐释本组织活动的任务和原则，扩大本组织与学术界及社会各界的交往，以及鼓励专家和学者在政治、安全、经济、生态、新技术、人文及其他领域交流意见。论坛遵循上合组织宪章原则，以各成员国法律及论坛规则为基础开展活动。论坛同上合组织秘书处、国家协调员理事会、成员国外交部保持密切协作。截至 2018 年 12 月，上合组织论坛已举行 13 次，第十三次会议于当地时间 2018 年 5 月 4 日在哈萨克斯坦阿斯塔纳举行。

上海合作组织国家行政学院院长论坛。一般而言，国家行政学院是各国中央政府培训高、中级国家公务员的新型学府和培养高层次行政管理及政策研究人才的重要基地，也是各国提供决策咨询服务、开展公共行政等领域理论研究的重要机构。建立上合组织国家行政学院院长论坛的初衷，就是促进成员国培养中高级行政人员的机构相互交流、相互沟通。上合组织国家行政学院院长论坛是时任中国国家主席胡锦涛同志在 2009 年 6 月上合组织成员国元首理事会第九次会议上提议召开的，2009 年 11 月 9 日首次上合组织国家行政学院院长论坛在北京举行，会议发表了《上海合作组织国家行政学院院长论坛联合声明》，参加这次会议的不仅有上合组织正式成员国代表，而且还有观察员国代表。

上海合作组织睦邻友好合作委员会。上合组织睦邻友好合作委员会是 2012 年 6 月在上合组织北京峰会上，由时任中国国家主席胡锦涛同志倡议成立的民间外交组织。目的是进一步拓宽上合组织国家间交流与合作的渠道，推进务实合作，增进人民友谊，巩固确保上合组织长远发展的社会和民意基础，为欧亚地区的和平与发展贡献力量。自 2013 年 8 月启动工作以来，上合组织睦邻友好合作委员会以举办主题国际论坛、研讨会为平台，以开展智库专家交流、邀请外方友好人士来华、举行多种形式的文化活动等形式，利用民间外交渠道增进上合组织国家间睦邻友好，推动经济、地方、人文、学术、青年、社团等领域务实合作，发挥着对官方外交有益补充的作用。2015 年 3 月，上合组织睦邻友好合作委员会成立了媒体、实业家、智库、人文四个分委会。它们在睦委会秘书处指导下开展工作，共同致力于服务欧亚外交。

上海合作组织人民论坛。首届上合组织人民论坛于 2018 年 4 月 9 日在中国陕西省西安市举行，成立该论坛的目的是探索建立与上合组织峰会配套的、新的民间对话平台，进一步扩大上合组织地区民间组织的交流与合作。论坛通过了首届上合组织人民论坛《西安宣言》。来自中国、尼泊尔、上合组织秘书处、柬埔寨、巴基斯坦、吉尔吉斯斯坦、俄罗斯以及上合组织成员国及观察员国、对话伙伴国的前政要、民间组织、智库、媒体人士共 12 个国家的 80 多位中外代表与会。

上海合作组织国家妇女论坛。首届上合组织国家妇女论坛 2018 年 5 月 16 日在北京举行，会议主题是“凝聚女性力量、促进共同发展”，与会代表包括上海合作组织成员国、观察员国、对话伙伴的政要、妇女机构和组织负责人，以及上合组织国家驻华使馆、上合组织秘书处、联合国机构代表等。论坛通过了《首届上海合作组织妇女论坛主席声明》，并支持吉尔吉斯斯坦于 2019 年举办下届论坛的建议。

上海合作组织媒体峰会。首届上合组织媒体峰会于 2018 年 6 月 1 日在中国北京举行，来自上合组织各国的新闻事务主管部门负责人、驻华使节、主流媒体负责人以及有关方面代表共 260 余人出席开幕式。与会的 110 多家中外媒体联合发表了《上海合作组织首届媒体峰会关于加强媒体交流合作的倡议》。中国国务院新闻办与部分成员国政府新闻事务部门签署了 3 项媒体合作备忘录，包括中国新闻社在内的中外媒体共签署了 15 项交流合作协议。

第二节　多种多样的人文合作形式

自上合组织成员国启动人文合作以来，人文合作的形式随着内容的丰富不断多样化，包括上合组织成员国文化节、上合组织大学、上合组织合作医院联盟、上合组织马拉松赛、上合组织图书馆、上合组织国家文化日、模拟上合组织、上合组织开放日、《画说西湖》论坛和上合组织国际美术双年展、上合组织电影节、上合组织之夜音乐会、上合组织大家庭、上合组织青年论坛、上合组织青年交流营等。在众多多边合作形式中，上合组织大学、上合组织文化节、上合组织马拉松赛是比较典型的合作形式。

一　多边教育合作：上海合作组织大学

上合组织大学是上合组织成员国高校间非实体合作网络，旨在加强成员国之间教育合作与交流，为上合组织各领域全面合作提供人力资源保障。[①]

俄罗斯是上合组织大学初创时的主导国。在 2007 年 8 月举行的上合组织成员国元首理事会期间，俄罗斯总统普京提议成立上合组织大学，得到了各成员国的一致赞同。成员国代表于 2008 年 10 月 23 日在阿斯塔纳签订了《上海合作组织成员国教育部关于为成立上合组织大学采取进一步一致行动的意向书》。在成员国的共同努力下，2009 年上半年，哈萨克斯坦共和国、吉尔吉斯共和国、中华人民共和国、俄罗斯联邦、塔吉克斯坦共和国五方协商一致，共同确定区域学、生态学、能源学、IT 技术和纳米技术五个专业为优先合作方向，并按照基本的要求和标准遴选出了各国的项目院校，其中哈萨克斯坦 10 所、吉尔吉斯斯坦 7 所、中国 10 所、俄罗斯 16 所、塔吉克斯坦 10 所，共计 53 所。[②]

① 《上海合作组织大学概况》，http：//www. usco. edu. cn/CHS/dxgk/。

② 《上海合作组织大学概况》，http：//www. usco. edu. cn/CHS/dxgk/。

上合组织大学组织建设进程非常高效。在《上海合作组织成员国教育部关于为成立上合组织大学采取进一步一致行动的意向书》签订半年后，在2009年5月26日于俄罗斯国立莫斯科大学举办的“上合组织成员国第二届‘教育无国界’教育周及首届大学校长论坛”期间，与上合组织大学项目有关的成员国院校在莫斯科语言大学签署了“上合组织成员国人文大学联盟”协议及章程。第三届上合组织成员国“教育无国界”教育周于2010年4月26日在俄罗斯莫斯科举行，各成员国项目院校代表签署了“上合组织大学多边教育合作创新机构”备忘录和纪要，协商了双边合作协议草案，确定了硕士研究生的培养方案、教学计划和相关课程设置，一致同意于2010年下半年率先启动“区域学”专业硕士研究生的招生程序。同期，上合组织大学不断发展壮大。在2010年9月23日举行的第三次上合组织成员国教育部长会议上，上合组织大学项目院校增至62所，其中哈萨克斯坦13所、吉尔吉斯斯坦8所、中国15所、俄罗斯16所、塔吉克斯坦10所。[①]

在上合组织大学发展过程中，《上海合作组织大学章程》签署是标志性事件。2011年11月6日至11月9日第四届上合组织成员国“教育无国界”教育周在俄罗斯首都莫斯科开幕，由上合组织大学中方15所项目院校代表组成的31人代表团与来自上合组织其他成员国47所项目院校的数百名代表共同参加了本届教育周，教育周期间各成员国62所项目院校代表共同签署了《上海合作组织大学章程》，这标志着上合组织大学在法律基础上取得了重要的进展。在上合组织大学5个合作方向的分组讨论会上，各项目院校代表签署了会议纪要。就上合组织大学的工作开展及其运行的规范和法律基础的建立问题，本届教育周期间还召开了上合组织成员国教育合作专家工作组会议，并签署了会议的最终文件。[②]

在《上海合作组织大学章程》签署后，上合组织大学进入了发展的

① 《上海合作组织大学概况》，http：//www. usco. edu. cn/CHS/dxgk/。

② 《上海合作组织大学概况》，http：//www. usco. edu. cn/CHS/dxgk/。

快车道。2012 年 5 月 13 ~ 16 日，由俄罗斯联邦教科部主办的第五届上合组织成员国“教育无国界”教育周在俄罗斯首都莫斯科开幕，来自中国、俄罗斯、哈萨克斯坦、吉尔吉斯斯坦、塔吉克斯坦五个国家的教育部官员、上合组织大学各项目牵头院校等 70 人参会。各国代表就“各国教育主管部门在上合组织大学运行筹备方面的任务”进行了讨论，分析了目前各国在上合组织大学筹备过程中所做的工作、面临的困难和问题以及解决问题的相关措施，阐明了教育主管部门在上合组织大学运行和筹备过程中的任务。会议期间，上合组织成员国教育领域合作常设专家工作组召开了专门会议，就第四次上合组织成员国部长会议的日程及相关草案进行了磋商，同时根据人才培养需求，增设经济学和教育学方向。与此同时，还召开了上合组织大学校长委员会主席第一次会议，讨论并通过了上合组织大学的管理机构、管理模式、毕业证书、定期召开校长会议等工作议题。在吉尔吉斯斯坦首都比什凯克（2012 年 10 月 7 日至 12 日）举行的上合组织成员国第四届教育部部长会议暨第二届大学校长会议上，通过了上合组织大学新增项目院校名单及两个新的专业。至此，上合组织大学共有 70 所项目院校，其中中方 20 所，7 个专业方向。在中方校长的大力推动下，人才培养层次也将从单纯的硕士研究生层面扩大至本科生层面。会议还提出上合组织大学框架下的合作将进一步扩大合作领域，以人才培养合作为基础进行教授间合作和科研合作等，使上合组织大学项目院校间的合作变成教育、教学、科研等全方位的合作。①

上合组织大学项目单位之间的横向合作开始加强。2013 年 5 月 22 ~ 24 日，上合组织成员国第六届“教育无国界”教育周暨上合组织大学第三届校长扩大会议在莫斯科举行，参加教育周活动的有上合组织成员国教育部代表、上合组织大学各国项目院校的代表共 100 余人。会议期间，上合组织大学各方向项目院校分别召开了专家工作会议，就本方向项目院校间国际合作的具体事宜进行磋商，并就联合培养硕士研究生的具体操作流

① 《上海合作组织大学概况》，http：//www. usco. edu. cn/CHS/dxgk/。

程达成共识。上合组织大学校长扩大会议讨论修改了上合组织大学的部分文件，签署了上合组织大学区域学、生态学、能源学、信息技术和纳米技术等5个方向的框架合作协议。2014年5月20日，上合组织成员国第七届“教育无国界”教育周活动在俄罗斯乌法市举行。上合组织大学校长、俄罗斯科学院代表和上合组织成员国科学、教育、文化领域的代表及专家参加了教育周活动。本届教育周重点讨论在经济学和教育学方向开展国际科教合作和共同完成科研计划及项目的问题。2014年10月7日，上合组织成员国第八届“教育无国界”教育周活动在俄罗斯阿尔泰地区巴尔瑙尔举行，教育周商讨上合组织大学未来工作的主要方向和形式以及各个高校在科学领域和教育项目上的合作，在本次活动框架下，阿尔泰地区将开设生物医学和生物技术科学教育项目组。2015年5月28日，上合组织成员国第九届“教育无国界”活动在俄罗斯别尔哥罗德召开，代表们就国际交流、新型教育的发展前景、法律保障合作及专家委员会工作效率问题进行讨论并签署有关多边合作的新合同。①

上合组织大学发展过程中，各个成员国参与合作的意愿日益强烈。2016年5月17日，第十届上合组织成员国“教育无国界”教育周在中国大连外国语大学举行，这是首次在俄罗斯之外的其他上合组织国家举行教育周活动，在上合组织教育合作中具有跨时代意义，是总结过去展望未来的关键节点。来自区域学、生态学、教育学、能源学、纳米技术、经济学、IT技术等7个方向的近80位中外专家、学者围绕“上合组织教育合作十周年：回顾、实施与展望”主题，在回顾、总结上合组织教育合作十年发展的基础上，就人才培养、科学研究、服务区域合作等展开具体讨论。专家们通过对工作进程和未来发展的详细梳理，就如何扩大合作层次、实施本科生联合培养计划、搭建科研合作平台、加强语言培训和发挥学生导师在交流中的作用、开展国际远程教育等问题提出了建议。2016年10月20日，第六届上合组织成员国教育部长会议在塔吉克斯坦共和国首都杜尚别市举行，各国教育部长重点研究对上合组

① 《上海合作组织大学概况》，http://www.usco.edu.cn/CHS/dxgk/。

织大学项目的运行效果表示满意，责成校办加快制订联合培养博士的教学计划。2017 年 4 月 25 日至 5 月 1 日，第十一届上合组织“教育无国界”教育周活动在哈萨克斯坦举行，本届教育周特别强调了提升上合组织大学项目学生的市场竞争力；加强学生流动，尽快拓展博士和本科层面的学生交流，包括中职学生的交流；开展教师交流；等等。[①]

根据上合组织大学（中国）公布的数据，截至 2018 年 12 月外方院校 54 所、中方院校 20 所，共计 74 所院校，研究方向包括区域学、生态学、信息技术、能源学、纳米技术、经济学，培养层次涉及学士、硕士研究生、副博士研究生、博士研究生以及进修班（培训班），官方语言为汉语和俄语，亦可是学校所在国的官方语言。经商定在教学中亦可使用英语。在学业结束后，学生可获得上合组织大学项目院校颁发的证书和上合组织大学颁发的学历证书。

二　多边文化交流：上海合作组织成员国艺术节

上合组织成员国艺术节是根据 2002 年上合组织成员国专家工作组拟定的文化节章程举办的。根据章程，上合组织成员国艺术节在元首峰会召开期间同时举行“上合组织文化艺术节”，由各成员国轮流举办，每年举办一次，每次 6 天，文化节由峰会东道国承办，所有成员国和观察员国都可派团参加。上合组织成员国文化艺术节源于 2004 年 6 月乌兹别克斯坦塔什干峰会，峰会期间举行了联合文艺晚会。[②] 但是，首届上合组织文化艺术节于 2005 年 7 月在哈萨克斯坦共和国阿斯塔纳举行，来自成员国的文艺团体参加了这次文化艺术盛会。2006 年 6 月第二届上合组织文化艺术节在中国上海举行，时值上合组织成立五周年，本届文化艺术节规模庞大，来自成员国和观察员国的哈萨克斯坦、中国、吉尔吉斯斯坦、俄罗斯、塔吉克斯坦、乌兹别克斯坦、印度、伊朗、蒙古国、巴基斯坦等共计

① 《上海合作组织大学概况》，http：//www. usco. edu. cn/CHS/dxgk/。

② 李自国：《人文合作发展历程》，戚振宏主编、邓浩执行主编《上海合作组织：回眸与前瞻》，世界知识出版社，2018，第 74 ~ 75 页。

10 个国家的 310 多名艺术家参加了本次文化艺术节，其中来自俄罗斯的艺术家们组成了总数为 61 人的演出团队。

受制于多种因素，上合组织文化艺术节规模有大有小，文化艺术节所展示的主要内容也有所不同。2007 年 7 月 28 日，第三届上合组织文化艺术节在吉尔吉斯斯坦比什凯克举行，约有 10 个国家的艺术家参加了这次文化艺术交流，文化艺术节内容包括舞蹈、民间乐器演奏、儿童合唱等。第四届上合组织文化艺术节于 2008 年 8 月在塔吉克斯坦杜尚别举行。2009～2011 年，上合组织成员国元首理事会宣言和成员国政府首脑（总理）理事会联合公报中没有出现上合组织文化艺术节信息，直到 2012 年 6 月上合组织成员国元首理事会北京峰会召开。2012 年 6 月 6 日“上合组织成员国艺术节——非遗和传统文化展示”活动在清华大学美术学院开幕，本届文化艺术节以非物质文化遗产和传统文化展示作为主要内容，旨在从不同侧面展示各成员国的民族传统和文化风采。2013 年 9 月上合组织艺术节在吉尔吉斯斯坦比什凯克召开，12 位来自成员国和观察员国的元首出席了开幕式；同年，5 月召开的上合组织成员国文化部长会议上，俄罗斯代表建议举办上合组织成员国电影节、吉尔吉斯斯坦建议在伊塞克湖举办流行音乐节。[①] 上合组织艺术节在 2014 年 9 月举行的上合组织元首理事会杜尚别峰会期间没有举办，但是文化艺术交流并没有停止。2014 年 7 月 2 日上合组织成员国在俄罗斯赤塔举行了上合组织“大学生之春”艺术节，来自上合组织成员国、对话伙伴国、观察员国 50 多个代表团的艺术家、大学生、青年志愿者等参加了歌舞表演、选美比赛、媒体论坛、青年组织对话、体育竞技、戏剧讲座、原创培训等活动。2015 年 6 月上合组织艺术节在俄罗斯乌法举办，同期还举行了“上合组织和金砖国家学生之春”国际电影节、欧亚大陆艺术节（哈萨克斯坦提议）。2018 年 5 月 30 日上合组织成员国艺术节在中国北京开幕，来自中国、哈萨克斯坦、

① В Бишкеке пройдет фестиваль искусств стран Шанхайской организации сотрудничества, 28 мая 2013, http://www.day.kg/analitic/ecology/3722 - v - bishkeke-projjdet-festival-iskusstv-stran.html.

吉尔吉斯斯坦、巴基斯坦、俄罗斯和乌兹别克斯坦的民族舞蹈团参加演出，哈萨克斯坦阿斯塔纳芭蕾舞团带来《阿鲁拉尔》、中国北京舞蹈学院演出《秦王点兵》和《相和歌》、吉尔吉斯斯坦“谢梅捷伊”国立舞蹈团表演《游牧民族的迁徙》、俄罗斯莫斯科国立模范“格热利”舞蹈团展示《巴雷尼亚舞》、乌兹别克斯坦“萨博”民族舞蹈团呈现《大美乌兹别克斯坦》，艺术节期间还举办了上合组织文化遗产图片展、成员国艺术家技法研讨等艺术交流活动。

三　多边体育交流：上海合作组织马拉松赛

尽管很多人强调体育“去政治化”，但是无人质疑体育对政治能产生作用。在当代国际政治中，体育已成为国际政治重要的舞台。对国家而言，体育能够提高自身的国家形象、增强国民的认同感、促进不同族群之间的相互了解等。对国际组织而言，体育同样能提高组织形象、增强组织认同、促进成员国之间的相互了解。

上合组织马拉松赛于 2016 年 10 月 14 日创办，主要由时任上合组织秘书长阿利莫夫推动，举办地在中国云南昆明。首届上合组织昆明马拉松赛于 2016 年 12 月 17 日在中国云南昆明开赛，参加首届马拉松赛的选手既有来自上合组织大家庭的全部 18 个国家，也有来自价值观与“上海精神”相近的国家的运动员。比赛共设有全程马拉松（42.195 公里）、半程马拉松（21.0975 公里）、10 公里跑、5 公里跑及被称为“上合距离”的 2016 米跑，赛事规模约 16000 人；奖项设为全程、半程马拉松男女金银铜牌，并设对应奖金；比赛路线方面，全程和半程马拉松赛的起终点都设在云南海埂会堂，其余项目按照距离长短差异设置比赛终点。首届上合组织昆明马拉松赛的口号是“乐跑春城，更亲、更近、更和谐”以及“跑出新高度，追梦彩云南”，共有来自国内外的 1.6 万余人参赛。上合组织昆明马拉松赛是上合组织发起的第一次马拉松赛事，是上合组织成员 18 个国家第一次聚首进行体育交流。马拉松赛全程设立 19 道色彩亮丽的拱门，象征上合组织大家庭 18 个国家和上合组织。

在成功举行第一届上合组织昆明马拉松赛后，2017 年 12 月 31 日第二届上合组织昆明马拉松赛开赛。在此次马拉松赛新闻发布会上，上合组织秘书长阿利莫夫表示，2016 年上合昆马那场吸引数万人的历史性长跑已经过去一年，这次上合昆马将以健康而精彩的方式告别 2017 年，辞旧迎新。世界上有许多马拉松比赛，但上合组织昆明马拉松赛是世界上独一无二的由国际组织发起并以国际组织命名的马拉松比赛。无数马拉松爱好者在昆明这座拥有美丽湖泊和花园的城市并肩奔跑，上合组织开创了一个独一无二的平台，并将延续这个优秀的传统，致力于使上合组织昆明马拉松赛事达到 IAAF 金标公路赛的规格与标准。在第二届上合组织昆明马拉松赛奖牌设计方面，突出了上合组织，设有上合组织家庭跑奖章。

第三届上合组织昆明马拉松赛于 2018 年 12 月 2 日开赛，这是阿利莫夫任期内最后一次以上合组织秘书长的身份参加比赛。本届上合组织昆明马拉松赛参赛人数从前两届的 1.6 万人规模，扩大到 2 万人规模，项目设置不断优化，其中全马 3000 人，半马 7000 人，大众健康跑 7000 人，上合家庭跑 1000 个家庭（3000 人）。在比赛前的新闻发布会上，上合组织秘书长阿利莫夫表示，“今年有 41626 人申请参加了比赛。经过艰难的选拔，来自世界 52 个国家，包括俄罗斯、中国、其他上合组织国家以及德国、加拿大、肯尼亚、美国、泰国、南非等国家的 20002 名运动员将会出现在起跑线上”。[①] 会后阿利莫夫宣布第四届上合组织昆明马拉松赛将于 2019 年 12 月 8 日在昆明举行。

尽管上合组织昆明马拉松赛对所有成员国和观察员国的国内公众影响有限，需要更多的辅助工具让上合组织昆明马拉松赛走进上合组织大家庭，但是上合组织昆明马拉松赛是上合组织提高自身影响力的一次有益的尝试。通过体育比赛，上合组织让所有参加赛事的人了解上合组织，同时，通过体育比赛向更多的人阐释了互信、互利、平等、协商、尊重多样文明、谋求共同发展的“上海精神”。

---

① 《上海合作组织秘书长阿利莫夫：第三届上合昆马比赛规模前所未有》，http://sputniknews.cn/china/201812021027001496/。

第三节 人文合作的发展方向

自成立以来，上合组织成员国人文合作在文化、教育、科技、卫生、旅游、民族手工艺、青年交流、媒体、体育等领域开展富有成效的多边和双边合作，促进了文化互鉴、民心相通。[①] 通过上述领域的合作，推动了上合组织的发展。然而，我们也需要看到，在既有的上合组织成员国人文合作中还存在着不少问题，因此在着眼于促进上合组织发展的前提下，需要关注以下问题。

一 优化现有的人文合作

目前，上合组织成员国人文合作已涵盖多个领域。但是，与弘扬“上海精神”的目标相比还有相当大的差距，人文合作存在的主要问题是：整体发展水平不平衡、文化产业交流薄弱、专业的涉外人文交流人才短缺等。导致上述问题的直接原因是官方交流多、民间交流少；短平快项目多，可持续项目少；单一部门一枝独秀项目多，多部门共同协作项目少。为此，优化现有的人文合作需重点做好以下工作。

第一，顶层设计上要建立跨部门的合作机制，对上合组织框架下的人文合作进行统一规划，建立“相互欣赏、相互理解、相互尊重”的大人文合作格局。与此同时，在尊重各国人民文化历史、风俗习惯的基础上，加强在人文领域的精耕细作，点面结合，在不同成员国内建立上合组织人文合作发展中心，引导成员国发挥主动性，积极参与上合组织成员国间人文合作。

第二，通过多边协议鼓励和支持上合组织成员国非营利组织参与人文合作。由于非营利组织是指不以营利为目的的组织，它的目标通常是支持或处理个人关心或者公众关注的议题或事件。从非营利组织的特征来看，

① 《上海合作组织成员国元首理事会青岛宣言》，上海合作组织秘书处，http：//chn. sectsco. org/documents/。

此类组织非常适合参与上合组织人文合作，是官办机构以外的重要补充。为此，需通过非营利组织优先在艺术、教育、学术、医学等技术较强的领域开展人文合作。

第三，上合组织国家研究中心需要在人文合作中发挥更大作用。为推动成员国智库交流，上合组织成员国都成立了针对上合组织的国家研究中心。目前来看，上合组织国家研究中心在跨领域智库合作方面还不足，上合组织的发展是一项系统工程，需要所有行业智库的共同合作，而这种合作不仅是成员国内部，同样需要在成员国间合作。通过跨行业智库合作，上合组织国家研究中心至少可以实现以下目标：一是可以形成科学有效、针对性强的人文合作工作规划；二是形成良好的信息互通、共享的工作机制；三是能够及时地找准突破口，以关系好、基础牢、文化融合度高的人文合作领域为发力点，并以此辐射其他领域。

第四，加强上合组织成员国人文合作的品牌建设。目前，上合组织有影响力的品牌有上合组织文化艺术节、上合组织昆明马拉松赛、上合组织青年论坛、上合组织大学等，但是上述品牌在受众人群及数量上具有较大的局限性，尤其是难以满足更多受众的需求。为此，上合组织品牌建设需要做好以下工作：一是优化现有品牌，重点扶持可持续发展的品牌；二是通过上合组织成员国媒体合作，开设上合组织资助的卫星节目；三是建立上合组织媒体联盟，吸引更多的媒体参与上合组织人文合作。

二　加强人文合作中的组织规范建设

《上海合作组织宪章》《上海合作组织观察员条例》《上海合作组织长期睦邻友好合作条约》《上海合作组织对话伙伴条例》《上海合作组织接受新成员条例》《上海合作组织徽标条例》等文件是组织规范的基本文件，但是成员国之间还存在着很多引发冲突的隐患。因此把“上海精神”、互利共赢的合作观、平等包容的文明观等形成有约束力的组织规范，对于上合组织的发展非常重要。

首先，在人文合作中要强调“我们是谁”，着眼“上合组织大家庭”

建设。在“上合组织大家庭”（成员国、观察员国、对话伙伴）中有18个文化和制度背景各不相同的国家，在尊重多样性的前提下建立政治共同体非常必要。当诸如“上海精神”这些政治观深深地植入“上合组织大家庭”每一个成员的观念中时，在未来的相互交往中，“上合组织大家庭”内部更有可能容忍相互之间的损失，期望未来的收益。

其次，增加官方机构之间的交往。在新兴国家中民族主义往往影响着政府的对外政策。在上合组织发展过程中，民族主义偏好在不同成员国中一直对组织规范形成程度各异的阻力。上合组织成员国中的官方机构对于多边合作非常谨慎，担心被国际制度束缚或被大国控制。为此，拓宽和加深上合组织成员国官方机构之间的交流，对于形成组织规范非常有效。

最后，人文合作需着眼“上合组织大家庭”。在上合组织成员国人文合作中，观察员国、对话伙伴国的积极参与对于上合组织形成政治共同体起到催化剂作用。为此，加强《上合组织成员国长期睦邻友好合作条约》的政治地位，是上合组织的长期任务，是“上合组织大家庭”处理多边和双边关系的重要准则。

三　塑造组织的和平文化

塑造地区长期和平是上合组织的重要使命，因此上合组织成员国人文合作需要建构组织的和平文化。建构组织和平文化的意义在于，对内能够维护成员国之间稳定、提高政治互信；对外则能够凝集成员国维和的集体行动力。虽然上合组织在很大程度上可以看成多个主权国家间正式的合作安排，[①] 但是与北约、集体安全条约组织相比，上合组织安全合作属于弱义务的制度性安排。[②] 因此，在上合组织成员国人文合作中需要塑造组织的和平文化。在遵守《联合国宪章》的基础上，组织的和平文化要建立在共同、综合、合作、可持续安全观和共商共建的全球治理观之上（以

① 〔美〕斯蒂芬·沃尔特：《联盟的起源》，周丕启译，北京大学出版社，2007，第12页。

② 肖斌：《制衡威胁——大国联盟战略的决策行为》，世界图书出版公司，2012，第126～127页。

下简称综合安全观和全球治理观）。具体行动包括以下几个方面。

首先，在人文合作中强调多样性中的一致性，建立解决认识分歧的自我调控机制。诸如建立上合组织人文合作下的和平文化促进委员会，在“上合组织大家庭”中树立普遍、平等、包容的安全合作观。在遇到冲突或分歧时，“上合组织大家庭”首先想到要用和平的方式来解决冲突或分歧。

其次，制衡文化霸权。文化霸权不仅仅来自外部，组织内部的文化霸权可能危害更大。虽然上合组织内部没有文化霸权，但是在未来的人文合作中规避文化霸权是非常必要的。文化霸权不针对特定国家，是指那些在人文交流中排斥其他文化，强制推行自己文化的国家行为。

最后，人文合作需要保持在成员国可接受的限度内。国家间交流并不是交流越广泛，和平的机会就越大。“最激烈的内战和最血腥的国际战争都是发生在高度相似且事务变得密切交织的民族聚居的地带。除非潜在的冲突方以某种方式紧密联系在一起，否则战争很难打起来。如果相互之间的关系停留在没有规则的水平，相互依赖的国家肯定会发生冲突，偶尔还会陷入暴力冲突。”① 因此，应在保持和尊重国家文化主权的基础上，开展上合组织成员国人文合作。

随着现代国家的建立及国家发展的不均衡，国家间泾渭分明的政治文化加速了民族国家价值体系的形成，并排斥其他外来政治文化的介入，人文交流的频率被弱化。在殖民主义盛行的年代，人文交流往往是单向度的，即弱国被强国的文化霸权侵蚀。在当代，民族国家边界的外延不断扩大，文化边界（或文化主权）就是其中的一种，弱国和弱国之间、弱国和强国之间、强国和强国之间都存在抵抗外来文化介入的行为。与此同时，民族国家也有条件地通过人文合作来推动人文交流，因为发展对外关系是民族国家实现国家利益的要求。因此，加强人文交流合作是上合组织

---

① 〔美〕肯尼思·沃尔兹：《现实主义与国际政治》，张睿壮、刘丰译，张睿壮校，北京大学出版社，2012，第142页。

成员国需要积极落实的领域。虽然人文合作发展迅速、可挖掘的潜力巨大，但是人文交流合作与上合组织发展目标相比还有很大差距，要想把上合组织打造成民心相通之桥还有很多务实工作要做。对内和对外讲好“上合故事”都离不开切切实实的人文合作。总之，人文合作对于上合组织未来发展影响巨大，良性互动的人文合作必将有利于推动上合组织发展。在积极推动人文合作向广度和深度发展的同时，上合组织需要坚持多样性中的一致性，既要掌握人文合作的限度，也要控制人文合作的速度，形成良性互动的人文合作模式，使人文合作成为推动上合组织发展的动力。

第九章

上海合作组织成员国的可持续发展合作

上合组织成员国可持续发展合作的核心议题是环境保护合作与交流，共同应对全球环境挑战，促进区域绿色发展。18 年来，上合组织成员国围绕可持续发展的核心议题取得了很多合作成果，从简单交流向纵深合作发展。2018 年 10 月发布的《上海合作组织成员国政府首脑（总理）理事会第十七次会议联合公报》中就指出，“各代表团团长认为，继续在能源领域开展全方位互利合作具有重要意义，包括利用可再生能源，支持更加广泛地使用各类经济效益高的清洁能源，减少对环境的不利影响，促进节能经济。各代表团团长强调，本地区现有和在建的水电设施等能源基础设施对于实现可持续发展目标具有重要意义，愿加强在该领域的合作”。①

第一节　可持续发展合作的优先领域

在上合组织成员国所处的中亚、南亚地区，需要通过可持续发展合作解决的问题非常多，其中能源、水和气候变化是共性最高的问题，而这三个问题都与环境保护密切相关。上合组织成员国政府首脑（总理）理事会第一次讨论环保合作问题是在 2004 年 9 月 23 日举行的比什凯克会议上，六国总理讨论了环境保护、维持地区生态平衡、合理有效利用水电资

① 《上海合作组织成员国政府首脑（总理）理事会第十七次会议联合公报》，上海合作组织秘书处，http：//chn. sectsco. org/documents/。

源、防止土地荒漠化及其他环境恶化现象。可见，能源、水、气候变化是上合组织成员国环保合作长期关注的领域。

一 可再生能源的应用是能源领域的合作重点

根据 BP 在 2018 年 7 月的统计报告（见表 9－1），[①] 除乌兹别克斯坦外，其余上合组织正式成员国一次能源使用强度都在增加，其中，中国一次能源消耗量最大，其次是印度、俄罗斯；与 2007 年相比，上合组织成员国一次能源消耗量增长最大的是印度，其次是中国、哈萨克斯坦。印度的一次能源消费中（2018 年 3 月），煤占 43%、原油占 35%、发电（水电、核电、光伏）占 13%、天然气占 7%、褐煤占 2%。[②] 中国 2018 年一次能源消费约 46.6 亿吨标准煤，增速为 3.8%，反弹至近 6 年高点，同时清洁能源保持良好发展态势。预计 2019 年，一次能源需求增长可能放缓至 3% 左右，其中，煤炭消费占比首次降至 60% 以下，非化石能源占比上升到 15%。[③] 在哈萨克斯坦 2017 年一次能源消费中，煤占 53.7%、石油占 21.66%、天然气占 20.77%、水电占 3.7%、可再生能源占 0.14%，其他为 0.03%。[④]

一次能源消耗量大只能说明上合组织成员国对其依赖水平高。然而，为了能够说明上合组织成员国在可再生能源领域合作的潜力，二氧化碳排放量是一项重要的考察指标，因为低碳经济水平是考察国家可持续发展的重要标志。根据世界银行 2018 年的统计报告（见表 9－2）[⑤]，上合组织成

① 《BP 世界能源统计年鉴 2018 版》，https://www.bp.com/content/dam/bp-country/zh_cn/Publications/2018SRbook.pdf。

② Energy Statistics 2018 (Twenty Fifth Issue), http://mospi.nic.in/sites/default/files/publication_reports/Energy_Statistics_2018.pdf.

③ 计红梅：《〈2019 中国能源化工产业发展报告〉发布》，http://news.sciencenet.cn/htmlnews/2018/12/421289.shtm。

④ "BP Statistical Review of World Energy," June 2018, https://www.bp.com/content/dam/bp/en/corporate/pdf/energy-economics/statistical-review/bp-stats-review-2018-primary-energy.pdf.

⑤ 世界银行，https://data.worldbank.org.cn/country。

员国人均二氧化碳排放量最高的国家是哈萨克斯坦，其次是俄罗斯、中国。中国二氧化碳总排放量在上合组织成员国中是最大的，但与世界发达国家相比，中国人均二氧化碳排放量并不高。例如，2019 年 1 月中国的人均二氧化碳排放量是 8.11 公吨，美国是 16.9 公吨、德国是 10.11 公吨、澳大利亚是 19.6 公吨、英国是 6.54 公吨。①

上合组织成员国可再生能源占整个能源消费的比例是不同的（见表 9－3），巴基斯坦、塔吉克斯坦、印度、吉尔吉斯斯坦的比例较高，但是上述国家可再生能源来源单一，都以水电为主而且存在着能源短缺问题。例如，受能源效率、需求和政治稳定影响，巴基斯坦电力部门平均缺口为 5000 兆瓦时（2017 年 2 月）；② 塔吉克斯坦水电是其能源消费的主力，但是受季节影响，冬季电力存在 2700 亿瓦时缺口（2013 年）；③ 印度能源消费的 75.9% 来自煤炭，16.1% 来自可再生能源（2017～2018 财年），尽管印度电力生产有剩余，但因基础设施不足，印度边远地区存在着电力短缺问题；吉尔吉斯斯坦有 18 座电厂（2010 年统计），其中水力发电厂 16 座，但因资金有限，多数年久失修超负荷运行，已不能满足用电需求。

上述数据表明，尽管对可再生能源种类存在需求差异，但上合组织成员国对可再生能源的需求潜力巨大，这是上合组织成员国发展合作的重要基础。

二 缓解中亚、南亚地区水资源危机

在中亚地区，咸海危机是区域性生态问题。2018 年 8 月 24 日，“拯救咸海国际基金”创始国首脑会议在土库曼斯坦巴什市举行，上合组织成员国中的哈萨克斯坦、吉尔吉斯斯坦、塔吉克斯坦和乌兹别克斯坦 4 国

① CO2 Weight，https：//www. webquestions. co/.

② Misbah Riaz，“Power Shortage in Pakistan，” February 2，2017，http：//visiongroomers. com/power-shortage-pakistan/.

③ Daryly Fields，Artur Kochnakyan，“Tajikistan's Winter Energy Crisis：Electricity Supply and Demand Alternatives，” https：//openknowledge. worldbank. org/handle/10986/15795.

表 9－1 上合组织成员国一次能源的消耗量

单位：百万吨

	2007 年	2008 年	2009 年	2010 年	2011 年	2012 年	2013 年	2014 年	2015 年	2016 年	2017 年
IN	450.4	476.3	512	538	570.7	600.3	623.6	666.8	686.9	722.3	753.7
CN	2150.3	2231.2	2329.5	2491.3	2690.1	2799.1	2907	2973.5	3009.8	3047.2	3132.2
KZ	54.1	56.4	50.8	54.9	60.5	62.7	63.5	64.4	63.1	64.5	67.4
KR	N/A	N/A	N/A	N/A	N/A	N/A	N/A	N/A	N/A	N/A	N/A
RU	673.1	676.6	644.6	668.2	691.7	694.7	683.9	689.6	676.8	689.6	698.3
PK	62	62.4	63.2	63.4	63.5	64.1	64.8	66.7	70.2	76.5	80.9
TJ	N/A	N/A	N/A	N/A	N/A	N/A	N/A	N/A	N/A	N/A	N/A
UZ	48.4	52	43.4	43.9	44.9	44.4	44	45.6	48.4	42.8	43

注：IN = 印度；CN = 中国；KZ = 哈萨克斯坦；KR = 吉尔吉斯斯坦；RU = 俄罗斯；PK = 巴基斯坦；TJ = 塔吉克斯坦；UZ = 乌兹别克斯坦，排名是指在全球 180 个国家中的排名。N/A 表示无数据，KR 和 TJ 被 BP 统计到独联体国家中，没有单独统计。

资料来源：根据世界银行数据整理。

表 9－2 上合组织成员国人均二氧化碳的排放量

单位：公吨

	2007 年	2008 年	2009 年	2010 年	2011 年	2012 年	2013 年	2014 年	2015 年	2016 年	2017 年
IN	1. 19	1. 31	1. 43	1. 39	1. 47	1. 6	1. 59	1. 73	N/A	N/A	N/A
CN	5. 33	5. 7	6. 01	6. 56	7. 24	7. 42	7. 55	7. 54	N/A	N/A	N/A
KZ	14. 35	14. 85	13. 25	15. 22	15. 64	14. 46	15. 42	14. 36	N/A	N/A	N/A
KR	1. 25	1. 44	1. 26	1. 17	1. 38	1. 8	1. 72	1. 64	N/A	N/A	N/A
RU	11. 67	12. 01	11. 02	11. 69	12. 33	12. 78	12. 39	11. 85	N/A	N/A	N/A
PK	0. 99	0. 97	0. 95	0. 94	0. 92	0. 91	0. 90	0. 89	N/A	N/A	N/A
TJ	0. 45	0. 39	0. 32	0. 33	0. 3	0. 36	0. 42	0. 62	N/A	N/A	N/A
UZ	4. 47	4. 53	3. 85	3. 64	3. 87	3. 88	3. 41	3. 42	N/A	N/A	N/A

注：N/A 表示无数据。

资料来源：根据世界银行数据整理。

表 9－3　上合组织成员国可再生能源在能源消费中的比例

单位：%

	2007 年	2008 年	2009 年	2010 年	2011 年	2012 年	2013 年	2014 年	2015 年	2016 年	2017 年
IN	45.86	43.63	40.77	39.48	38.93	38.39	37.84	36.65	36.02	N/A	N/A
CN	15.34	14.6	13.91	12.88	11.69	11.96	11.83	12.22	12.41	N/A	N/A
KZ	10.66	9.28	8.73	9.7	9.1	8.2	7.5	7.87	8.87	N/A	N/A
KR	24.49	22.04	24.73	25.59	25.95	22.45	24.58	26.6	23.3	N/A	N/A
RU	3.66	3.3	3.59	3.34	3.22	3.35	3.74	3.42	3.3	N/A	N/A
PK	44.27	45.99	45.77	46.72	46.07	46.52	47.46	46.6	46.47	N/A	N/A
TJ	53.8	54.61	60.57	61.83	59.98	55.07	57.92	45.75	44.65	N/A	N/A
UZ	1.35	2.32	2.21	2.64	2.24	2.38	2.87	2.89	2.97	N/A	N/A

注：N/A 表示无数据。

资料来源：根据世界银行数据整理。

元首与土库曼斯坦总统出席了本次会议。在会议上，中亚五国元首讨论本地区水资源管理、环境保护等问题，并确定了未来在水资源管理和环境保护等领域的合作及联合行动。咸海危机之所以越来越被中亚国家关注，是因为曾为世界第四大内陆湖的咸海面积持续缩小，若这种环境灾难最终以咸海消失为代价，那么不仅咸海周边国家受影响，整个中亚地区的生态环境也会遭到破坏。

咸海流域是中亚河流水系的重要组成部分，而地处欧亚大陆腹地的咸海流域，占中亚地区面积的 37%，占地 176 万平方公里，其中阿富汗占 14.2%、哈萨克斯坦占 19.9%、吉尔吉斯斯坦占 6.8%、塔吉克斯坦占 8.1%、土库曼斯坦占 26.5%、乌兹别克斯坦占 24.5%。咸海流域包括锡尔河、阿姆河、捷詹河、木尔加布河、卡拉库姆运河（连接阿姆河、捷詹河、木尔加布河）等水资源，而上合组织成员国中的中亚国家人口大都分布在上述河流两岸及支流地区。根据联合国粮农组织公布的信息，在 20 世纪 60 年代咸海流域人口为 1500 万，到了 20 世纪 80 年代人口增加到 2700 万，2006 年咸海流域人口已接近 4600 万。[①] 为了治理地区性生态危机和避免地区性水资源冲突，哈萨克斯坦、吉尔吉斯斯坦、塔吉克斯坦、土库曼斯坦和乌兹别克斯坦五国政府首脑于 1993 年 1 月 4 日在乌兹别克斯坦塔什干召开了中亚五国首脑会议，五国首脑同意建立“拯救咸海国际基金”，目的是建立一个跨国组织，合作修复因咸海灾难而破坏的地区生态环境，以及解决地区社会经济问题。截至 2018 年 9 月，“拯救咸海国际基金”创始国的总人口已经达到 7130 万人，与 2007 年相比增加了 1100 万人。人口的增加则意味着水资源的消费量增加，这无疑增加了咸海流域生态的负担。不仅如此，有数据表明，中亚国家人口将持续增长，到 2020 年中亚地区人口将达到 7100 万。[②] 在过去的 50 年，咸海水域面积萎缩为原来的

① “Aral Sea Basin,” http://www.fao.org/NR/WATER/AQUASTAT/basins/aral-sea/index.stm.

② “Population of the World,” https://www.livepopulation.com/population-projections/kyrgyzstan-2020.html.

1/10、储水量减少为原先的 1/30，每年有 8000 万吨“毒盐”挥发进入大气层。[①]

上合组织新成员国印度和巴基斯坦地处南亚地区。青藏高原被誉为“亚洲水塔”，南亚地区多条跨境河流发源于青藏高原，南亚水资源情况见表 9－4。截至 2018 年 12 月公布的数据，印度总人口为 13.4 亿（2017 年），年人口增长率为 1.18%，人均 GDP 大约为 7795 美元（2018 年 11 月）。巴基斯坦总人口为 2.12 亿（2017 年），人均 GDP 为 1629 美元（2017 年）。

表 9－4　南亚国家水资源概况

国家	自来水总量（单位：亿立方米）	入境水总量（单位：亿立方米）	水资源总量（单位：亿立方米）	入境水比例（单位：百分比）
阿富汗	471.5	267.0	738.5	36.2
不丹	780.0	0.0	780.0	0.0
巴基斯坦	550.0	2651.0	3201.0	82.8
孟加拉国	1050.0	11220.0	12270.0	91.4
马尔代夫	0.3	0.0	0.3	0.0
尼泊尔	1982.0	120.0	2102.0	5.7
斯里兰卡	528.0	0.0	528.0	0.0
印度	14460.0	6352.0	20810.0	30.5

资料来源：邓伟等：《基于“一带一路”的南亚水安全与对策》，《地球科学进展》2018 年第 7 期。

南亚地区水问题产生的直接因素包括以下几方面。第一，部分国家对入境水依赖较高，巴基斯坦为 82.8%、印度为 30.5%；第二，人均水资源少，印度为 1249 立方米、巴基斯坦为 371 立方米（低于 500 立方米属

① 肖斌：《“拯救咸海国际基金会”面临的挑战及其发展前景》，《世界知识》2018 年第 21 期。

于严重缺水地区)；第三，城镇化、工业化发展与水资源不足。上述国内因素直接导致了国际河流水资源分配矛盾，随着南亚地区国家的发展这一矛盾可能会变得越来越突出。因此，水资源合作一直是上合组织成员国发展合作的核心议题之一。

三　加强区域合作，应对气候变化

中亚地区气候变化的趋势呈暖湿。根据相关研究报告，中亚地区属于干旱半干旱区，平均年降水量为283.4毫米、潜在蒸发量为979.9毫米；近115年来平均气温显著升高，呈加速增暖趋势。[①] 暖湿气候对中亚水资源的影响是多方面的，其中包括对中亚冰川的影响。以中亚地区阿拉套山区冰川为例，在1990～2011年间，该地区冰川萎缩了20.24%，关键因素就是气候变暖，年降水量的增加不能抵消由夏季温度剧烈上升导致的冰川消融。[②] 尽管气候变化呈暖湿趋势，但是中亚国家出现反常气候的频率也在增加。以哈萨克斯坦为例，与1990～2002年相比，在2003～2015年间大雨出现的次数增加了2.5倍、强雪增加2.7倍、强风暴增加1.8倍、大雾增加2.7倍、重沙尘暴增加3.4倍等。[③] 未来30～50年，咸海流域气候将呈现出这样变化：一是年平均气温上升，在2050年前年平均气温将增加2摄氏度；到2085年吉尔吉斯斯坦年平均气温将增加2摄氏度至5.5摄氏度，塔吉克斯坦将增加2.2摄氏度至5.7摄氏度。二是年降水量波动、不确定，在2085年前乌兹别克斯坦年降水量可能会增加20%。三是冬季月份降水量将明显增加，2085年前的每年11月至次年4月，吉尔吉斯斯坦降水量将会增加50%，乌兹别克斯坦降水量会增加30%，其余月份则会有轻微下降。四是中亚地区干旱

① 迪丽努尔·托列吾别克、李栋梁：《近115a中亚干湿气候变化研究》，《干旱气象》2018年第2期。

② 何毅、杨太保、冀琴、陈杰：《中亚阿拉套地区冰川退缩与气候变化关系研究》，《干旱地理》2014年第5期。

③ Экосистемный подход для адаптации к изменению климата в высокогорных регионах Центральной Азии，https：//16news.kz/news/town/Ekosistemnyiy-podhod-dlya-adaptatsii-k-izmeneniyu-klimata-v-vyisokogornyih-regionah-TSentralnoy-Azii－3464.

发生率增加、干旱期将延长。即使降水量不变，温度升高会增加蒸发量，导致气候干燥。[①]

在全球气候变化中，南亚地区是受影响较大的地区之一。仅在 2017 年印度就有 2726 人死于极端天气事件，包括热浪、风暴、洪水和干旱。据预测，到 21 世纪中叶，高温将使南亚地区作物减产 15% ~30%，随着温度上升，南亚地区粮食和水资源供应紧张将加剧，[②] 占南亚地区人口总数 15% 的人将受到影响。[③] 另外，根据紧急灾难数据库（Emergency Events Database）的统计，在 1900 ~2015 年的 100 多年间，南亚地区共发生重大的水旱灾害 665 次，其中水灾 621 次、旱灾 44 次。印度是发生洪水灾害次数最多的南亚国家，达到 264 次，其次是孟加拉国、巴基斯坦和阿富汗。[④] 若不采取行动，到 2050 年南亚地区国家经济每年衰退 1. 8%，到 2010 年平均衰退 8. 8% 。[⑤]

根据德国观察（GERMANWATCH）的气候风险指数和耶鲁大学的环境绩效指数（见表 9 –5），在上合组织成员国中，气候风险最大、环境绩效最低的都是印度，其余 7 国气候风险指数达到 60 分以上的有 4 个。在上合组织成员国中，乌兹别克斯坦的气候风险指数最低，环境绩效指数也最高。但是，随着乌兹别克斯坦工业化进程的不断发展，乌兹别克斯坦的环境绩效指数可能会下滑。尽管部分上合组织成员国气候风险指数低和环境绩效指数高，但若从上合组织成员国自身发展目标来看，受社会经济发展需求的影响，上合组织成员国都面临着不同程度的气候风险和环境压力。因此，共同应对气候变化、提高环境

① “Climate Risk Profile Central Asia,” https：//www. climatelinks. org/resources/climate-risk-profile-central-asia.

② Avasna Pandey, “Climate Change in South Asia：A Grave Security Threat,” January 10, 2018, https：//southasianvoices. org/climate-change-security-threat-south-asia/.

③ Claire Beutter, “Climate Change Threatens Food Security in South Asia,” March 24, 2018, https：//www. irinsider. org/south-asia – 1/2018/3/24/climate-change-threatens-food-security-in-south-asia.

④ 邓伟等：《基于“一带一路”的南亚水安全与对策》，《地球科学进展》2018 年第 7 期。

⑤ “Impact of Climate Change on South Asia Nepal’s Economy Among Hardest Hit,” October 2, 2015, https：//thehimalayantimes. com/environment/impact-of-climate-change-on-south-asia/.

绩效是上合组织成员国发展合作的动力，也是上合组织成员国开展合作的优先领域之一。

表 9-5　上合组织成员国气候风险和环境绩效指数

	气候风险(CRI)		环境绩效(EPI)	
	2019 年		2018 年	
	得分	排名	得分	排名
IN	22.67	14	30.54	177
KZ	66.83	67	50.74	120
CN	42.33	31	54.56	101
KY	57.17	52	54.86	99
PA	43.17	33	52	63.79
RU	69	71	37.5	169
TA	88.33	107	129	47.85
UZ	116	124	136	45.88

注：得分高表示受气候变化影响小、环境绩效高。

资料来源：David Eckstein, Marie-Lena Hutfils and Maik Winges, Global Climate Risk Index 2019, https://www.germanwatch.org/sites/germanwatch.org/files/Global%20Climate%20Risk%20Index%202019_2.pdf. The 2018 Environmental Performance Index (EPI), https://epi.envirocenter.yale.edu/.

第二节　可持续发展合作机制及内容

尽管发展议题在《上海合作组织宪章》中就有体现，但发展合作机制的形成历程较为漫长。可持续发展合作机制最初是以上合组织成员国环保专家会议的形式存在，2003～2008 年召开了 5 次，环保专家会议试图达成《上合组织环境保护合作构想》，但是始终没有形成一致意见。6 年之后，在上合组织成员国元首和政府首脑（总理）理事会的共同推动下，2014 年 3 月上合组织成员国环保专家会议重启协商《上合组织环境保护合作构想》，但最终因部分中亚国家在水资源分配上存在较大分歧而未能达成一致。直到米尔吉约耶夫就任乌兹别克斯坦总统（2016 年 12 月）后，乌兹别克斯坦改善了与周边邻国的关系，《上合组织环境保护合作构想》才有了实质性的进展。在 2018 年 4 月 16 ~ 18 日举行的上合组织成员国环保专家会议上，各国代表就《上合组织环境保护合作构想》草案达成一致，并最终在 2018 年 6 月上合组织成员国元首理事会青岛峰会上通过，达成草案的目的是基于维护上合组织地区生态平衡、恢复生物多样性，为居民生活和可持续发展创造良好条件，造福子孙后代。[①] 这也是自上合组织成立以来通过的首个发展合作文件。作为发展合作机制，截至 2018 年 4 月，上合组织成员国环保专家会议已经召开了 10 次，对促进上合组织成员国发展合作积极意义明显。

在政府间合作机制外，“第二轨道国际合作机制”在推动上合组织成员国发展合作上也发挥着重要作用，其中中国—上合组织环境保护合作中心和中国—上合组织地学合作中心是中方主导的“第二轨道国际合作机制”。

（1）中国—上合组织环境保护合作中心。为促进上合组织成员发展合作，经中国政府批准于 2013 年 9 月在北京成立了非营利性质的中国—上合组织环境保护合作中心。成立该中心的目的是落实上合组织领导人会议共识，推动中国与上合组织各成员国的环境保护合作与交流，共同应对全球环境挑战，促进区域绿色发展。[②] 2014 年 5 月亚洲相互协作与信任措施会议第四次峰会期间，中哈两国签署了《中华人民共和国和哈萨克斯坦共和国联合宣言》，宣言中提到要发挥中国—上合组织环境保护合作中心的作用，促进区域可持续发展；2014 年 9 月上合组织成员国元首理事会杜尚别峰会上，中方建议借助中国—上合组织环境保护合作中心加快环保信息共享平台建设。2017 年 11 月 21 ~ 22 日，上合组织环保信息共享平台专家研讨会在江苏省连云港市召开，与会代表围绕城市大气污染防

① 《上海合作组织成员国元首理事会青岛宣言》，2018 年 6 月 11 日，https：//www.fmprc.gov.cn/web/zyxw/t1567546.shtml。

② 《合作机制》，2017 年 1 月 6 日，中国 - 上海合作组织环境保护合作中心，http：//www.csecc.org.cn/shhbhz/hzjz/201701/t20170106_ 394065.shtml。

治、水环境保护、废弃物管理、环保大数据服务平台建设、生态工业园区建设和生态城市伙伴关系发展等议题开展深入交流，分享环境管理政策、经验与技术。①

（2）中国—上合组织地学合作研究中心。2014 年 10 月 20 日，中国—上合组织地学合作研究中心在天津成立，该机构设在中国地质调查局西安地质调查中心，中心第一届学术委员会成员有中国、吉尔吉斯斯坦、乌兹别克斯坦等 5 国的 29 位地学院士和专家。该中心隶属中华人民共和国国土资源部，目的是以“丝绸之路”经济带建设为契机，围绕上合组织宗旨，丰富和拓展上合组织合作内涵，促进上合组织成员国矿业经济发展，并推动信息共享和人才培养。②

此外，上合组织成员国根据自身发展需要还参加不同的政府间或非政府国际合作机制。例如，独立国家联合体跨国生态委员会、拯救咸海国际基金、欧亚经济联盟环保合作委员会、中亚区域经济合作（CAREC）、联合国中亚经济专门计划、南亚区域合作联盟的环保部长会议和环境技术委员会、南亚环境合作计划等。③

第三节　《上海合作组织环境保护合作构想》及未来合作

《上海合作组织环境保护合作构想》是上合组织扩员后成员国发展合作的首个成果，意味着成员国发展合作进入新阶段。自可持续发展合作启动以来，上合组织成员国做了相当多工作，明确合作的战略目标，建立务实高效的合作格局，在巩固和落实现有合作成果的基础上，积极探索多领

① 《上海合作组织环保信息共享平台专家研讨会顺利召开》，2017 年 11 月 24 日，http：//www.csecc.org.cn/zhxx/zxyw/201711/t20171124_426898.shtml。

② 《国土资源部中国－上海合作组织地学合作研究中心简介》，2015 年 11 月 19 日，http：//www.xian.cgs.gov.cn/geosco/zxgk/201608/t20160813_360086.html。

③ 王玉娟、何小雷：《加强上海合作组织环保合作　服务绿色丝绸之路建设》，《中国生态文明》2017 年第 3 期。

域、全方位的多边合作。

目前，联合国设定的17个可持续发展目标也是上合组织成员国的可持续发展目标。贝塔斯曼基金会根据联合国公布的可持续发展目标，设立了国家可持续发展指数（SDG）。根据SDG2018年的报告，在上合组织成员国中，可持续发展指数排名从高到低依次为吉尔吉斯斯坦（51）、乌兹别克斯坦（52）、中国（54）、俄罗斯（63）、哈萨克斯坦（65）、塔吉克斯坦（73）、印度（112）、巴基斯坦（126）。由此可见，受各自国情影响，上合组织成员国在可持续发展目标上差距较大，明确战略合作目标是上合组织成员国发展合作的长期工作。

加强合作机制建设，启动环境和自然资源部长级会晤机制，完善发展合作机制（制订地区性环境及自然资源保护公约和标准，推动上合组织成员国环境保护法与国际标准相一致），建立解决环境争议的机制。作为地区性政府间国际组织，与发展合作的目标和地区环境压力的紧迫性相比，上合组织发展合作机制相对滞后，在元首及政府首脑层次下，还缺少部长级会晤机制，这在很大程度上束缚了上合组织发展合作的深入开展。此外，基于市场和内容的合作机制也不足，市场方面包括清洁发展机制、排放贸易机制、联合履行机制；内容方面包括技术转让机制和资金援助机制。

促进成员国环保信息共享，目的是在上合组织框架下推动环保信息、知识、经验和技术的共享和应用，提高各成员国的环境保护能力和水平，加强上合组织区域内协调与合作，共建"绿色丝绸之路经济带"，推动上合组织地区可持续发展。中国—上合组织环境保护合作中心正在积极推动环保信息共享工作并取得了一些进展，但是与全球和地区合作需要相比，上合组织框架下的环保信息共享还需要加快建设速度。只有实现环境保护信息共享，才能提高对全球性和区域性环境问题科学而系统的认识，协调成员国采取联合或相互配合的行动保护环境，预防或减少环境危害。

多边框架下的发展合作需要从成员国合作意愿度高的项目做起，中长期内发展合作的重点是保护生物多样性、自然资源保护、水资源合理利用、土壤保护、清洁饮用水保障、污水和废物处理、应对气候变化等领域，巩固和深化国际河流领域保护和利用。

推动成员国间环保产业合作，包括选择重点成员国、环保技术转让、联合研发环保技术、提供金融支持等。尽管环保产业合作已是比较成熟的国际经济技术合作，但是在上合组织框架下成员国环保产业合作主要在双边层次。从长期发展来看，推动成员国间环保产业合作是上合组织成员国可持续发展合作的核心动力。哈萨克斯坦总统国情咨文（2018 年 1 月 10 日）就提出了“工业发展 4.0”的发展计划，其中提出大量应用环保技术于哈萨克斯坦工业化和城市化中。①

可持续发展合作一直被归于上合组织成员国人文合作中，但随着上合组织成员国的不断发展，如何推动可持续发展便成为每个成员国关注的问题。因此，本书把可持续发展合作从上合组织成员国人文合作中单列出来，从而彰显该议题的重要性。尽管上合组织成员国可持续发展合作起步慢，但是成员国在可持续发展方面有较强的合作意愿。从合作内容来看，可持续发展合作在大类上属于人文合作，然而上合组织成员国可持续发展合作与地区稳定、发展有着很强的关联性。安全是上合组织发展的基石，而可持续发展合作又是地区安全的重要保障，这也体现出上合组织长期秉持的共同、综合、合作、可持续安全观。

① “New Opportunities under the Fourth Industrial Revolution,” 10 January 2018, http://www.president.kz/en/addresses/addresses_of_president/state-of-the-nation-address-by-the-president-of-the-republic-of-kazakhstan-nursultan-nazarbayev-january-10-2018? q=NEW%20OPPORTUNITIES%20UNDER%20THE%20FOURTH%20INDUSTRIAL%20REVOLUTION.

第十章

上海合作组织的国际合作

国际合作是指上合组织作为单独的国际政治行为体，与外部世界开展合作的行为。通过国际合作，上合组织不仅能提高自身影响力，而且能够在内部形成凝聚力。目前，上合组织已与联合国、独联体、东盟、欧亚经济共同体、集体安全条约组织等建立了关系，并与国际社会密切合作与协调，就阿富汗问题开展广泛对话。本章将通过上合组织国际合作回顾、国际合作指导性文件、国际合作实践三部分内容讨论上合组织的国际合作。

第一节 国际合作回顾

自成立之初，上合组织就积极推动国际合作，并制订了《上海合作组织与其他国际组织及国家相互关系临时方案》（2002 年 11 月 23 日，俄罗斯莫斯科）[①]。在 2004 年 6 月举行的塔什干峰会上，上合组织六国元首倡议，亚太地区的国际组织和论坛，通过相互签署协议，包括在对等原则基础上相互给予观察员地位，逐步建立起多边组织的伙伴网络。[②] 2005 年 4 月 21 日，上合组织与东盟在印度尼西亚雅加达签署《实质性合作协议》，优先合作领域包括：（1）打击跨国犯罪（包括反恐、控制毒品和武器走私、反洗钱、遏制人口走私等）；（2）经济、金融、旅游、环境和自

① 《上海合作组织与其他国际组织及国家相互关系临时方案》，http：//chn. sectsco. org/documents/。

② 《上海合作组织成员国元首塔什干宣言》，2004 年 6 月 17 日，http：//chn. sectsco. org/documents/。

然资源管理、社会发展、能源等。[①] 在地缘政治的作用下，上合组织于2006年5月8日在中国北京与欧亚经济共同体签署谅解备忘录。

为了通过国际合作促进自身发展，上合组织在2008年杜尚别峰会上提出，上合组织奉行开放原则，愿与所有赞成本组织宗旨和原则的国际和地区组织进行建设性对话，并根据《联合国宪章》和国际法准则开展自身活动。[②]

加强与国际组织的合作。在2009年6月16日举行的叶卡捷琳堡元首峰会上，上合组织明确提出，愿加强与联合国、独联体、东盟、欧亚经济共同体、集体安全条约组织、经济合作组织、联合国亚太经社会以及其他国际组织和地区组织的务实合作，在此基础上建立广泛的伙伴网络。[③] 随即，在上合组织成员国的推动下，联合国于2009年12月18日通过了关于联合国同上合组织合作的第64/183号决议，并在2010年4月5日签署了《关于联合国秘书处与上海合作组织秘书处合作的联合声明》。

国际合作成为上合组织发展战略内容之一。在上合组织成员国元首理事会乌法峰会上通过的《上海合作组织至2025年发展战略》中明确提出，提高上合组织国际威望，加强同联合国及其专门机构，以及独联体、集安条约组织、东盟、经合组织、亚信及其他国际组织和机构的联系。[④] 与此同时，《上海合作组织成员国元首乌法宣言》写道，成员国主张开展广泛国际合作，在保障所有国家平等、无歧视地享受经济全球化成果的基础上，消除各国间的技术和社会经济差距。[⑤]

---

① ASEAN and SCO Secretariats Sign Agreement for Substantive Cooperation Jakarta, 21 April 2005, https://asean.org/asean-and-sco-secretariats-sign-agreement-for-substantive-cooperation-jakarta/。

② 《上海合作组织成员国元首杜尚别宣言》，2008年8月28日，http://chn.sectsco.org/documents/。

③ 《上海合作组织成员国元首叶卡捷琳堡宣言》，2009年6月16日，http://chn.sectsco.org/documents/。

④ 《上海合作组织至2025年发展战略》，2015年7月10日，http://chn.sectsco.org/documents/。

⑤ 《上海合作组织成员国元首乌法宣言》，2015年7月10日，http://chn.sectsco.org/documents/。

扩员后的上合组织国际合作潜力巨大。在2017年6月举行的上合组织成员国元首理事会阿斯塔纳峰会上，元首们一致通过了给予印度、巴基斯坦上合组织成员国地位的决议。与此同时，成员国通过《上海合作组织成员国元首阿斯塔纳宣言》强调，将坚持和平发展、共同发展，开展平等合作，同国际社会扩大对话合作。[①] 在2018年6月《上海合作组织成员国元首青岛宣言》和10月《上海合作组织成员国政府首脑（总理）理事会第十七次会议联合公报》中，各成员国一致认为，扩大上合组织同联合国及其专门机构、其他国际组织和地区组织的交流合作。在这个意义上，扩员后上合组织国际合作将持续扩大，而南亚区域合作联盟、环印度洋联盟、亚洲合作对话、亚太经济合作组织等国际组织都是上合组织潜在的国际合作伙伴。

第二节 国际合作的指导性文件

上合组织国际合作目标和原则是基于《联合国宪章》（1943年）《上海合作组织成立宣言》（2001年）、《上海合作组织宪章》（2002年）、《上海合作组织成员国长期睦邻友好合作条约》（2007年）3个基本文件之上，核心内容是提高上合组织国际威望和相互尊重。为实现上述目标和原则，上合组织还出台了2份指导性文件，即《上海合作组织与其他国际组织及国家相互关系临时方案》《上海合作组织至2025年发展战略》。

《上海合作组织与其他国际组织及国家相互关系临时方案》（以下简称《临时方案》）签署于2002年11月23日，签署《临时方案》的目的是在上合组织与其他国际组织及国家相互关系的多边文件生效前的过渡措施。在《临时方案》中[②]，上合组织对邀请非本组织成员国和国际组织的

① 《上海合作组织阿斯塔纳宣言》，2017年6月9日，http：//chn. sectsco. org/documents/。

② 《上海合作组织与其他国际组织及国家相互关系临时方案》，http：//chn. sectsco. org/documents/。

做了具体规定。

第1条　经所有成员国事先同意，邀请非本组织成员的国家和（或）国际组织以外长会议现任主席客人身份参加本组织外交部长会议全体会议。关于发出邀请问题的事先商定由本组织成员国国家协调员理事会达成。

会议邀请和议程草案由外长会议现任主席领导的外交部门在不晚于举行此会前一个月发出。邀请中应说明以客人身份参加外长会议的程序。还应指出，如果有关国家和（或）国际组织接受邀请，则应不晚于会议前十天向外长会议主席确认。

参加外长会议的客人应是外长级。国际组织的与会客人无权签署外长会议通过的文件、建议对其进行修改和补充、提出需外长会议通过的文件草案。

客人不参加外长会议结束后举行的成员国外长与新闻界代表的共同会见。

以客人身份参加外长会议的邀请是一次性的，不意味着自动邀请其参加今后的外长会议。

至多两个国家和（或）至多两个国际组织的代表可同时以客人身份参加会议。

第2条　经所有成员国事先同意，邀请非本组织成员的国家和（或）国际组织参加本组织成员国外交部举行的政治问题多边磋商。关于发出邀请问题的事先商定由本组织成员国国家协调员理事会达成。以磋商东道国外交部门名义向客人发出的邀请和磋商议题不晚于磋商举行前一个月发出。邀请中应说明以客人身份参加磋商的程序。还应指出，如客人接受邀请，应不晚于磋商开始前十天向磋商东道国外交部门确认。

接受邀请的非本组织成员国和（或）国际组织参加磋商的代表级别应与本组织成员国与会代表级别相同。

客人可参加磋商过程中的讨论，但无权签署磋商总结性文件和对其提出修改和补充。

可向客人转交磋商总结性文件复印件。

对以客人身份参加磋商的邀请是一次性的，不意味着自动邀请其参加今后的磋商知其他议题的磋商。

至多两个国家和（或）国际组织的代表可以客人身份同时参加磋商。

第 3 条　经各成员国事先同意，本组织外长会议现任主席或根据其授权由本组织成员国国家协调员理事会主席参加其他国际组织的活动。

邀请应发给外长会议主席并以其名义给予必要答复。

收到邀请后，外长会议主席通过本组织成员国国家协调员理事会就本组织参加有关活动的形式、程序、级别和代表团组成以及就以本组织名义发表的讲话提纲（提纲草案由外长会议现任主席领导的外交部门准备）协调立场。代表团成员可包括各成员国代表、本组织秘书长和（或）其副手以及地区反恐怖机构执行委员会主任和（或）其副手。成员国代表的所有出差费用由这些代表的国籍国承担。

本组织代表参加其他国际组织活动后，通过本组织成员国国家协调员理事会向所有成员国通报有关情况和可能的建议，以及其获得的上述活动通过和散发的文件。

第 4 条　经各成员国事先同意，外长会议现任主席可提出本组织参加其他国际组织活动的申请。关于发出上述申请问题的事先商定由本组织成员国国家协调员理事会达成。

本组织参加这些活动的准备程序与本文件第二款规定的程序相类似。

《上海合作组织至 2025 年发展战略》于 2015 年 7 月 10 日在乌法峰会上获得批准，针对国际合作做出如下规划。[①]

本组织将努力扩大国际联系，以进一步提高在新的国际和地区格局中的作用，增强国际威望。在 2010 年签署的《上海合作组织秘书处同联合国秘书处合作的联合声明》基础上，首先就维护国际和平安全、促进发展等问题同联合国开展协作具有优先意义。打击恐怖主义和非法贩运毒品、落实《联合国全球反恐战略》、在上合组织《信息安全国际行为准

① 《上海合作组织至 2025 年发展战略》，http：//chn. sectsco. org/documents/。

则》草案基础上就维护国际信息安全开展工作，将是优先合作方向。成员国确信，联合国应该在国际事务中发挥中心协调作用，支持提高其机制效率，包括对安理会进行改革，以保证对当前面临的挑战、变化的政治和经济现实做出相应反应，维护国际和平与安全。成员国认为，联合国安理会改革应增加其代表性和效率，通过最广泛协商，寻求“一揽子”解决方案，维护联合国会员国团结，不应人为设定时限，强行推动尚未获得会员国广泛支持的方案。

上合组织将加强同联合国毒品和犯罪问题办公室的协作关系。在经贸领域，首先是发展交通基础设施、为国际道路运输创造便利条件方面，联合国亚太经社会仍将是上合组织的重要合作伙伴。

上合组织愿与联合国其他部门、专门机构和机制建立正式关系，并开展务实合作。

上合组织将根据《联合国宪章》第八章和《上海合作组织宪章》，为维护地区和平安全稳定继续发挥积极作用。

上合组织与一些国际和地区组织建立了正式联系，成员国将进一步扩大与上述组织的对话、交流与协作。同地区一体化组织建立联系、开展务实合作是上合组织对外政策的重要方面，包括签署合作文件。

《上海合作组织至 2025 年发展战略》是当前正在执行的文件，从该文件中可以看出，在全球层次，上合组织借助联合国来提升自己的国际威望；在地区层次，上合组织主要借助地区性国际组织提高自身国际威望，地理上涵盖原苏联加盟共和国、东南亚国家、部分欧洲国家和中东国家。当然，国际威望的提升也是相互作用的结果，若上合组织的国际威望能在上述地区有所提升，那么也会促进上合组织自身的发展，并寻求更高的国际威望。

第三节　国际合作实践

在上合组织国际合作实践中，联合国、独立国家联合体、欧亚经济共同体、集体安全条约组织、东盟等与其是交往比较密切的国际组织。为此，本节重点讨论上合组织与上述国际组织之间的关系。

与联合国的关系。根据《上海合作组织秘书处同联合国秘书处合作的联合声明》（2010 年 4 月 5 日，以下简称《联合声明》），上合组织与联合国建立关系是根据 2005 年世界首脑会议做出的决定和联合国大会 2009 年 12 月 18 日题为“联合国同上合组织的合作”的第 64/183 号决议的精神建立的。上合组织和联合国商定，为大力协助应对国际社会面临的新的挑战和威胁，必须根据《联合国宪章》第八章，在涉及国际和平与安全的问题上在不同的级别开展合作。这包括防止和消除冲突；与恐怖主义做斗争；防止大规模毁灭性武器及其运载工具的扩散；打击跨国犯罪，包括打击非法贩运毒品和非法军火贸易；处理环境退化问题；减少灾害风险和防备与应对紧急情况；促进可持续经济、社会、人道主义和文化发展等。合作形式包括联合国秘书长与区域组织领导人的年度磋商，继续定期同上合组织秘书长进行磋商；联合国系统各专门机构、组织、方案和基金同上合组织合作。[①] 随后，上合组织与联合国积极落实双方合作意向。2011 年 6 月 15 日联合国毒品和犯罪问题办公室宣布，它同上合组织签署了一项协定，合作打击贩毒、有组织犯罪、人口贩运和国际恐怖主义。[②] 时任联合国秘书长潘基文指出，上合组织已经与一些联合国实体开展了密切合作，包括政治事务部、反恐怖主义委员会执行局、维持和平行动部、欧洲和亚太地区经济委员会、毒品和犯罪问题办公室以及中亚地区预防性外交中心等，以共同致力于解决一些区域国家的具体问题，例如“亚洲之心”伊斯坦布尔进程、自然资源管理、环境退化、恐怖主义和暴力极端主义的扩散、边境安全和毒品贩运等。[③] 现任联合国秘书长古特雷斯在 2018 年 11 月 27 日举行的联合国与上合组织高级别会议上表示，联合国

① 《上海合作组织秘书处同联合国秘书处合作的联合声明》，http：//chn. sectsco. org/documents/。

② 《联合国与上合组织签署打击贩毒和有组织犯罪合作备忘录》，https：//news. un. org/zh/story/2011/06/153612。

③ 《潘基文：联合国期待与上合组织进一步加强合作》，2016 年 11 月 22 日，https：//news. un. org/zh/story/2016/11/266652。

将致力于同上合组织的密切合作，建设一个稳定繁荣的欧亚地区，让人民享有和平、可持续发展和尊重人权——这些是促使联合国发展的基本价值观。[①]

与独立国家联合体（简称独联体）的关系。独联体成立于1991年12月21日，目前正式成员有阿塞拜疆、亚美尼亚、白俄罗斯、吉尔吉斯斯坦、摩尔多瓦、哈萨克斯坦、俄罗斯、塔吉克斯坦、乌兹别克斯坦8国。2005年4月12日，独联体执行委员会与上合组织秘书处在北京签署《独立国家联合体执行委员会与上海合作组织秘书处谅解备忘录》，同意在反对恐怖主义、经济贸易、人文交流等领域开展合作。这是第一个与上合组织签署具有约束力的文件来建立合作关系的国际组织。

与欧亚经济联盟（欧亚经济共同体）的关系。欧亚经济共同体成立于2001年5月31日，有俄罗斯、白俄罗斯、哈萨克斯坦、吉尔吉斯斯坦和塔吉克斯坦五个正式成员国和亚美尼亚、乌克兰、摩尔多瓦三个观察员。2006年5月8日，上合组织与欧亚经济共同体在北京签署谅解备忘录，双方同意在贸易、能源、环保、交通、投资、旅游、教育、卫生、体育、劳务、科学、文化等领域加强合作。2005年10月乌兹别克斯坦申请加入欧亚经济共同体，但2008年10月20日乌兹别克斯坦申请停止该组织成员国资格。2012年3月19日欧亚经济共同体国家间委员会会议在莫斯科举行，与会各国就推进区域一体化进程等重要议题进行了探讨，同意在2015年1月1日前起草并签署关于建立欧亚经济联盟的条约。会议结束后，与会国签署了一系列涉及欧亚经济共同体内部合作的文件，包括关于欧亚经济共同体特权和豁免权的公约、成立欧亚经济共同体法院等。2014年10月10日，欧亚经济共同体各成员国在明斯克签署了关于撤销欧亚经济共同体的协议。2015年1月1日，欧亚经济共同体所有机构停止活动，欧亚经济联盟启动，亚美尼亚（1月2日）、吉尔吉斯斯坦（8月12日）成为正式成员国。不过，在欧亚经济共同体终止活动后，欧亚

① 《联合国与上合组织高级别会议：联合国秘书长呼吁推动欧亚大陆的稳定与繁荣》，https：//news. un. org/zh/story/2018/11/1023701。

经济联盟与上合组织有过交流，但截至 2018 年 12 月，上合组织元首和政府首脑会议中没有明确提出上合组织与欧亚经济联盟的合作关系。

与集体安全条约组织的关系。2007 年 10 月，上合组织秘书长博拉特·努尔加利耶夫与集体安全条约组织秘书长尼古拉·博尔久扎在塔吉克斯坦首都杜尚别签署谅解备忘录，确定建立和发展双方之间平等和建设性合作关系。上合组织与集体安全条约组织商定：（1）合作领域，包括维护地区和国际安全与稳定；打击恐怖主义；打击非法贩运毒品；打击非法贩运武器；打击跨国有组织犯罪；其他共同感兴趣的方面。（2）磋商与交换信息，就共同感兴趣的问题在商定的级别（或常设机构之间）举行磋商和交换信息；（3）共同制定计划和行动，上合组织和集体安全条约组织内常设机构代表可应邀以客人身份参加两个组织框架内的活动。① 上合组织与集体安全条约组织有发展平等和建设性合作的意愿，建立了最高行政官员的对话机制，截至 2018 年 6 月该对话机制已举行了 9 次会议，签署了《反恐合作谅解备忘录》（2018 年 5 月）。② 未来，上合组织和集体安全条约组织将继续在维护地区和国际安全与稳定、打击恐怖主义、打击毒品贩运、遏制非法武器走私、打击有组织跨国犯罪方面合作。

与东南亚国家联盟（简称东盟）的关系。1967 年 8 月 8 日，印度尼西亚、马来西亚、菲律宾、新加坡和泰国签署了《曼谷宣言》（《东盟宣言》），东南亚国家联盟正式成立。随着文莱（1984 年 1 月 7 日）、越南（1995 年 7 月 28 日）、老挝和缅甸（1997 年 7 月 23 日）、柬埔寨（1999 年 4 月 30 日）加入，组成了今天的东盟 10 国。2005 年 4 月 21 日，东盟秘书长与上合组织秘书长签署了谅解合作备忘录，东盟与上合组织建立了务实合作关系，合作的领域包括打击跨国犯罪、反恐怖主义、管制毒品和武器走私、打击洗钱和贩运人口、开展经济和金融合作、旅游、环保、自

① 《上海合作组织秘书处与集体安全条约组织秘书处谅解备忘录》，上海合作组织秘书处，http：//chn. sectsco. org/documents/。

② Генеральный секретарь ОДКБ Юрий Хачатуров в Циндао принял участие во встрече высших административно-должностных лиц СНГ，ОДКБ и ШОС，09. 06. 2018，http：//www. odkb-csto. org/international_ org/detail. php？ ELEMENT_ ID = 12864&SECTION_ ID = 132.

然资源管理、社会发展、能源等。根据谅解备忘录，东盟和上合组织秘书处每年都进行磋商，讨论共同关心的问题。通过上合组织与东盟的合作，欧亚经济联盟（主要由上合组织成员国、对话伙伴国、观察员国组成）与东盟发展了经济伙伴关系。[①]

尽管已与许多国际组织建立了联系，但是上合组织的国际合作还处于起步阶段。从未来发展来看，随着上合组织的不断发展，国际合作将成为上合组织的重要职能，建立全球合作伙伴关系网将有利于上合组织的发展。因此，在符合成员国共同利益的前提下，上合组织需要不断扩大国际合作，积极参与全球治理行动，为建设稳定繁荣的欧亚地区发挥更大的作用。

---

① "ASEAN Meets with Russia & China; Discusses SCO & EAEU," https://www.aseanbriefing.com/news/2018/08/06/asean-meets-with-russia-discusses-shanghai-cooperation-organisation-eurasian-economic-union.html.

后　记

上海合作组织的未来

就在本书完成之际，塔吉克斯坦共和国的资深外交官拉希德·阿利莫夫，在2018年12月31日结束了其在上合组织秘书长的任期。在离任招待会上，阿利莫夫致辞表示："'上海精神'的力量得以进一步蓬勃壮大。上合组织作为新型的国际组织，获得了新的发展动能和丰厚的发展潜力，面临着更加广阔的发展前景。上合组织在多极世界发展进程中的作用日趋显著。在当今世界，没有上合组织的参与，已经难以构建高效的全球以及地区安全与合作架构。"[①] 在接受《龙》杂志采访时（2018年12月31日），阿利莫夫对上合组织的未来发展提出了自己的看法：①"上海精神"是上合组织取得成就的基础；②"一带一路"是交响曲，每个国家都要发挥自己的作用，发出自己不同的声音；③在过去、现在及将来，维护上合组织各国安全与稳定，始终是我们的主要任务之一；④扩员需要水到渠成；⑤不断搭建人文合作平台，创造更多的条件以便各个文化、文明之间相互对话。[②] 新任上合组织秘书长、乌兹别克斯坦共和国著名外交官弗拉基米尔·诺罗夫在到任招待会上表示，将坚定奉行"上海精神"各项原则，继承上合组织良好传统，努力为维护组织成员国利益做出力所能及的贡献。诺罗夫说，在未来三年任期内将与组织秘书处同事们一道，进一步密切与地区反恐怖机构执委会的相互协作，共同打击"三股

---

① 《"上合组织——我们的共同家园"。阿利莫夫秘书长离任招待会在北京隆重举行》，2018年12月18日，http：//chn. sectsco. org/news/20181218/501372. html。

② 《上合组织秘书长阿利莫夫在离任前夕接受〈龙〉杂志总编辑独家专访》，2019年1月1日，中国日报网，http：//world. chinadaily. com. cn/a/201901/01/WS5c2acdd1a3106072a9033710. html。

势力”。同时指出，进一步深化上合组织地区经贸投资合作，促进包括旅游、教育、卫生以及青年事业在内的人文领域的交流与合作都将是上合组织未来关注的重点。[1] 毋庸置疑，“互信、互利、平等、协商、尊重多样文明、谋求共同发展”的“上海精神”是上合组织多年发展的重要支柱。

“上海精神”属于价值规范，当它被赋予到多边主义中便具有了强大的生命力。通过遵循“上海精神”这一准则，上合组织在维护欧亚地区和平、促进欧亚地区繁荣方面发挥着独特的作用。不可否认，国际机制不可能解决国际政治现实中的所有问题，也不可能消除所有对世界和平产生负面影响的因素。2019 年 3 月 8 日，印度和巴基斯坦军队在克什米尔地区激烈交火。这一冲突事件表明，我们需要更加理性地看待“上海精神”对上合组织产生的作用。未来，为了更好地落实“上海精神”，上合组织还有很多复杂而又艰巨的工作要做。“上海精神”在上合组织成员国中聚集到一定的临界值时，地区长和平便会发生，这彰显出“上海精神”对促进上合组织发展的重大意义。

冷战后形成的国际秩序正处于深刻调整中，上合组织也进入了扩员后的深度融合期。对于欧亚地区而言，国际秩序和上合组织自身的变化有可能弱化这个曾经较为稳定的地区治理结构。在地区治理结构重新恢复稳定之前，欧亚地区秩序可能会变得较为脆弱。夹在欧亚地区的“中间地带”——高加索地区、中东地区、西亚地区、南亚地区等都有可能出现强度不同的地缘政治危机。短期内，美国对外政策转变、欧洲的民粹主义蔓延、俄罗斯—乌克兰关系恶化、中美经济摩擦等，则加剧了欧亚地区现有问题的复杂性。上合组织是世界上为数不多的、有两个以上联合国安理会常任理事国参加的国际组织。在国际和地区秩序变化的状态下，加快自身建设、提高全球和地区治理能力，是上合组织的国际责任和义务，也是保持其可持续发展的唯一动力。

---

① 《上海合作组织秘书长诺罗夫到任招待会在京举行》，2019 年 1 月 24 日，http://chn. sectsco. org/news/20190124/508608. html。

上合组织的未来发展取决于合作效率。合作效率高，上合组织则能持续发展；合作效率低，上合组织则会遇到发展瓶颈。扩员有较大空间，但是组织规模扩大不等于组织能力加强。正如霍布斯所言，群体纵使再大，如果大家的行动都根据各人的判断和各人的欲望来指导，那就不能期待这种群体能对外抵御共同敌人和对内制止人们之间的侵害。因为关于力量怎样运用最好的意见发生分歧时，彼此就无法互相协助，反而会相互妨碍，并且会由于相互反对而使力量化为乌有。[①] 考察合作效率高低的关键在于能否产生合作剩余，即合作的纯收益扣除合作成本后的收益和不合作（或竞争）获得的收益。简单地说，上合组织 8 国的合作收益大于 8。

上合组织的未来发展需要中国提供更多的智力支持。中国的和平发展离不开欧亚大陆的稳定，而上合组织正是能够促进欧亚大陆和平的多边合作机制，所以利用好这一机制符合中国的国家利益。中国是上合组织持续发展的重要推动力，为促进其发展提供了众多中国方略，贡献了中国智慧，诸如"上海精神"、"新安全观"、"和谐地区"、"传承丝路精神"、"推进区域经济一体化进程"、"上合组织命运共同体"、"一带一路"倡议对接、上合组织"五观"（发展观、安全观、合作观、文明观、全球治理观）等。但要强调的是，提高中国方略在供给侧和需求侧的匹配度，才能有效地推动上合组织发展。

作为当代国际秩序中的重要一环，上合组织在塑造自己的同时，也塑造着国际秩序。虽然上合组织已走过 18 年的发展道路，但在国际政治中上合组织还是新兴的国际政治行为体，在全球主义、孤立主义并行的时代，上合组织是全球主义竖立在欧亚大陆的一面旗帜。任何国际机制的能力都是有限的，国家依然是国际政治的主体，而上合组织的发展则来自成员国应对外部威胁和寻求发展的共同努力。

2019 年 3 月 11 日完成于北京亦庄秋盛居

① 托马斯·霍布斯：《利维坦》，黎思复、黎廷弼译，1996，商务印书馆。

参考文献

一　中文文献

〔英〕巴里·布赞、〔丹〕奥利·维夫：《地区安全复合体与国际安全结构》，潘忠岐、孙霞、胡勇、郑力译，上海人民出版社，2010。

〔美〕布莱恩·斯科姆斯：《猎鹿与社会结构的进化》，薛峰译，上海世纪出版集团，2011。

崔暨：《积极推动上海合作组织　建立地方合作机制》，《当代世界》2006年第5期。

邓伟等：《基于“一带一路”的南亚水安全与对策》，《地球科学进展》2018年第7期。

《邓小平文选》第2卷，人民出版社，1994。

迪丽努尔·托列吾别克、李栋梁：《近115a中亚干湿气候变化研究》，《干旱气象》2018年第2期。

〔意〕多娜泰拉·德拉波尔塔：《社会运动、政治暴力和国家：对意大利和德国的比较分析》，王涛、江远山译，上海人民出版社，2012。

高飞：《上海合作组织研究综述》，《俄罗斯东欧中亚研究》2004年第4期。

《国际共产主义运动史》编写组：《国际共产主义运动史》，人民出版社、高等教育出版社，2012。

韩璐：《深化上海合作组织经济合作：机遇、障碍与努力方向》，《国际问题研究》2018年第3期。

何毅、杨太保、冀琴、陈杰：《中亚阿拉套地区冰川退缩与气候变化关系研究》，《干旱地理》2014 年第 5 期。

黄登学：《普京新任期俄罗斯外交探析》，《国际论坛》2013 年第 4 期。

黄永鹏：《论中苏首轮边界谈判的缘由》，《河南师范大学学报》（哲学社会科学版）2009 年第 1 期。

〔美〕肯尼思·沃尔兹：《国际政治理论》，信强译，苏长河校，上海人民出版社，2003。

〔美〕肯尼思·沃尔兹：《现实主义与国际政治》，张睿壮、刘丰译，张睿壮校，北京大学出版社，2012。

〔塔〕拉希德·阿利莫夫：《上海合作组织的创建、发展和前景》，王宪举、胡昊、许涛译，人民出版社，2018。

〔美〕兰德尔·施韦勒：《没有应答的威胁：均势的政治制约》，刘丰、陈水译，刘丰校，北京大学出版社，2015。

李海军：《上海合作组织扩员问题浅析》，外交学院硕士学位论文，2011。

李静杰：《试论中俄战略协作伙伴关系》，《东欧中亚研究》1997 年第 2 期。

林利民：《2012 年国际战略形势评析》，《现代国际关系》2012 年第 12 期。

刘华芹、王开轩：《推进上合组织区域贸易便利化的路径选择》，《新经济导刊》2018 年第 8 期。

刘彦君：《“一带一路”战略下中俄区域经济合作研究》，东北财经大学博士学位论文，2016。

〔美〕罗伯特·阿克塞尔罗德：《合作的复杂性：基于参与者竞争语合作的模型》，梁捷、高笑梅等译，上海世纪出版集团，2011。

〔美〕罗伯特·杰维斯：《系统效应：政治与社会生活中的复杂性》，李少军、杨少华、官志雄译，上海世纪出版集团，2008。

〔美〕罗伯特·杰维斯：《国际政治中的知觉与错误知觉》，秦亚青译，上海人民出版社，2015。

〔美〕罗伯特·卡根：《历史的回归和梦想的终结》，陈小鼎译，社会科学文献出版社，2013。

〔美〕罗伯特·卡根：《美国缔造的世界》，刘若楠译，社会科学文献出版社，2013。

马叙生：《踏勘边界　谈判交锋——找回失落的国界线》，《世界知识》2001年第12期。

马叙生：《中苏边界变迁史——找回失落的国界线》，《世界知识》2001年第11期。

〔美〕R. 麦克法夸尔、费正清编《剑桥中华人民共和国史革命的兴起1949~1965年》，谢亮生、杨品泉、黄沫、张书生、马晓光、胡志宏、思炜译，谢亮生校对，中国社会科学出版社，1998。

〔美〕尼古拉·梁赞诺夫斯基、马克·斯坦伯格：《俄罗斯史》，杨烨、卿文辉译，上海人民出版社，2013。

牛军：《二十世纪八十年代中苏关系研究》，《中共党史研究》2011年第5期。

潘光：《上海合作组织与"上海精神"》，《社会科学》2003年第12期。

戚振宏主编，邓浩执行主编《上海合作组织回眸与前瞻（2001~2018）》，世界知识出版社，2018。

钱其琛：《"9.11"事件后的国际形势和中美关系》，《外交学院学报》2002年第3期。

钱其琛：《见证"中苏关系正常化"》，《党史纵横》2007年第1期。

阮宗泽：《试论美俄"新战略框架"关系》，《国际问题研究》2002年第6期。

沈志华编译《库兹涅佐夫给苏斯洛夫的报告：中国牧民破坏苏联国界》（1960年9月28日），载《俄罗斯解密档案：新疆问题》，新疆人民出版社，2013。

〔美〕斯蒂芬·沃尔特：《联盟的起源》，周丕启译，北京大学出版

社，2007。

〔美〕斯蒂芬·M. 沃尔特：《驯服美国权力：对美国首要地位的全球回应》，郭盛、王颖译，上海人民出版社，2008。

〔美〕斯塔夫里阿诺斯：《全球分裂——第三世界的历史进程》（上、下），王红生等译，北京大学出版社，2017。

王春波、赵静、田明华：《巴基斯坦经济增长的影响因素分析——基于1997~2016年数据分析》，《南亚研究季刊》2018年第2期。

王帆：《中美竞争性相互依存关系探析》，《世界经济与政治》2008年第3期。

王学玉：《地区政治与国际关系研究》，《世界经济与政治》2010年第4期。

王玉娟、何小雷：《加强上海合作组织环保合作 服务绿色丝绸之路建设》，《中国生态文明》2017年第3期。

〔俄〕O. B. 沃洛布耶夫、B. H. 扎哈罗夫、牟沫英：《1954年克里米亚归属重划与苏联俄乌两加盟共和国边界变化的影响因素》，《边界与海洋研究》2018年第2期。

吴园、雷洋：《巴基斯坦农业发展现状及前景评估》，《世界农业》2018年第1期。

肖斌：《“拯救咸海国际基金会”面临的挑战及其发展前景》，《世界知识》2018年第21期。

肖斌：《地区极性、现状偏好与中国对中亚的外交哲学》，《俄罗斯东欧中亚研究》2017年第2期。

肖斌：《金融支持中哈产能合作：基于聚集效应的思考》，《欧亚经济》2017年第2期。

肖斌：《制衡威胁——大国联盟战略的决策行为》，中国出版集团/世界图书出版公司，2012。

肖斌：《中亚国家的粮食安全指数及评估》，《俄罗斯东欧中亚研究》2013年第1期。

肖斌、张晓慧：《东亚区域间主义：理论与现实》，《当代亚太》2010

年第6期。

谢益显主编《当代中国外交史（1949～2001）》，中国青年出版社，2002。

中国现代国际关系研究所民族与宗教研究中心：《上海合作组织——新安全观与新机制》，时事出版社，2002。

杨少亮：《印度农业政策演变及趋势研究》，《世界农业》2013年第6期。

袁鹏：《战略互信与战略稳定——当前中美关系面临的主要任务》，《现代国际关系》2008年第1期。

袁征：《合作抑或对抗——试析美俄关系的未来走向》，《和平与发展》2008年第1期。

〔美〕约翰·鲁杰主编《多边主义》，苏长和等译，浙江人民出版社，2003。

曾向红、李孝天：《上海合作组织的安全合作及发展前景——以反恐合作为中心的考察》，《外交评论》2018年第1期。

〔美〕詹姆斯·多尔蒂、小罗伯特·普法尔茨格拉夫：《争论中的国际关系理论》（第五版），阎学通、陈寒溪等译，世界知识出版社，2003。

张晓慧：《俄罗斯影响力在中亚的“回归”》，《新疆社会科学》2008年第6期。

张晓慧、肖斌：《地区安全主义视野中的上海合作组织》，《俄罗斯东欧中亚研究》2010年第4期。

张晓慧、肖斌：《吉尔吉斯斯坦社会运动中的政治暴力：基于案例的比较分析》，《俄罗斯研究》2017年第3期。

张晓慧、肖斌：《面向二十一世纪的中印关系——来自印度学者的观点》，《新疆社会科学》2004年第2期。

赵华胜：《中亚形势变化与上海合作组织》，《东欧中亚研究》2002年第6期。

赵儒玉：《中国与中亚国家交通便利化》，《俄罗斯中亚东欧市场》2006年第6期。

郑先武:《区域间主义治理模式》,社会科学文献出版社,2014。

周晓沛:《中苏边界谈判》,《传承》2010 年第 31 期。

朱榕:《印度和美国关系的剖析》,《国际问题研究》1987 年第 1 期。

左喜梅、郭辉、郇志坚:《贸易便利化水平对中国与上海合作组织主要国家的贸易影响分析》,《新金融》2018 年第 1 期。

二 英文文献

Abigail Grace, "The Lessons China Taught itself: Why the Shanghai Cooperation Organization Matters," June 19, 2018, https: //jamestown. org/program/the - lessons - china - taught - itself - why - the - shanghai - cooperation - organization - matters/.

"About the Shanghai Cooperation Organization," https: //mfa. uz/en/press/sco-uzbekistan/about/5429/? sphrase_ id = 3990209.

"Aggregated LPI 2012 – 2018," https: //lpi. worldbank. org/international/aggregated-ranking.

Alexander Cooley, "What's Next for the Shanghai Cooperation Organization?" June 1, 2018, https: //thediplomat. com/2018/06/whats - next - for - the - shanghai - cooperation-organization/.

Alexander Lukin, "Shanghai Cooperation Organization: Looking for a New Role," http: //eng. globalaffairs. ru/valday/Shanghai-Cooperation-Organization-Looking-for-a-New-Role – 17576.

Alexander Lukin, "The Shanghai Cooperation Organization: What Next?" 8 August 2007, http: //eng. globalaffairs. ru/number/n_ 9132.

Alfred Thayer Mahan, *The Problem of Asia: It Influence upon International Politics*, New Brunswick, NL: Transaction Publishers, 2003.

"An Introduction to the Basic Concepts of Food Security," http: //www. fao. org/docrep/013/al936e/al936e00. pdf.

Anatoliy A. Rozanov (ed.), "The Shanghai Cooperation Organisation and Central Asia's Security Challenges," https: //www. files. ethz. ch/isn/

168882/DCAF_ RP16_ SCO. pdf.

Andrei P. Tsygankov, " The Sources of Russia's Fear of NATO," *Communist and Post-Communist Studies*, 51 (2018) .

Anson Sidle, " Why the Shanghai Cooperation Organization Fails," September 2, 2018, https://nationalinterest. org/blog/buzz/why-shanghai-cooperation-organization-fails – 30197.

"Aral Sea Basin," http://www. fao. org/NR/WATER/AQUASTAT/basins/aral-sea/index. stm.

" ASEAN Meets with Russia & China, Discusses SCO & EAEU," https://www. aseanbriefing. com/news/2018/08/06/asean-meets-with-russia-discusses-shanghai-cooperation-organisation-eurasianveconomic-union. html.

Ashok Sajjanhar, "India and the Shanghai Cooperation Organization," June 19, 2016, https://thediplomat. com/2016/06/india-and-the-shanghai-cooperation – organization/.

Ashok Sajjanhar, "What India's Membership Means for the Organization as well as New Delhi," http://thediplomat. com/2016/06/india – and – the – shanghai – cooperation – organization/.

Avasna Pandey, " Climate Change in South Asia: A Grave Security Threat," January 10, 2018 , https://southasianvoices. org/climate-change-security-threat-south-asia/.

Bill Gertz, "Russian Nuclear-capable Bombers Intercepted near West Coast in Second U. S. Air Defense Zone Intrusion in Two Weeks," July 6, 2012, https://freebeacon. com/national-security/putins-july – 4th – message/.

" BP Statistical Review of World Energy," June 2018, https://www. bp. com/content/dam/bp/en/corporate/pdf/energy-economics/statistical-review/bp-stats-review – 2018 – primary-energy. pdf.

Brantly Womack, " China between Region and World," *The China Journal*, No. 61 (Jan. , 2009) .

"Briefs on India's Multilateral Relations," http://mea. gov. in/regional-

organisations. htm.

CIA The World Factbook, https: //www. cia. gov/library/publications/the-world-factbook/.

Claire Beutter, "Climate Change Threatens Food Security in South Asia," March 24, 2018, https: //www. irinsider. org/south-asia - 1/2018/3/24/climate-change-threatens-food-security-in-south-asia.

"Climate Risk Profile Central Asia," https: //www. climatelinks. org/resources/climate-risk-profile-central-asia.

"Concept of the Foreign Policy of the Republic of Tajikistan," http: //mfa. tj/? l = en&cat = 109&art = 1072.

Craig Oliphant, "Russia's Role and Interests in Central Asia," http: //www. saferworld. org. uk.

Daryly Fields, Artur Kochnakyan, "Tajikistan's Winter Energy Crisis: Electricity Supply and Demand Alternatives," https: //openknowledge. worldbank. org/handle/10986/15795.

David Eckstein, Marie-Lena Hutfils and Maik Winges, Global Climate Risk Index 2019, https: //www. germanwatch. org/sites/germanwatch. org/files/Global% 20Climate% 20Risk% 20Index% 202019_ 2. pdf.

Derek Grossman, "China Will Regret India's Entry Into the Shanghai Cooperation Organization," https: //www. rand. org/blog/2017/07/china-will-regret-indias-entry-into-the-shanghai-cooperation. html.

Diane K. Denis and John J. McConnell, "International Corporate Governan," *The Journal of Financial and Quantitative Analysis*, Vol. 38, No. 1 (Mar., 2003).

Dinesh Kumar Jain, "India's Foreign Policy," http: //www. mea. gov. in/indian-foreign-policy. htm.

Dmitry Shlapentokh, "Dugin, Eurasianism, and Central Asia," *Communist and Post-Communist Studies*, 40 (2007).

"Doing Business 2018," http: //www. doingbusiness. org/content/dam/

doingBusiness/media/Annual-Reports/English/DB2018 – Full-Report. pdf.

Eleanor Albert, "The Shanghai Cooperation Organization," https: // www. cfr. org/backgrounder/shanghai-cooperation-organization.

Evan Moore, "Strengthen the U. S. -India Relationship," https: //www. nationalreview. com/2018/02/india-united-states-relations-trade-military-strategy-alliance/.

Fiona Hill, "Central Asia: Terrorism, Religious Extremism, and Regional Stability," Wednesday, July 23, 2003, https: //www. brookings. edu/testimonies/central-asia-terrorism-religious-extremism-and-regional-stability/.

"Food Security Seminar in Kyrgyzstan," http: //www. fao. org/fileadmin/templates/SEC/docs/stories/Story15_ KR_ en. pdf.

"Foreign Minister Sergey Lavrov's Remarks and an Answer to a Media Question at a News Conference following a Meeting of the SCO Council of Foreign Ministers," Astana, April 21, 2017, http: //www. mid. ru/en/sanhajskaa-organizacia-sotrudnicestva-sos –/–/asset _ publisher/0vP3hQoCPRg5/content /id/2734712.

"Foreign Policy Concept for 2014 – 2020 Republic of Kazakhstan," http: //mfa. gov. kz/en/content-view/kontseptsiya-vneshnoj-politiki-rk-na – 2014 –2020 – gg.

"Foreign Policy Concept of the Russian Federation (approved by President of the Russian Federation Vladimir Putin on November 30, 2016)," http: // www. mid. ru/en/foreign _ policy/official _ documents/ –/asset _ publisher/CptICkB6BZ29/content/id/2542248.

Foreign Policy, https: //mfa. uz/en/cooperation/policy/.

Glenn Diesen, Conor Keane, "The Offensive Posture of NATO's Missile Defence System," *Communist and Post-Communist Studies*, 51 (2018).

"Global Governance 2025: at a Critical Juncture," https: //www. iss. europa. eu/content/global-governance – 2025 – critical-juncture.

"Global Hunger Index 2010 – The Challenge of Hunger: Focus on the

Crisis of Child Undernutrition," http://www.globalhungerindex.org/pdf/en/2011.pdf.

"Global Hunger Index 2017 - The Inequalities of Hunger," http://www.globalhungerindex.org/pdf/en/2017.pdf.

"Impact of Climate Change on South Asia Nepal's Economy among Hardest Hit," October 2, 2015, https://thehimalayantimes.com/environment/impact-of-climate-change-on-south-asia/.

"In Accordance with the National Sustainable Development Strategy for the Kyrgyz Republic for the Period of 2013 - 2017, New Understanding of Foreign Policy," http://www.mfa.gov.kg/contents/view/id/125.

"India: Extremism & Counter-Extremism," https://www.counterextremism.com/sites/default/files/country_ pdf/IN - 05252018.pdf.

"Indian Agricultural Research Institute, Agriculture Policy: Vision 2020," http://planning commission. nic. in/reports/genrep/bkpap 2020/24 _ bg2020.pdf.

"Individual LDC Fact Sheet," https://www.un.org/development/desa/dpad/least-developed-country-category/ldcs-at-a-glance.html.

"Intelligence Report the Evolution of Soviet Policy in the Sino-Sozliet Border Dispute, Reference Title: ESA U XL V/ 70 ," https://www.cia.gov/library/readingroom/docs/esau - 44.pdf.

International Cooperation, https://mfa.uz/en/cooperation/.

Jeanne Wilson, *Strategic Partners: Russian-Chinese Relations in the Post-Soviet Era*, Routledge, 2004.

Jeffrey Reeves, "The Shanghai Cooperation Organization: A Tenable Provider of Security in Post - 2014 Central Asia?" http://apcss.org/wp-content/uploads/2014/06/SCO-REEVES - 2014.pdf.

Jerry Hendrix, "Anticipating Putin's Next Gamble," September 6, 2018, https://www.nationalreview.com/2018/09/vladimir - putin - russia - us - nato - alliance - must - anticipate - next - moves/.

Johannes F. Linn, "Central Asian Regional Integration and Cooperation: Reality or Mirage?" https://www.brookings.edu/wp-content/uploads/2016/06/10 – regional-integration-and-cooperation-linn.pdf.

John Ikenberry, ed., *America Unrivaled: The Future of the Balance of Power*, Cornell University Press, 2002.

John Ikenberry, Michael Mastanduno and William C. Wohlforth, "Unipolarity, State Behavior, and Systemic Consequences," *World Politics*, Vol. 61. No. 1, 2009.

John J. Mearsheimer, "Can China Rise Peacefully?" http://nationalinterest.org/commentary/can-china-rise-peacefully – 10204.

Joseph M. Grieco, "State Interests and Institutional Rule Trajectories: Neorealist Interpretation of the Masstricht Treaty and European Economic and Monetary Union," in Benjamin Frankel (ed.), *Realism: Restatements and Renewal*, London: Frank Cass, 1996.

Kornely K. Kakachia, "Challenges to the South Caucasus Regional Security aftermath of Russian-Georgian Conflict: Hegemonic Stability or New Partnership?" *Journal of Eurasian Studies*, 2 (2011).

Kristin M. Bakke, Andrew M. Linke, John O'Loughlin, Gerard Toal, "Dynamics of State-building after War: External-internal Relations in Eurasian de facto States," *Political Geography*, 63 (2018).

Kurt Rosenbaum, *Community of Fate, German-Soviet Diplomatic Relations 1922 to 1928*, Syracuse University Press Syracuse, 1965.

"Kyrgyz Republic Country Strategic Plan (2018 – 2022)," http://www1.wfp.org/operations/kg01 – kyrgyz-republic-country-strategic-plan-2018 – 2022.

Linda Maduz, "Flexibility by Design: The Shanghai Cooperation Organization and the Future of Eurasian Cooperation," 13 June 2018, http://www.statestability.com/2018/06/13/flexibility-by-design-the-shanghai-cooperation-organisation-and-the-future-of-eurasian-cooperation/.

Lisa L. Martin and Beth Simmons, "Theories and Empirical Studies of International Institutions," *International Organization*, 52, No. 4 (Autumn 1998).

Narendra Modi, "Look forward to Deepening India's Ties with SCO," http://economictimes.indiatimes.com/news/politics-and-nation/look-forward-to-deepening-indias-ties-with-sco-narendra-modi/articleshow/59038564.cms.

Marcel de Haas, "The Shanghai Cooperation Organization: Towards a full-grown security," https://www.clingendael.nl/publication/shanghai-cooperation-organisation-towards-full-grown-security-alliance.

"Meeting of the Valdai International Discussion Club," http://en.kremlin.ru/events/president/news/53151.

Michael Mcfaul, *From Cold War to Hot Peace—An American Ambassador in Putin's Russia*, Houghton Mifflin Harcourt, 2018.

Misbah Riaz, "Power Shortage in Pakistan," February 2, 2017, http://visiongroomers.com/power-shortage-pakistan/.

Mitchell Blatt, "America and China: Destined for Conflict or Cooperation? We Asked 14 of the World's Most Renowned Experts," July 30, 2018, https://nationalinterest.org/feature/america-and-china-destined-conflict-or-cooperation-we-asked-14-worlds-most-renowned-experts.

Murat Laumulin, "The Shanghai Cooperation Organization as 'Geopolitical Bluff?' A View from Astana," July 2006, https://www.ifri.org/sites/default/files/atoms/files/laumullinenglish.pdf.

M. L. Dantwala, "Agricultural Policy in India Since Independence," http://ageconsearch.umn.edu/bitstream/182350/2/IAAE-CONF-051.pdf.

Nadin Bahrom, "Tajikistan Moves to New Phase of Counter-terrorism Strategy," http://central.asia-news.com/en_GB/articles/cnmi_ca/features/2017/01/10/feature-01.

"National Development Strategy of the Republic of Tajikistan for the Period up to 2030," Dushanbe, 2016, http://nafaka.tj/images/zakoni/new/

strategiya_ 2030_ en. pdf.

"NATO Enlargement and Russia: Myths and Realities," https://www. nato. int/docu/review/2014/Russia-Ukraine-Nato-crisis/Nato-enlargement-Russia/EN/index. htm.

Neil Hauer, "Putin's Plan to Russify the Caucasus," https://www. foreignaffairs. com/articles/russia-fsu/2018-08-01/putins-plan-russify-caucasus.

"New Opportunities Under the Fourth Industrial Revolution," 10 January 2018, http://www. president. kz/en/addresses/addresses_of_president/state-of-the-nation-address-by-the-president-of-the-republic-of-kazakhstan-nursultan-nazarbayev-january-10-2018? q = NEW% 20OPPORTUNITIES% 20UNDER% 20THE% 20FOURTH% 20INDUSTRIAL% 20REVOLUTION.

"Obama: U. S. Wants Strong, Peaceful Russia," http://edition. cnn. com/2009/POLITICS/07/07/obama. moscow/.

Oran R. Young, "Political Discontinuities in the International System," *World Politics*, XX (April 1968).

"Over 2 Million More Russians Fall Below Poverty Line," Dec. 10 2015, https://themoscowtimes. com/articles/over-2-million-more-russians-fall-below-poverty-line-51186.

"Pakistan and the SCO-Building Common Understanding," Centre for Pakistan and Gulf Studies, http://cpakgulf. org/wp-content/uploads/2015/06/SCO_ Regional-Integration-Roundtable-Series. pdf.

"Pakistan Food Security Bulletin," January, 2018, http://vam. wfp. org. pk/Publication/Pakistan_ Food_ Security_ Bulletin_ January_ 2018. pdf.

"Pakistan: Extremism & Counter-Extremism," https://www. counterextremism. com/sites/default/files/country_ pdf/PK-08082018. pdf.

"Pakistan's Membership of the Shanghai Cooperation Organization (SCO)," http://www. mofa. gov. pk/pr-details. php? mm = NTA2Mw.

"Pakistan's Participation in SCO Ushers in New Era: China," June 8,

2018, https://www. pakistantoday. com. pk/2018/06/08/pakistans-participation-in-sco-ushers-in-new-era-china/.

"Participation in the Meeting of the SCO Heads of States Council," http: //www. president. tj/en/node/15534.

"Permanent Mission of the Russian Federation to NATO," https: //missiontonato. mid. ru/web/nato-en/nato_ enlargement.

Peter M. Haase, Ernst B. Haas, "Learning to Learn: Improving International Governance," *Global Governance*, 1, (1995) .

"PM Affirms India's 'Strategic Autonomy'," June 1, 2018, https: //www. thehindu. com/news/national/pm-affirms-indias-strategic-autonomy/article 24061287. ece#! .

" Population of the World," https: //www. livepopulation. com/population-projections/kyrgyzstan – 2020. html.

"Press Release: On Foreign Ministers Conference of Member States of States of Shanghai Cooperation Organization (873 – 27 – 04 – 2002)," http: //www. mid. ru/en/sanhajskaa-organizacia-sotrudnicestva-sos – / – /asset _ publisher/0vP3hQoCPRg5/content/id/558198.

"Program for Reforming the Agriculture Sector of the Republic of Tajikistan for 2012 – 2020," http: //moa. tj/wp-content/Program_ Taj_ Rus_ Eng_ ready. pdf.

Richard Weitz, "Analyzing Peace Mission 2014: China and Russia Exercise with the Central Asian States," https: //sldinfo. com/2014/10/analyzing-peace-mission – 2014 – china-and-russia-exercise-with-the-central-asian-states/.

Richard Weitz, "SCO Military Drills Strengthen Russian-Chinese Regional Hegemony," Oct. , 2014, https: //www. cacianalyst. org/publications/analytical – articles/item/13054 – sco-military-drills-strengthen-russian-chinese-regional-hegemony. html.

Robert Kagan, "Russia was Weakening the World Order Long before

2016," https: //www. twincities. com/2018/08/13/robert-kagan-russia-was-weakening-the-world-order-long-before – 2016/.

Robert Keohane, *After Hegemony*: *Cooperation and Discord in the World Political Economy*, Princeton University Press, 1984.

"Russia: Extremism & Counter-Extremism," https: //www. counterextremism. com/sites/default/files/country_ pdf/RU – 06012018. pdf.

"Russia's United Nations Ambassador: Tensions with US are probably Worst since 1973," 15 October 2016, http: //www. independent. com. mt/articles/2016 – 10 – 15/world-news/Russia-s-United-Nations-Ambassador-Tensions-with-US-are-probably-worst-since – 1973 – 6736165242.

"SCO Membership: How important is SCO for Pakistan?" https: //timesofislamabad. com/sco-membership-how-important-is-sco-for-pakistan/2016/06/23/.

Sergei Blagov, "Russia Eyes 'Greater Eurasia'", http: //www. atimes. com/ article/russia-eyes-greater-eurasia/.

"Shanghai Cooperation Organization," http: //mfa. gov. kz/en/content-view/shos.

"Statement by H. E. Mian Muhammad Nawaz Sharif, Prime Minister of the Islamic Republic of Pakistan, at the SCO Heads of State Council," http: //mofa. gov. pk/pr-details. php? mm = NTA2Mg.

Taras Kuzio, "Russian and Ukrainian Elites: A Comparative Study of Different Identities and Alternative Transitions," *Communist and Post-Communist Studies*, XXX (2018).

Taras Kuzio, "Stalinism and Russian and Ukrainian National Identities," *Communist and Post-Communist Studies*, 50 (2017).

"The Global Competitiveness Report 2016 – 2017," http: //www3. weforum. org/docs/GCR2016 – 2017/05 Full Report/The Global Competitiveness Report 2016 – 2017_ FINAL. pdf.

"The Global Competitiveness Report 2017 – 2018," http: //reports. weforum.

org/global-competitiveness-index – 2017 – 2018/.

"The President of Uzbekistan, Shavkat Mirziyoyev, has Concluded the Year with a Historic First Address to the Parliament," http://voicesoncentralasia.org/a-year-of-economic-reforms-with-president-mirziyoyev/.

"The State of Food Security and Nutrition in the World (SOFI): Building Climate Resilience for Food Security and Nutrition," https://www.wfp.org/content/2018 – state-food-security-and-nutrition-world-sofi-report.

"The Worldwide Governance Indicators (WGI)," http://info.worldbank.org/governance/wgi/#home.

"Three Strategic Goals of Tajikistan: Ensuring Energy Independence, Break in the Communication Deadlock and Food Security," http://mfa.tj/?l = en&cat = 96&art = 221.

"Union of International Associations," https://uia.org/.

"Uzbekistan," http://www.uz.undp.org/.

"Uzbekistan: Extremism & Counter-Extremism," https://www.counterextremism.com/sites/default/files/country_pdf/UZ – 01082018.pdf.

"Uzbekistan's Development Strategy for 2017 – 2021 has been Adopted following Public Consultation," 2017 – 02 – 08, http://tashkenttimes.uz/national/541 – uzbekistan-s-development-strategy-for – 2017 – 2021 – has-been-adopted-following – .

"U. S. Vice President Meets Putin, Russian Opposition," https://www.rferl.org/a/biden_trip_to_moscow_putin_medvedev_human_rights/2333813.html.

"U. S. -India Relations 1947 – 2015," https://www.cfr.org/timeline/us-india-relations.

Vitaly V. Naumkin, "Russian Policy in the South Caucasus," https://globalnetplatform.org/system/files/1/Russian%20Policy%20in%20the%20South%20Caucasus.pdf.

Wajahat Habibullah, "The Kashmir Problem and its Resolution," https：//www. usip. org/events/kashmir-problem-and-its-resolution.

William C. Wohlforth，“The Stability in a Unipolar World，” *International Security*，Vol. 24，No. 1，1999.

William E. Carroll，“China in the Shanghai Cooperation Organization：Hegemony，Multi-Polar Balance，or Cooperation in Central Asia，” *International Journal of Humanities and Social Science*，Vol. 1，No. 19，December 2011.

William Piekos and Elizabeth C，“The Risks and Rewards of SCO Expansion，” https：//www. cfr. org/expert-brief/risks-and-rewards-sco-expansion.

“Brief History of Wheat Improvement in India，” Directorate of Wheat Research，ICAR India，2011.

“Global Hunger Index-Forced Migration and Hunger 2018，” http：//www. globalhungerindex. org/pdf/en/2018. pdf.

“Russia should have Worried a long time ago about NATO Enlargement，” https：//www. rt. com/op-ed/ukraine-russia-nato-enlargement－577/.

“SCO—a New Model of Successful International Cooperation，” June 14，2006，http：//en. kremlin. ru/events/president/transcripts/23633.

三 其他外文文献

Elena Khanenkova，Любое использование материалов допускается только при наличии гиперссылки на ИА REGNUM. Дом，который построил Китай：сообщество общей судьбы для всех народов，https：//regnum. ru/news/2343234. html.

Первый Народный форум стран ШОС-движение вперед，http：//pikir-klub. kg/v-centre-vnimaniya/1091 － pervyy-narodnyy-forum-stran-shos-dvizhenie-vpered. html.

Экосистемный подход для адаптации к изменению климата в высокогорных регионах Центральной Азии》，https：//16news. kz/news/town/Ekosistemnyiy-podhod-dlya-adaptatsii-k-izmeneniyu-klimata-v-vyisokogornyih-regionah-TSentralnoy-Azii – 3464.

В Бишкеке пройдет фестиваль искусств стран Шанхайской организации сотрудничества, 28 мая 2013, http: //www. day. kg/analitic/ecology/3722 – v-bishkeke-projjdet-festival-iskusstv-stran. html.

Кыргызстан-ШОС, http: //www. mfa. gov. kg/contents/view/id/95.

Пограничные переговоры 1969 – 1978 гг, http: //www. coldwar. ru/conflicts/china/peregovory. php.

Эксклюзив: создание человеческого сообщества с единой судьбой-коллективная ответственность за стабильность, безопасность и соразвитие мирового сообщества-посол Казахстана в Китае Ш. Нурышев, http: //www. mfa. kz/ru/beijing/content-view/ha-sa-ke-si-tan-zhu-hua-da-shi-gou-jian-ren-lei-ming-yun-gong-tong-ti-shi-guo-ji-she-hui-de-gong-tong-ze-ren.

Генеральный секретарь ОДКБ Юрий Хачатуров в Циндао принял участие во встрече высших административно-должностных лиц СНГ, ОДКБ и ШОС, 09. 06. 2018, http: //www. odkb-csto. org/international_org/detail. php? ELEMENT_ ID = 12864&SECTION_ ID = 132.

КОНФЛИКТЫ НА СОВЕТСКО-КИТАЙСКОЙ ГРАНИЦЕ, http: //www. xliby. ru/istorija/rossija_ i_ kitai_ konflikty_ i_ sotrudnichestvo/p37. php.

Yu. M. Galenovicha, Россия и Китай в XX веке-Граница, http: //www. e-reading. club/bookreader. php/13134/Galenovich_ – _ Rossiya_ i_ Kitaii_ v_ XX_ veke_ – _ Granica. html.

四　官方网站（部分）

巴基斯坦伊斯兰共和国外交部，http: //mofa. gov. pk/。

北大西洋公约组织，https: //www. nato. int/。

东南亚国家联盟，https: //asean. org/。

俄罗斯联邦外交部，http: //www. mid. ru/。

俄罗斯联邦总统网，http: //www. en. kremlin. ru/。

哈萨克斯坦共和国外交部，http：//mfa. gov. kz/en/。

哈萨克斯坦共和国总统网，http：//www. president. kz/kz。

吉尔吉斯共和国外交部，http：//mfa. gov. kg/。

吉尔吉斯共和国总统网，http：//www. president. kg/kg/。

集体安全条约组织，http：//www. odkb-csto. org/。

联合国，http：//www. un. org/zh/index. html。

联合国毒品犯罪问题办公室，http：//www. unodc. org/。

联合国粮食及农业组织，http：//www. fao. org/home/zh/。

美国国务院，https：//www. state. gov/。

美国中央情报局，https：//www. cia. gov/index. html。

上海合作组织地区反恐怖机构，http：//ecrats. org/cn/。

上海合作组织秘书处，http：//chn. sectsco. org/。

世界银行，https：//data. worldbank. org. cn/。

塔吉克斯坦共和国总统网，http：//www. president. tj/。

塔吉克斯坦外交部，http：//www. mfa. tj/en/。

乌兹别克斯坦共和国外交部，https：//mfa. uz/en/。

乌兹别克斯坦共和国总统网，https：//president. uz/uz。

印度共和国外交部，https：//www. mea. gov. in/。

中国政府网，http：//www. gov. cn/。

中华人民共和国国防部，http：//www. mod. gov. cn/。

中华人民共和国农业农村部，http：//www. moa. gov. cn。

中华人民共和国商务部，http：//www. mofcom. gov. cn/。

中华人民共和国外交部，https：//www. fmprc. gov. cn/。

五　主要媒体及国际问题评论网站

俄罗斯卫星通讯社，http：//sputniknews. cn。

光明网，http：//www. gmw. cn/。

人民网，http：//www. people. com. cn/。

新华网，http：//www. xinhuanet. com/。

中国日报中文网，http：//cn. chinadaily. com. cn/。

中国社会科学网，http：//cssn. cn/。

中国新闻网，https：//www. chinanews. com/。

Eurasianet，https：//eurasianet. org/。

Fergananews，https：//www. fergananews. com/。

hindustantimes，https：//www. hindustantimes. com/。

24，https：//24. kg/english/。

Pakistan OBSERVER，http：//www. pakobserver. net/。

Tengrinews，https：//en. tengrinews. kz/。

The Central Asian-Caucasus Analyst，http：//www. cacianalyst. org/。

The Diplomat Magazine，https：//thediplomat. com/。

The National Interest，https：//nationalinterest. org/。

Uzbekistan National News Agency，http：//uza. uz/en/。

索　引

X

Z

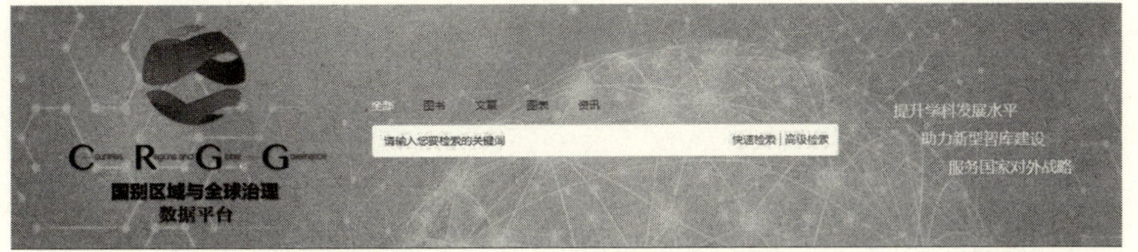

国别区域与全球治理数据平台

www.crggcn.com

“国别区域与全球治理数据平台”（Countries，Regions and Global Governance，CRGG）是社会科学文献出版社重点打造的学术型数字产品，对接国别区域这一重点新兴学科，围绕国别研究、区域研究、国际组织、全球智库等领域，全方位整合基础信息、一手资料、科研成果，文献量达30余万篇。该产品已建设成为国别区域与全球治理数据资源与研究成果整合发布平台，可提供包括资源获取、科研技术服务、成果发布与传播等在内的多层次、全方位的学术服务。

从国别区域和全球治理研究角度出发，“国别区域与全球治理数据平台”下设国别研究数据库、区域研究数据库、国际组织数据库、全球智库数据库、学术专题数据库和学术资讯数据库6大数据库。在资源类型方面，除专题图书、智库报告和学术论文外，平台还包括数据图表、档案文件和学术资讯。在文献检索方面，平台支持全文检索、高级检索，并可按照相关度和出版时间进行排序。

“国别区域与全球治理数据平台”应用广泛。针对高校及国别区域科研机构，平台可提供专业的知识服务，通过丰富的研究参考资料和学术服务推动国别区域研究的学科建设与发展，提升智库学术科研及政策建言能力；针对政府及外事机构，平台可提供资政参考，为相关国际事务决策提供理论依据与资讯支持，切实服务国家对外战略。

数据库体验卡服务指南

※100元数据库体验卡，可在“国别区域与全球治理数据平台”充值和使用

充值卡使用说明：

第1步 刮开附赠充值卡的涂层；

第2步 登录国别区域与全球治理数据平台（www.crggcn.com），注册账号；

第3步 登录并进入“会员中心”→“在线充值”→“充值卡充值”，充值成功后即可使用。

声明

最终解释权归社会科学文献出版社所有

客服QQ：671079496

客服邮箱：crgg@ssap.cn

欢迎登录社会科学文献出版社官网（www.ssap.com.cn）和国别区域与全球治理数据平台（www.crggcn.com）了解更多信息

社会科学文献出版社
SOCIAL SCIENCES ACADEMIC PRESS (CHINA)
卡号：865814621722
密码：

图书在版编目(CIP)数据

上海合作组织 / 肖斌著. -- 北京: 社会科学文献出版社, 2019.6 (2021.5 重印)
(国际组织志)
ISBN 978-7-5201-4961-7

Ⅰ. ①上… Ⅱ. ①肖… Ⅲ. ①上海合作组织-概况 Ⅳ. ①D814.1

中国版本图书馆 CIP 数据核字 (2019) 第 110814 号

·国际组织志·
上海合作组织 (The Shanghai Cooperation Organization)

著　　者 / 肖　斌

出 版 人 / 王利民
责任编辑 / 郭白歌　邓　翃　叶　娟

出　　版 / 社会科学文献出版社·国别区域分社 (010) 59367078
地址: 北京市北三环中路甲 29 号院华龙大厦　邮编: 100029
网址: www.ssap.com.cn
发　　行 / 市场营销中心 (010) 59367081　59367083
印　　装 / 北京玺诚印务有限公司

规　　格 / 开 本: 787mm×1092mm　1/16
印 张: 19.25　字 数: 288 千字
版　　次 / 2019 年 6 月第 1 版　2021 年 5 月第 2 次印刷
书　　号 / ISBN 978-7-5201-4961-7
定　　价 / 89.00 元